西南自助游

四川

Xi' nan Zizhuyou

Sichuan

在秀美的山水间漫步

在平常的街巷里闲坐

在麻辣的美食中开怀

在安逸的生活里隐居

图书在版编目（CIP）数据

西南自助游. 四川 / 人民交通出版社股份有限公司, 北京巅峰旅图文化传播中心编著. -- 北京 : 人民交通出版社股份有限公司, 2014.9

ISBN 978-7-114-11671-1

Ⅰ. ①西… Ⅱ. ①人… ②北… Ⅲ. ①旅游指南－四川省 Ⅳ. ①K928.97

中国版本图书馆CIP数据核字(2014)第201408号

书　　名：西南自助游—四川
著 作 者：人民交通出版社股份有限公司
　　　　　北京巅峰旅图文化传播中心
策划编辑：毛　鹏
责任编辑：李秀平　周小彦
出版发行：人民交通出版社股份有限公司
地　　址：（100011）北京市朝阳区安定门外外馆斜街3号
网　　址：http://www.ccpress.com.cn
经销电话：（010）59757615、59757988
总 经 销：人民交通出版社股份有限公司发行部
经　　销：各地新华书店
印　　刷：北京市密东印刷有限公司
开　　本：880×1230 1/32
印　　张：7.25
版　　次：2014年9月 第1版 第1次印刷
书　　号：ISBN 978-7-114-11671-1
定　　价：28.00元
审 图 号：GS（2014）1487 号

本书中国国界线系按照中国地图出版社1989年出版的1：400万《中华人民共和国地形图》绘制

图例

省图及地区图图例

- 北京 首都
- 石家庄 省级行政中心
- 保定 地级市行政中心
- 玉树市 州 盟 地区行政中心
- 唐县 县级行政中心
- 宝山 乡镇
- 南佐 村庄
- 世界遗产
- 著名风景名胜
- 自然保护区
- 森林公园
- 地质公园
- 一般景点

- 建成高速
- 在建高速
- 大 广 高 速 国家高速公路网名
- G45 国家高速公路网编号
- S26 地方高速公路名及编号
- 高速铁路
- 铁路
- 307 国道及编号
- 123 省道及编号
- 新疆专用公路
- 县乡道
- 长城

- 国界
- 未定国界
- 省界
- 未定省界
- 特别行政区界
- 外国地区界
- 军事分界线
- 河流
- 湖泊
- 运河
- 沼泽
- 沙漠

城市图图例

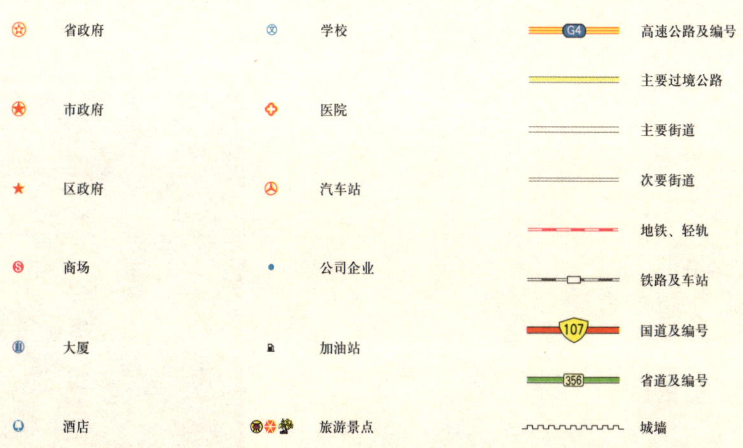

目录

【四川专题】

解读四川 · 地理 2-5
解读四川 · 历史 6-9
四川省政区图 10-11
四川省旅游图 12-13
四川省交通图 14-15
四川及周边自驾游攻略 16-23

【成都市】

成都市旅游 24-49
成都市交通旅游图 50-51
成都市城区图 52-53

【绵阳市、德阳市】

绵阳市旅游 54-67
德阳市旅游 68-71
绵阳市、德阳市交通旅游图 72-73
绵阳市城区图 74
德阳市城区图 75

【广元市】

广元市旅游 76-82
广元市城区图 83
广元市交通旅游图 84-85

【南充市】

南充市旅游 86-92
南充市城区图 93
南充市交通旅游图 94-95

【遂宁市】

遂宁市 96-98
遂宁市城区图 99
遂宁市交通旅游图 100-101

【广安市】

广安市旅游 102-106
广安市城区图 107
广安市交通旅游图 108-109

目录

【巴中市】

巴中市旅游 110–112
巴中市城区图 113
巴中市交通旅游图 114–115

【达州市】

达州市旅游 116–118
达州市城区图 119
达州市交通旅游图 120–121

【资阳市】

资阳市旅游 122–124
资阳市城区图 125
资阳市交通旅游图 126–127

【内江市、自贡市】

内江市旅游 128–129
自贡市旅游 130–141
内江市、自贡市交通旅游图 142–143
内江市城区图 144
自贡市城区图 145

【眉山市】

眉山市旅游 146–148
眉山市城区图 149
眉山市交通旅游图 150–151

【乐山市】

乐山市旅游 152–158
乐山市城区图 159
乐山市交通旅游图 160–161

目录

【雅安市】

雅安市旅游 162—166
雅安市城区图 167
雅安市交通旅游图 168—169

【宜宾市】

宜宾市旅游 170—180
宜宾市城区图 181
宜宾市交通旅游图 182—183

【泸州市】

泸州市旅游 184—194
泸州市城区图 195
泸州市交通旅游图 196—197

【凉山彝族自治州、攀枝花市】

凉山彝族自治州旅游 198—202
攀枝花市旅游 203—205
凉山彝族自治州、攀枝花市交通旅游图 206—207
西昌市城区图 208
攀枝花市城区图 209

【甘孜藏族自治州】

甘孜藏族自治州旅游 210—215
康定县城区图 215
甘孜藏族自治州交通旅游图 216—217

【阿坝藏族羌族自治州】

阿坝藏族羌族自治州旅游 218—223
马尔康县城区图 223
阿坝藏族羌族自治州交通旅游图 224—225

人间福地

在中国，很少有一个省份像四川这样得到那么多的赞誉。当中原百姓尚在祈求风调雨顺时，蜀地农人已经在茶馆坐享他们的丰收。当岭南美女在为火锅与痘痘挣扎时，嗜辣如命的川妹子依旧可以傲气地抬起她们清透无瑕的脸庞。甚至连国人一贯谴责的打麻将，到了四川也成了休闲的象征，引得多少都市白领泪目涟涟。一句话，在四川，你可以找到任何放纵的理由。

解读四川·地理

本文作者：徐枫

一、多种地貌的组合体

四川省地处长江上游，东与湖南、湖北两省相邻，南依贵州省、云南省，西接西藏自治区，北靠青海、甘肃与陕西三省，是一个地广、人多、物博的大省。

四川省48万平方千米的土地跨越了青藏高原、横断山脉、云贵高原、四川盆地、秦巴山地几大地貌单元，地貌类型极为复杂，既有平原、缓丘、低山，又有中山、高山、高原，还有峡谷、沼泽、冰川、岩溶……是一部活脱脱的自然地理教科书。然而，单一的数据资料不足以让我们了解四川地理的概貌，唯有在具体的描述与鲜明的对比下，四川才能显示出其地理独特性。从地貌构成数据来看，四川与它的千古好邻居贵州十分类似：四川全省平均海拔在千米以上，山地、高原和丘陵比例约是97%；贵州全省海拔约1100米，山地、丘陵比例在90%以上。路远难行曾是两省共同面对的难题，而四川尤甚，一句“蜀道难，难于上青天”几乎已经成为川省地貌最好的注脚。但四川所拥有的那不到3%的平原，却是全国土质最佳、垦殖历史最为悠久的地区，农业种植条件远比贵州优越。四川省大部分丘陵都分布在四川盆地中部，海拔较低，虽为山体，但适宜耕种，是平原农业的有力协作者，进一步加大了四川的农业优势。再来看分布在川西的高山，虽然地势起伏大、坡陡土薄，但却不失为优质的天然牧场和林区，丰富了四川的经济类型。这正应了那句老话：“失之东隅，收之桑榆”。

∷争艳碧池

∷宜宾蜀南竹海

二、天府之誉的四川盆地

四川盆地位于四川省东部，面积约26万平方千米，是我国海拔最低，自然条件最优越的盆地，早在三国时期就被诸葛孔明赞誉为“沃野千里，天府之土”。如今，每年从这里出产的水稻、油菜籽、蚕桑、柑橘、油桐、白蜡、银耳、黄连等，产量都居全国第一。

∷桑堆红草地

四川盆地高产丰收的首要原因，是分布有大量紫红色砂岩和泥岩，土质肥沃。其次，盆地周围，北有大巴山、米仓山，西接龙门山、邛崃山，南连大娄山、大凉山，东缘巫山，众山怀抱间的盆地如同一个小婴孩，得到了无微不至的呵护。盆地内各个区域，农业发展条件也各不相同：东南部的平行岭谷区，谷地开阔，海拔低缓，农业比较发达；盆地中部的丘陵区，海拔在300–500米之间，被开垦成层层叠叠的梯田，是四川的粮食、经济作物主产区，但水土涵养比较困难，开发存在瓶颈；盆地西部的盆西平原，土层肥厚，河网密布，是全国著名的稳产、高产商品粮油基地；而盆地北部的台状低山区，虽然是四川盆地内农业条件较差的地区，但经过开垦，其收益还是好于一般低山地区。因此，虽然土地面积不足全省一半，四川盆地所出产的粮食和经济作物的产量却占全省90%以上，是货真价实的“粮仓与油库”。

∷大渡河田园

三、差异巨大的川东与川西

同属一省但略有差异，这在中国是一个普遍现象。而在四川，川东与川西的差异则不能用“稍稍”或“略有”来加以界定，这完全是两个绝然不同的地理单元，你甚至可以在它们之间找到东经130°这条分界线。

∷马尔康田园风光

米亚罗之秋

∷川西风光

川西地区属于我国地势第一阶梯，高亢辽阔是这里最显著的地理特点。在全省地势最高的川西北高原，青藏高原的地理元素得到延续，成群的牛羊在平坦高原或丘状高原上享用着丰美的水草，一派天然牧场的野趣。而到了横断山脉北沿的川西南山地，高差悬殊的山岭矗立眼前，或白

∷九寨沟之春

雪皑皑，或密林广布，虽人烟稀疏却不脱自然平衡的妙趣。川西地区集四川自然风光之精华于一身，九寨沟、黄龙、贡嘎山、理塘、大凉山、泸沽湖这些绝世美景，在藏、羌、彝、纳西等世居民族文化的映衬下，闪耀着神秘深邃的光芒，素来都是网友票选中国最美景致的榜上常客。

从川西来到川东，立刻觉得周围的山岭都和缓了许多。作为四川一贯的农耕中心，川东人口稠密，经济发达。以西南第一大城市成都为中心，一个高速发展的城

∷贡嘎山远眺

市群方兴未艾，都会的繁复绚丽诉说着一个急速进步的新四川。而作为四川开发历程最为悠久的地区，川东的自然和人文景观也彰显着历史沉淀的独特韵味。峨眉山、青城山、武侯祠、杜甫草堂、三苏祠，这些声名在外的知名景观，背后都有着极其丰富的历史内涵。当然，这里也是蜀锦、蜀绣、成都皮影、川剧等文化遗产的发源地与传承地，是感受四川市井气息的最佳去处。

∷峨眉山

解读四川·历史

本文作者：徐枫

一、神秘的三星堆文明

在中国的版图上，四川一直都算不上中心地区，但它的文明发展程度却与中原地区同步，在一些方面甚至超前。殷商时期，四川地区就建立了两个国家，一个是位于川西由古蜀人建立的蜀国，另一个是位于川东由古巴人建立的巴国。在四川自身的历史表达中，蚕丛是他们的始祖，其后是柝灌、鱼凫，再后是杜宇与开明。杜宇朝以后的历史，有不少出土实物可以佐证。但在此之前的历史状况，一般被认作是神话，直到三星堆遗址的出现，上古川蜀文明的神秘面纱才被悄然揭开。就像许多惊喜总是突然出现一样，当1929年一个广汉农民在自家水井里发现了一些玉器时，谁也没有想到一个考古奇迹就此横空出世。在考古发现的轰动过去之后，那些造型独特、纹饰怪异的青铜器、玉器引发了社会各界的广泛关注。人们曾经大胆猜测，突目、高鼻、长耳的三星堆青铜面具是不是与外星文明存在联系？高达4米的青铜树是世界最早的“圣诞树”吗？刻有奇怪图纹的黄金权杖是从古埃及传来的吗？对于这些疑问，专家学者们经过几十年的研究仍不能给出确凿的解答，只能肯定三星堆文明是由古蜀先民创造的文明类型，而非来自于中原地区。

∷三星堆

::都江堰

二、李冰与都江堰

今天，当我们感叹成都平原的沃野千里时，很难想象这里曾经江河纵横、水害横行的模样。而历史的轨道就是这般奇妙，在秦国公元灭巴、蜀半个世纪后，富于工程建设才干的李冰被任命为蜀郡太守，设计、建造了都江堰这个伟大的水利工程，开启了蜀中千年富庶的大门。

从工程学上来看，都江堰可以分解为三个步骤：凿山、修堰和添加滚水坝，其基本目的就是控制汹涌奔腾的岷江水势，达到分洪与灌溉两大目的。要在坚硬的玉垒山上凿出一个山口，要在翻卷咆哮的岷江之中铸造堰堤，这在生产力有限且无经验可参照的战国时期几乎是不可想象的事。但李冰做到了，他驯服了江水，战胜了倨傲的自然，“深淘滩，低作堰”、“遇湾截角、逢正抽心”的治水经验更为万世后代所信奉。对于身处乱世的百姓而言，一位勤政爱民的地方官，一个造福地方的水利设施已是莫大的恩惠，更勿论建筑石人以晓水位这样充满人情味的举动。从这点上说，都江堰能够成为中国古代少有的不见负面评价的大工程，自是有它的道理。如今，已经两千余岁的都江堰仍在兢兢业业的惠泽蜀地人民。而李冰，这位备受尊重的地方官，则化身川主，在都江堰旁的二王庙内静静守护着这片土地。

::宜宾梯田

三、历代对四川盆地的开发

在李冰修筑都江堰的同时，四川盆地的开发历程也开始加快，最突出的是稻作农业的迅速推广。在都江堰修筑后不久，成都平原一带就广辟稻田，成为与黍、稷并重的生产作物。到了隋唐时期，筒车和翻车大量采用，梯田增多，水稻已成为重要粮食作物，小麦的种植也比较普遍了。至宋代，四川的农业集约化水平已经与江南并列。

蚕桑是蜀地历史悠久的生计模式，从上古蜀王蚕丛开始，川人就植桑养蚕。从秦汉时期开始，川中生产的纺织品就作为蜀地名产为世人熟知，泸州与合川一带成为蚕桑产区。到了三国蜀汉时期，设锦官专司纺织事业，蜀锦之名流传万世。至唐代，每年从四川上贡的丝织品达8160匹。

∷蜀绣

井盐是四川盆地又一大重要的出产物。从秦汉以后，制盐业的技术发展得很快，采用了火井煮盐，北周时还形成了富世县（富顺县）和公井镇（自贡市贡井区）两个较大的盐业生产基地。井盐生产在宋代扩到50余县，皇祐年间发明推广了用于小口径深井钻探的畜力牵引活塞式机械“卓筒井”，使用天然气煮盐的火井也开始增多。

∷自贡盐业博物馆

四、张献忠入蜀与湖广填四川

张献忠是与李自成齐名的明末起义领袖，他于1644年在成都建立大西政权，改元大顺。这个政权从诞生之日起就面临着内忧外患：南明的残余势力、入关的清军、各路农民起义力量、政权内部的反叛群体。在苦力支撑了3年之后，1646年11月，张献忠带领大顺军队转移。临走之前，这位草根英雄亲手毁灭了这座见证自己登上宝座的城市，以至于在后来的文献中，张献忠都是一副杀人不眨眼的魔王形象。明代遗老李清的《三垣笔记》中，花了不少笔墨来描写张献忠屠川的场面，其血腥恐怖让人闻之战栗。至于大顺军离去后四川的状况，《明史》曾记载"尽焚成都宫殿庐舍，夷其城……列城内杂树成拱，狗食人肉若猛兽虎豹"。

张献忠屠城与此后的清军入川造成了四川地区几十年的动荡，战争与瘟疫使得曾经人口稠密的天府之国、芙蓉之都荒凉残破，全川人口在康熙二十四年仅9万余人，尚不及江南一个大镇的水平。为了恢复蜀地人口，康熙帝在康熙三十三年发布《招民填川诏》，一场"湖广填四川"的移民浪潮就此掀开。所谓的"湖广填四川"，就是指湖南、湖北两省的人口迁居四川，以填补清初四川的人口空虚，促进紧急恢复。其实，在当时的移民大潮中，除了湖广人，还有不少江西、福建和两广的居民，但以湖广人为多。经过一百多年的生息修养，到乾隆后期，四川人口已达700多万，繁荣景象再次回归蜀中。

五、不到四川，别说你懂得吃

美食、美景、美女是四川的三大名片。作为四大菜系之一的川菜，不仅以鲜明的风格和多样的调味立足于世，更凭借其极强的普及度与流行性称霸中国的饮食市场。其实，川菜并不胜在原料之珍奇、刀工之炫目、品相之精致，它的制胜法宝只在一个"味"字上。在川

∷四川干锅

菜的世界里，无论你是老饕还是味痴，总能找到你痴迷的那一款味道。当然，你若是辣味的拥趸，不论微辣、重辣、变态辣，川菜都是你毫无疑问的第一选择。但即便是丝毫不沾辣味的人，川菜也能根据你的味蕾，打造出最独一无二的菜品，小到一碟泡菜，大到一锅火锅，"一菜一格，百菜百味"，就是这个道理。

川菜的成功，还在于传承与创造的完美结合。莫说回锅肉、夫妻肺片、麻婆豆腐这些传统川味老菜从未因时间流逝而丧失魅力，许多新派川菜更是以无限创意赢得年轻一族的大力追捧，川菜也因此成为中国最具创新性与生命力的菜系。似乎唯有在厨房里，四川人才会放下慵懒与闲适，以一种永不停止的专注打造着一碗一碟的舌尖世界。这种巨大的征服感让人不禁感叹，是不是四川人的饮食基因分外强大些呢？

∷夫妻肺片

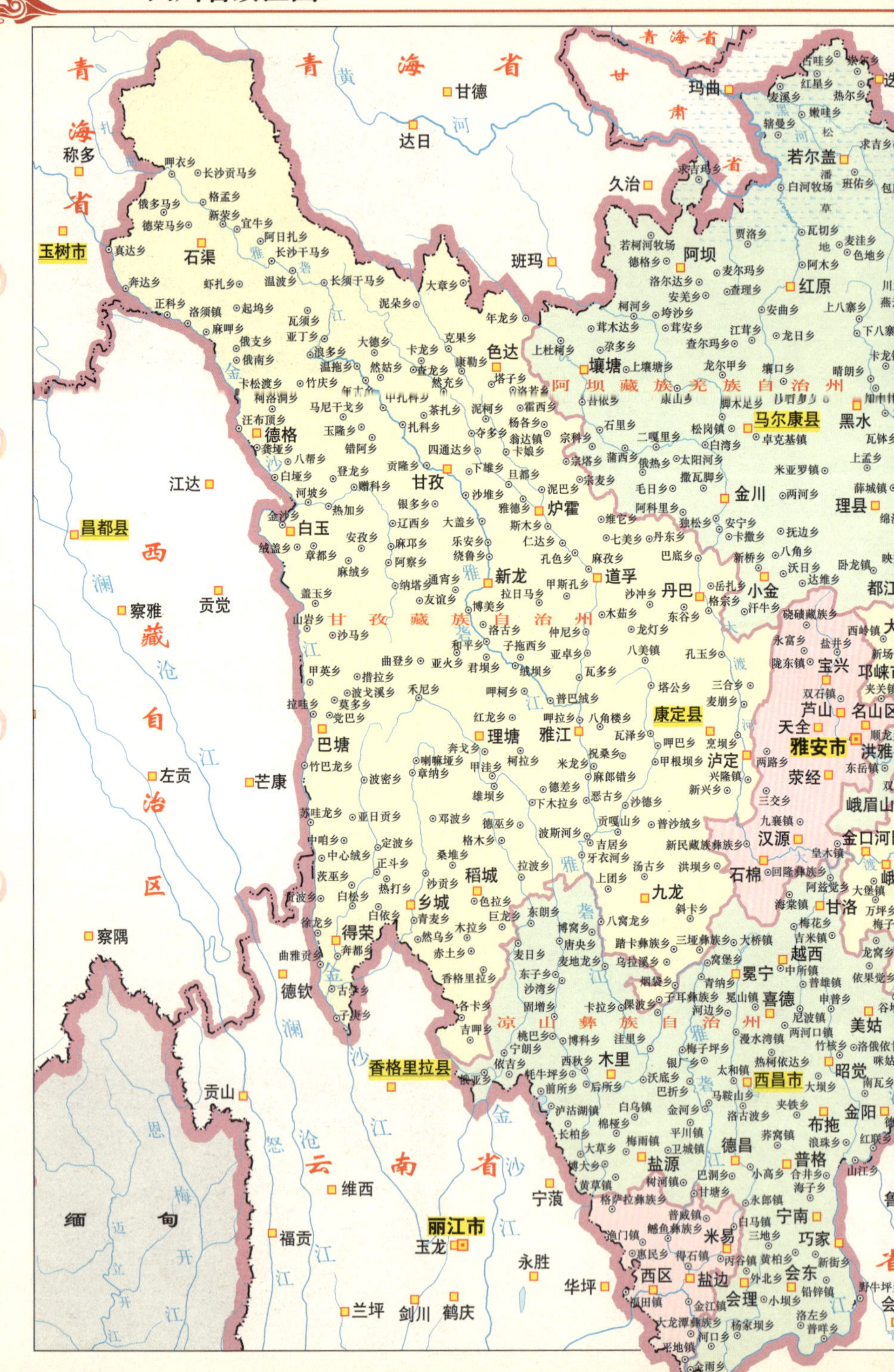
青海省
甘肃省
西藏自治区
云南省
缅甸
甘孜藏族自治州
阿坝藏族羌族自治州
凉山彝族自治州
雅安市
西昌市
康定县
马尔康县
玉树市
昌都县
香格里拉县
丽江市

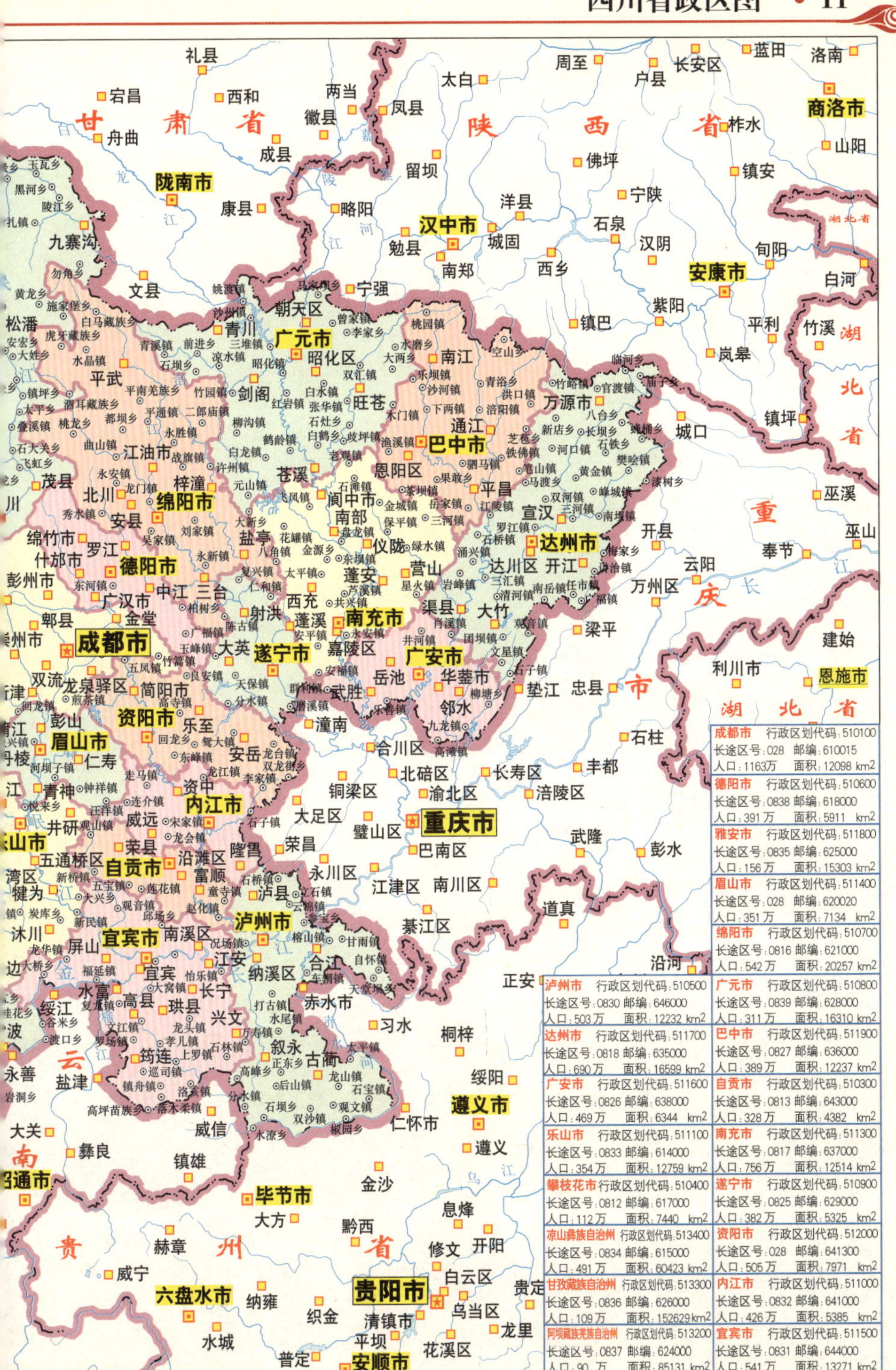

名称	行政区划代码	长途区号	邮编	人口	面积
成都市	510100	028	610015	1163万	12098 km2
德阳市	510600	0838	618000	391 万	5911 km2
雅安市	511800	0835	625000	156 万	15303 km2
眉山市	511400	028	620020	351 万	7134 km2
绵阳市	510700	0816	621000	542 万	20257 km2
泸州市	510500	0830	646000	503 万	12232 km2
广元市	510800	0839	628000	311 万	16310 km2
达州市	511700	0818	635000	690 万	16599 km2
巴中市	511900	0827	636000	389 万	12237 km2
广安市	511600	0826	638000	469 万	6344 km2
自贡市	510300	0813	643000	328 万	4382 km2
乐山市	511100	0833	614000	354 万	12759 km2
南充市	511300	0817	637000	756 万	12514 km2
攀枝花市	510400	0812	617000	112 万	7440 km2
遂宁市	510900	0825	629000	382 万	5325 km2
凉山彝族自治州	513400	0834	615000	491 万	60423 km2
资阳市	512000	028	641300	505 万	7971 km2
甘孜藏族自治州	513300	0836	626000	109 万	152629 km2
内江市	511000	0832	641000	426 万	5385 km2
阿坝藏族羌族自治州	513200	0837	624000	90 万	85131 km2
宜宾市	511500	0831	644000	541 万	13271 km2

青海省
甘肃省
西藏自治区
云南省
甘孜藏族自治州
阿坝藏族羌族自治州
凉山彝族自治州
玉树市
称多
石渠
文成公主庙
长沙贡玛
甘德
达日
玛曲
久治
班玛
阿坝
红原
若尔盖
若尔盖湿地
尕海－则岔
格尔底寺
毛儿盖会议会址
洛须
格萨尔王庙
色达
壤塘
马尔康县
黑水
雅克夏
印经院
德格
甘孜
江达
昌都县
白玉
炉霍
金川
理县
大熊猫栖息地
四姑娘山
小金
党岭风光
道孚
新龙
丹巴
贡觉
察雅
察青松多
措普
金汤孔玉
夹金山
宝兴
天台山
芦山
天全
雅安市
荥经
泸定
康定县
雅江
理塘
理塘寺
巴塘
苏洛寺
海子山
竹瓦寺
贡嘎山
海螺沟
荷花海
二郎山
瓦屋山
汉源
石棉
雄登寺
洪坝
九龙
固定寺
乡城
稻城
得荣
甘洛
越西
灵山
冕宁
喜德
美姑
亚丁
德钦
三江并流
寿国寺
香格里拉县
康坞大寺
木里
西昌市
昭觉
布拖
邛海－螺髻山
盐源
德昌
普格
维西
虎跳峡
玉龙雪山
宁蒗
丽江市
玉龙
丽江古城
福贡
金华山摩崖造像
永胜
兰坪
剑川
鹤庆
石钟山石窟
华坪
米易
苏铁
二滩
盐边
西区
会理
会东
宁南
巧家
皎平渡
金阳
峨眉山
峨边
黑竹沟
都江
青城
西岭雪山
邛崃市
名山
洪雅
龙苍沟
金口河区
马边大风顶
美姑大风顶
金沙江
澜沧江
雅砻江
黄河
大渡河

世界遗产
四川黄龙国家级名胜区
四川九寨沟国家级名胜区
四川峨眉山—乐山风景名胜区
四川青城山和都江堰
四川大熊猫栖息地

国家级风景名胜区
峨眉山风景名胜区
九寨沟—黄龙寺风景名胜区
青城山—都江堰风景名胜区
剑门蜀道风景名胜区
贡嘎山风景名胜区
蜀南竹海风景名胜区
西岭雪山风景名胜区
四姑娘山风景名胜区
石海洞乡风景名胜区
邛海—螺髻山风景名胜区
白龙湖风景名胜区
光雾山—诺水河风景名胜区
天台山风景名胜区
龙门山风景名胜区

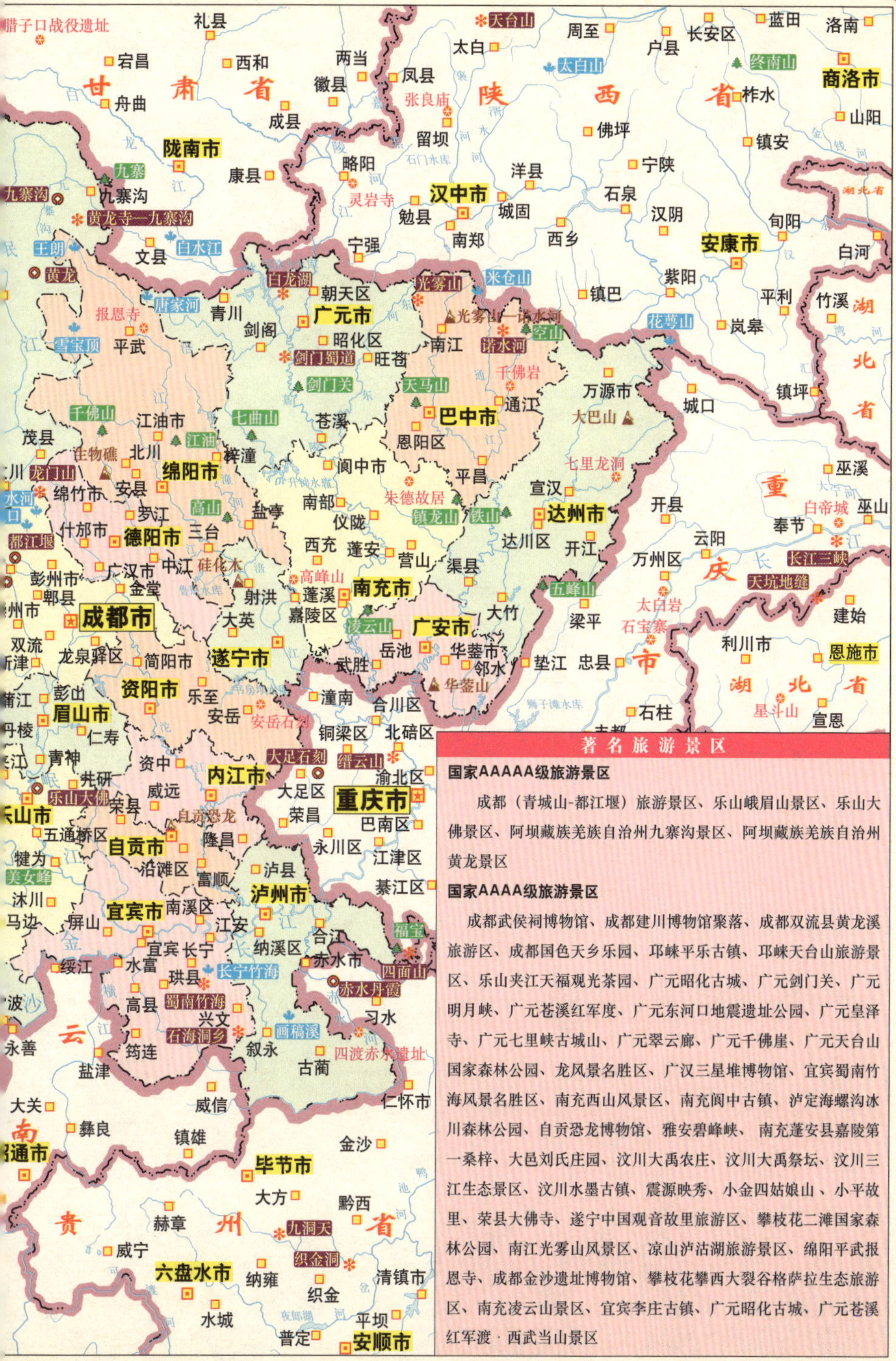

著名旅游景区

国家AAAAA级旅游景区

成都（青城山-都江堰）旅游景区、乐山峨眉山景区、乐山大佛景区、阿坝藏族羌族自治州九寨沟景区、阿坝藏族羌族自治州黄龙景区

国家AAAA级旅游景区

成都武侯祠博物馆、成都建川博物馆聚落、成都双流县黄龙溪旅游区、成都国色天乡乐园、邛崃平乐古镇、邛崃天台山旅游景区、乐山夹江天福观光茶园、广元昭化古城、广元剑门关、广元明月峡、广元苍溪红军度、广元东河口地震遗址公园、广元皇泽寺、广元七里峡古城山、广元翠云廊、广元千佛崖、广元天台山国家森林公园、龙凤景名胜区、广汉三星堆博物馆、宜宾蜀南竹海风景名胜区、南充西山风景区、南充阆中古镇、泸定海螺沟冰川森林公园、自贡恐龙博物馆、雅安碧峰峡、南充蓬安县嘉陵第一桑梓、大邑刘氏庄园、汶川大禹农庄、汶川大禹祭坛、汶川三江生态景区、汶川水墨古镇、震源映秀、小金四姑娘山、小平故里、荣县大佛寺、遂宁中国观音故里旅游区、攀枝花二滩国家森林公园、南江光雾山风景区、凉山泸沽湖旅游景区、绵阳平武报恩寺、成都金沙遗址博物馆、攀枝花攀西大裂谷格萨拉生态旅游区、南充凌云山景区、宜宾李庄古镇、广元昭化古城、广元苍溪红军渡·西武当山景区

青海省
甘肃省
西藏自治区
云南省
缅甸
玉树市
昌都县
康定县
马尔康县
雅安市
西昌市
丽江市
香格里拉县
理塘
巴塘
稻城
九龙
甘孜
炉霍
德格
石渠
色达
阿坝
若尔盖
红原
金川
小金
丹巴
道孚
新龙
白玉
乡城
得荣
木里
盐源
冕宁
喜德
越西
甘洛
汉源
石棉
泸定
天全
宝兴
会理
会东
宁南
普格
德昌
米易
盐边
布拖
昭觉
金阳
宝兴

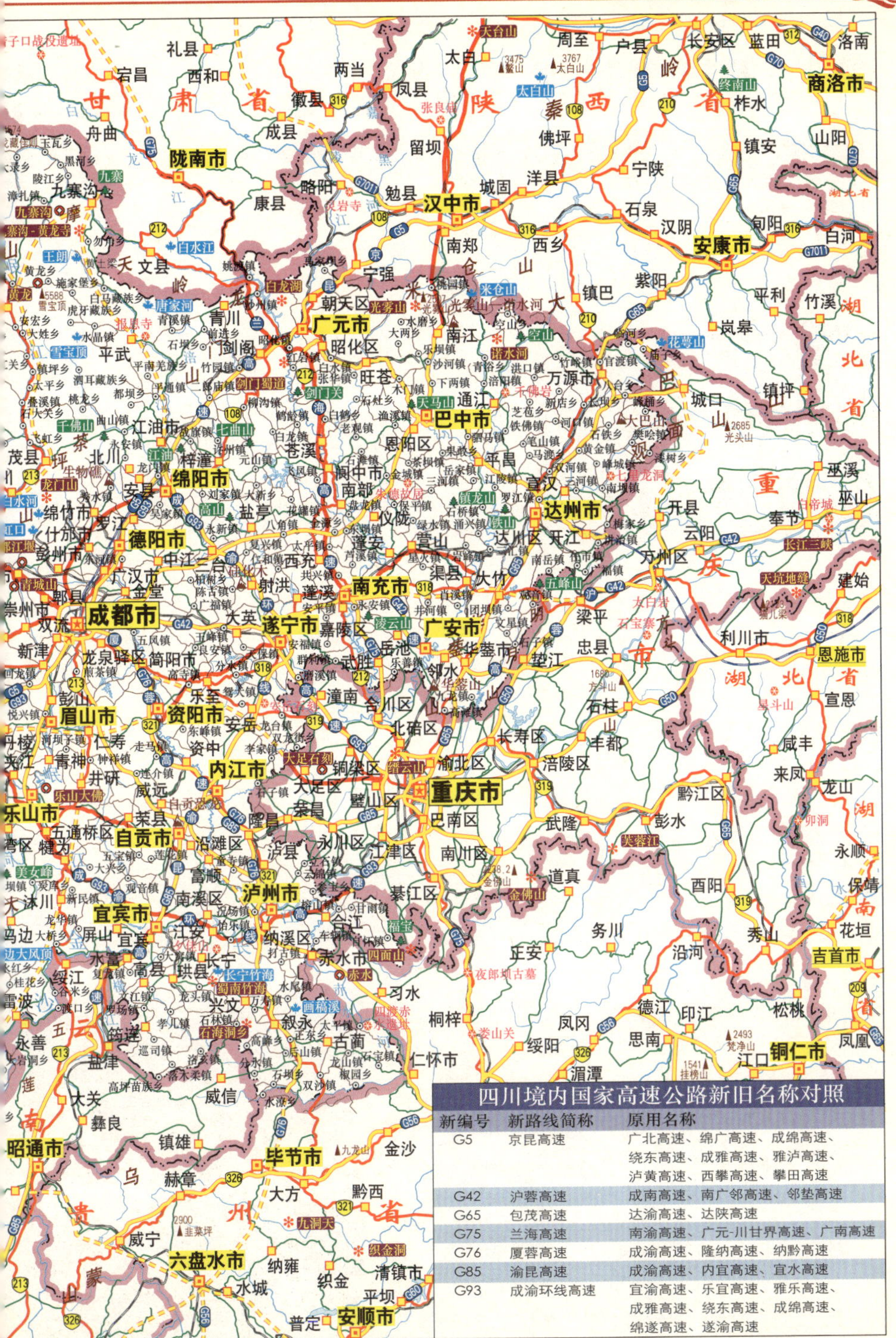

四川境内国家高速公路新旧名称对照

新编号	新路线简称	原用名称
G5	京昆高速	广北高速、绵广高速、成绵高速、绕东高速、成雅高速、雅泸高速、泸黄高速、西攀高速、攀田高速
G42	沪蓉高速	成南高速、南广邻高速、邻垫高速
G65	包茂高速	达渝高速、达陕高速
G75	兰海高速	南渝高速、广元-川甘界高速、广南高速
G76	厦蓉高速	成渝高速、隆纳高速、纳黔高速
G85	渝昆高速	成渝高速、内宜高速、宜水高速
G93	成渝环线高速	宜渝高速、乐宜高速、雅乐高速、成雅高速、绕东高速、成绵高速、绵遂高速、遂渝高速

四川及周边自驾游攻略

线路1：都江堰三日游

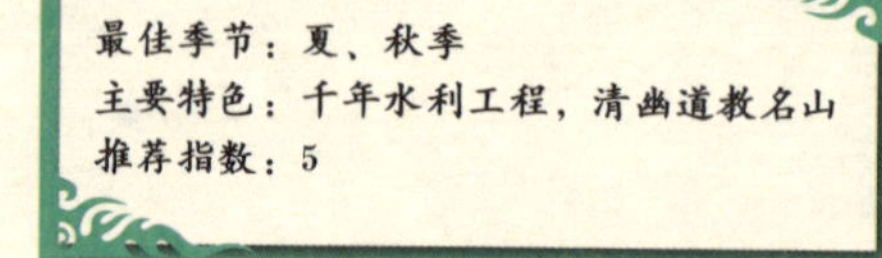
最佳季节：夏、秋季
主要特色：千年水利工程，清幽道教名山
推荐指数：5

∷都江堰

第一天： 早上从成都出发，走成灌高速公路可至都江堰市。全天参观都江堰。都江堰位于城西岷江上，建于战国时期，为我国古代的一项巨大水利工程。水利工程2000多年以来一直发挥着价值，引岷江之水灌溉着富饶的成都平原，也利用对江水的调控作用使成都平原免受洪涝灾害。都江堰景区山水相映，景色宜人。其附属古迹有二王庙（2008年因地震而毁坏）、伏龙观（离堆）、安澜桥（索桥）等。都江堰是全国重点风景名胜区、全国重点文物保护单位、世界遗产。夜宿都江堰市。

第二天： 早上从都江堰市出发走一段省道可至青城山。青城山距都江堰市区16千米，古称丈人山。全山林木青翠，四季常青，诸峰环峙，状若城廓，故名青城山。自古有“青城天下幽”的美誉。青城山有“三十六峰”、“八大洞、七十二小洞”、“一百八景”之说，为中国道教发源地、全国重点风景名胜区、世界遗产。全天游览青城山景区。夜宿景区宾馆。

第三天： 上午游览青城后山。景区面积100多平方千米，有黄龙、赤龙、青龙、黑龙诸峰，主要景点有泰安寺、白云千佛洞、金娃娃沱等。后山比前山更具神秘色彩。下午返回成都。

最佳季节：秋季
主要特色：藏羌民族风情，绚彩秋色
推荐指数：5
注意事项：尊重当地少数民族的生活和信仰，避免与当地居民发生冲突。

线路2：茂县、黑水县秋景三日游

第一天： 早上从成都出发走成灌高速至都江堰后转行213国道，沿岷江河谷而上，沿途可观岷江两岸雄秀风光。途经阿坝门户汶川县、羌族自治县茂县，午餐后驱车至川西第一大藏寨——色尔古藏寨，感受浓郁的当地民俗风情。晚上参加极具藏羌特色的锅庄、篝火联欢活动。宿于藏寨。

∷卡龙沟秋色

第二天： 早起拍摄藏寨晨景，餐后驱车前往流金

溢彩的卡龙沟。沟内景色秀丽，犹如画中行，可尽情在秋日中猎“色”。午餐（露餐）后到黑水县，参观芦花会议遗址。宿于黑水县。

第三天： 早餐后驾车游览奶子沟绝美秋色。尽情游览后可在大自然中野餐。午餐后带着片片枫叶情踏上返回成都的路途，结束愉快的旅程。

线路3：四姑娘山、丹巴三日游

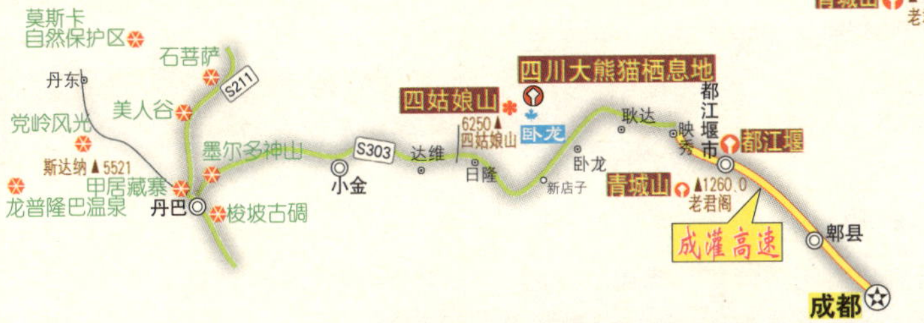

第一天： 早上从成都出发走成灌高速至都江堰后转行303省道，可至四姑娘山风景区。四姑娘山在成都市西245千米、小金县境内。景区主峰海拔6520米，以四姑娘山为代表，由四姑娘山、双桥沟、长坪沟、海子沟组成。四姑娘山是我国登山胜地，被誉为“东方的阿尔卑斯山”，也是观花、看红叶、赏雪山的好地方。双桥沟是游人最多、最美丽的一条沟。长坪沟

∴四姑娘山

是景观最丰富的一条沟。海子沟以高山湖泊为主要景观。农历四月二十四起，附近寨民举办传统盛会，历时7天。全国重点风景名胜区。全天游览四姑娘山景区，夜宿景区宾馆。

∴丹巴碉楼

第二天： 上午继续游览四姑娘山景区其他景点，下午驾车前往丹巴。丹巴县境内碉楼众多，有“千碉之城”的说法。碉楼与藏寨建筑风格一脉相承，是当地山寨最具特色的景观。碉楼以丹巴县城南的梭坡乡碉楼群和中路乡碉楼群最为著名。丹巴碉楼始建于公元前1700年，为古代防御性建筑，现为川西北河谷地带典型的特色文化建筑。下午主要参观当地著名的甲居藏寨和梭坡、中路古碉楼。夜宿丹巴县。

最佳季节：春、秋季
主要特色：绮美山水，藏寨碉楼
推荐指数：5

第三天： 上午前往巴底“美人谷”游览。美人谷位于离县城30千米的巴底乡邛山村，当地女孩子大多丽质天成，而有“丹巴美人”之说。邛山土司寨是一个古老的建筑，值得一游。下午驾车返回成都。

最佳季节：四季均可
主要特色：雪山奇景，摩崖石刻
推荐指数：5

线路4：西岭雪山三日游

第一天： 早上从成都出发走成温邛高速或318国道至大邑后，转行一段县道可至西岭雪山景区。西岭雪山在成都市西郊105千米、大邑县城西50千米。主峰海拔5364米，终年积雪不化。前山景区以自然风光为主，主要景点有九瀑一线天、杜鹃林、飞泉洞、怪石林、大飞水瀑布、阴阳界等，是集雪山林海、奇花异草、激流飞瀑于一体的景区。后山景区位于西岭雪山东大门，地势平缓，雪质优良，有我国目前规模最大的高山滑雪场、雪上游乐场和大型滑草场。下午可到后山游玩。夜宿景区宾馆。

∴西岭雪山

第二天： 全天游览前山各景点。晚上可以在山下温泉宾馆住宿，泡泡温泉，以消除一天的疲劳。

第三天： 上午参观药师崖石刻，下午返回成都。石刻在大邑县城西15千米斜源场、三坝场、新场交界处。始刻于唐开成二年（837年），其后各代都有增刻。石刻全长150米，计15龛，造像1257尊。除佛像外，还有民间故事、风土人情等场面。

线路5：松潘三日游

最佳季节：夏、秋季
主要特色：清幽牟尼沟，五彩黄龙池
推荐指数：5

第一天： 早上从成都出发走成灌高速到都江堰后转行213国道可至松潘。下午去松潘古城参观。松潘古城位于松潘县进安镇，包括古城墙遗迹、古战场遗迹以及大悲梵钟等景观。晚上宿于松潘县城。

第二天： 早起前往松潘县牟尼乡三联村参观牟尼沟。牟尼沟在松潘县城南约30千米，由扎嘎瀑布景区和二道海景区组成，自然风光迷人，民族风情浓郁，集九寨沟和黄龙之美，却更为原始清净。下午2:00后前往松潘县城东北部的丹云峡游览。丹云峡西至黄龙风景区约15千米，景区奇岩怪石星罗棋布，秋冬景色独好。之后前往黄龙景区宾馆住宿。去黄龙的道路较为危险，驾车时应注意安全。

第三天： 上午游览黄龙景区。黄龙位于松潘县黄龙乡，离松潘县城东约60千米，有“人间瑶池”的美誉。地处岷山主峰雪宝顶下，大面积地表钙华景观，有奇特的钙华彩池群、钙华滩、钙华瀑布、钙华洞，并伴有雪山、瀑布、原始森林、峡谷等景观。午餐后驾车返回成都。

黄龙五彩池

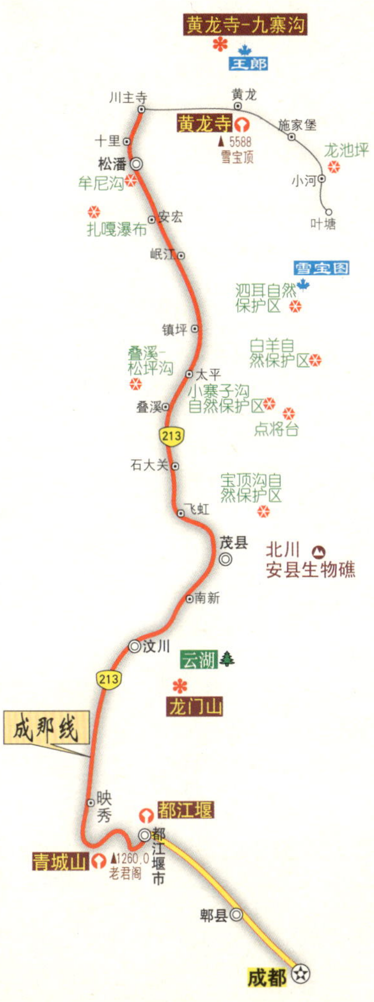

线路6：九寨沟四日游

第一天： 早起从成都出发走成灌高速到都江堰后转行213国道，至松潘川主寺后转行301省道可至九寨沟风景区。因路程较远，约需1天时间。到景区后在附近找一家宾馆住宿。

第二天： 全天游览九寨沟景区。九寨沟风景区在九寨沟县隆康乡，因有9个藏族村寨得名。景区内主要旅游风景区为树正、日则、则查洼3条主沟，有浓密的原始森林、数量众多的海子、多姿多彩的瀑布群等。自然景致极美，还有众多藏羌族人文景观。九寨沟因色彩丰富、景致奇丽，享有“童话世界”、“世外桃源”的美称，为全国重点风景名胜区、世界遗产。九寨沟的门票可以两次进景区参观，因此当天只须跟随游览车游览两条主沟。夜宿于景区宾馆。

∷九寨沟小溪

第三天： 上午进景区参观另一条主沟以及其他未参观的景观，下午在景区外各市场逛逛，购买一些有特色的纪念品。晚上可欣赏当地歌舞表演，领略藏羌民族风情。

第四天： 早上出发沿原路返回成都。

最佳季节：夏、秋季
主要特色：童话世界，藏羌风情
推荐指数：5

线路7：汶川、理县、红原三日游

第一天： 早上从成都出发走成灌高速至汶川后，转行317国道经理县后先到米亚罗自然保护区游览。米亚罗在理县城西北约60千米。这里群山连绵，江河纵横，风景迷人，藏羌民族风情浓郁，有金秋红叶景区以及特大温泉——古尔沟温泉。下午游览米亚罗美丽的自然风景后，晚上宿于温泉宾馆，泡泡温泉以消除一天的疲劳。

第二天： 早上出发沿209省道前往红原县龙日坝草原游览。在草原可以摄影、骑马、烧烤。晚上宿于龙日镇。

最佳季节：夏、秋季
主要特色：草原跑马，羌寨采风
推荐指数：5
注意事项：尊重当地少数民族的生活和信仰，避免与当地居民发生冲突

第三天： 早起驾车原路返回，至汶川桃坪羌寨参观游览。午餐后驱车顺岷江而下经都江堰返回成都。

线路8：康定、新都桥、伍须海、猎塔湖自驾四日游

最佳季节：夏、秋季
主要特色：高原、海子、雪峰，人间仙境
推荐指数：5
注意事项：高原气候多变，需备足防寒衣物及相关用品；尊重当地藏民宗教信仰、民风民俗。

第一天： 早上从成都出发走成雅高速公路经过“雨城”雅安，沿秀美的青衣江直上，到达国内最长的公路隧道——二郎山隧道(4172米)，历阴阳两重天后到达大渡河河谷(川西最大最深峡谷)。沿途有众多观景台，可以领略大渡河于高峡中穿行之险要与壮美。抵达甘孜州州府康定后快速游览一下跑马公园。夜宿康定。

第二天： 早餐后出发，翻越折多山(塞外屏障)海拔4298米，到达摄影天堂新都桥。新都桥不是什么大景点，但其自然美景却是唾手可得，小桥、流水、人家自有其独特的韵味。繁花似锦的春天和色彩斑斓的秋天是一年中最美的季节。之后走215省道前往九龙县伍须海。沿途欣赏日鲁库大草原，观花海子。伍须海藏语意为“光辉灿烂的湖泊”，其实是一个美丽的高原冰碛湖。伍须海长约1200米，宽约600米，四周群山环抱，远处有雪山，近处有漫山的杜鹃林、落叶松和冷杉。伍须海就像一颗蓝宝石镶嵌在众山之中。夜宿九龙县城。

第三天： 早餐后，赴猎塔湖景区游玩。这里有高原海子、原始森林、草甸、草原野生动物，神奇、秀美、雄伟，犹如“人间天堂”。另外，还有许多关于猎塔湖神奇的传说也令人向往！平滑光亮的湖面倒映着雪峰、冰川，搭配着蓝天下的森林与草原，使猎塔湖景区犹如一幅绝世美景图。游览之后返回九龙县城住宿。

新都桥风光

第四天： 原路返回成都。

线路9：海螺沟、贡嘎神汤温泉三日游

最佳季节：冬季
主要特色：雪山、冰川、温泉
推荐指数：5
注意事项：请勿盲目上冰川和登山；不宜剧烈运动和饮酒，多食蔬菜、水果，以防发生高山反应；山区昼夜温差大，注意防寒保暖。

第一天： 早晨从成都出发走成雅高速公路至雅安，然后走318国道经天全县城，穿越二郎山隧道。沿途欣赏二郎山风光、经甘谷地，巡游大渡河峡谷（川西最大最深峡谷），观大渡河沿岸景色，抵达磨西古镇。当天下午在古镇四周看一看，晚上宿于磨西古镇。

第二天： 早餐后换乘景区环保观光旅游车进入海螺沟的冰川世界，感受一个冰与雪的人间仙境。一路观赏冰川河谷风光及原始森林，领略海螺沟神韵。在这里你可以看到全国最大的冰川“瀑布”，探奇国家冰川森林公园，漫游冰川，遥望贡嘎雪峰（海拔7556米），也可以随意穿越林间小道，漫步原始森林。下午乘景区环保观光旅游车前往贡嘎神汤温泉疗养中心沐浴贡嘎“神汤”，放松你疲惫的身体。望着雪山泡温泉，可能很多人一生难得有这样的体会。夜宿温泉中心。

第三天： 早餐后，离开温泉中心，沿榆磨路观赏雪山、云海，在雅家埂子上打雪仗、找虫草，途经康定后至泸定吃午饭，观赏泸定桥，休整片刻后带着对雪山、温泉、蓝天、白云的眷恋驱车沿途返回成都，结束愉快的雪山冰川、温泉之旅！

::海螺沟冬韵

线路10：稻城亚丁、塔公草原六日游

第一天：早起从成都出发，经成雅高速公路抵达雅安，沿秀美青衣江直至巍巍二郎山，穿越国内最长的公路隧道二郎山隧道，历阴阳两重天后到达大渡河谷（川西最大最深峡谷），参观泸定铁索桥，经过康定古城，征服塞外屏障折多山（海拔4750米），抵达摄影天地新都桥。夜宿新都桥。

∷稻城风光

第二天：早餐后饱览新都桥美景后，翻越高尔士山（海拔4500米），感受浓郁高原藏家风情。经过世界高城理塘（海拔4000米），经过兔子山后可到青藏高原最大的古冰川遗迹海子山自然保护区。海子山海拔约4500米，在其3237平方千米的范围内共有1145个大小海子，故名海子山。翻越海子山后就抵达有“最后一片香格里拉”之称的稻城亚丁景区。整个景区主要由几大景区组成：海子山自然保护区；广袤广阔、牧草丰茂的傍河景区；念青贡嘎日松贡布雪峰和亚丁景区。稻城不仅自然环境优美，而且还具有悠久的历史文化。当地藏族居民不仅全民信教，而且教派众多，全县共有寺院14座，以雄登寺和贡嘎岭最负盛名。

第三天：由县城前往亚丁自然保护区，朝拜神山古寺——贡嘎冲古寺，转千年嘛呢堆，拜卓玛拉错神湖观前世来生，朝觐仙乃日神山（意为观世音菩萨，海拔6032米），远眺夏纳多吉神山（意为金刚手菩萨，海拔5958米）、降边央神山（意为文殊菩萨，海拔5958米）。沿途观赏野生动植物、高山花卉、雪山、森林、冰川、湖泊、河流，体验人与自然和谐相处的天然妙趣，让神山圣水与心共吟，尽情沉醉在这梦幻之地。如有时间，还可前往朝拜珍珠海、牛奶海。之后返回亚丁景区帐篷营地。

第四天：上午后继续欣赏亚丁美景，下午乘车返回稻城。沿途欣赏赤土河谷迷人风光及世外桃源般藏式建筑村寨，观万亩杨树林公园，赏波瓦-迪西塘草场、赤土河谷，朝拜贡嘎郎吉岭寺。晚上沐浴香格里拉之露——茹布查卡温泉，参加纯藏情锅庄晚会，尽情欢歌。宿于稻城。

第五天：由稻城出发返回，经理塘、雅江、新都桥，至塔公草原住宿。于理塘可参观由三世达赖索南加措建于明朝万历八年的理塘喇嘛寺。

第六天：早起欣赏美景如画的塔公草原，观塔公寺，还可骑马驰骋在壮美辽阔的草原上。午餐后驾车返回成都。

最佳季节：春、秋季
主要特色：雪山、圣湖、喇嘛庙，最后一片香格里拉
推荐指数：5
注意事项：尊重当地少数民族和信仰，避免与当地居民发生冲突。

成都市

可以说成都创造了两个奇迹：一是它的名字两千多年从未变更过，实属罕见；二是两千多年来成都一直是四川地区行政区划的首府，可算是中国历史最悠久的省会城市之一了。战国时期秦太守李冰在此修建了举世闻名的都江堰，使成都“水旱从人，不知饥馑”，从此被誉为天府之国。悠久的古代文明为成都留下了众多的文化遗产和风景名胜。

行政区类别：省会
行政区划：辖9个区、4个县级市、6个县
电话区号：028
面积：12098平方千米
人口：1163万
邮政编码：610015

交通资讯
成都双流机场
电话：028-85205555
成都火车站
电话：028－84445111
新南门旅游客运中心
电话：028－85433609
成都汽车客运总站
电话：028－84716406、84711692

∴成都新区

望江楼

气候与游季

成都属亚热带湿润季风气候区，气候温和、四季分明、无霜期长、雨量充沛、日照较少。年平均气温为16.2℃，年最高气温为37.3℃，雨量主要集中在7～8月，暴雨出现的始终期分别在6月底、7月初和8月下旬。

交通

※**航空**：成都双流国际机场是前往拉萨贡嘎机场的最大中转机场，也是前往昌都邦达机场、林芝米林机场的唯一中转机场。机场位于四川省成都市双流县北部，距离成都市中心约16千米，有高速公路与市区相连。

※**铁路**：成都是西南地区最大的铁路枢纽，是成渝、宝成、成昆、达成等铁路干线的起点，全国20多个大中城市有列车直达成都。

※**公路**：全省公路都以成都为中心，主要的公路干线有：川陕公路、川藏公路、成渝公路等。成都汽车中心客运站是四川最大的公路客运枢纽站。

※**水运**：水路运输的干线是长江，岷江等支流配合。

风景名胜

◆青城山——都江堰旅游景区

世界文化遗产。都江堰在成都西北40千米、都江堰市城西岷江上。建于战国时期，为我国古代的一项巨大水利工程。其附属古迹有二王庙、伏龙观(离堆)、安澜桥（索桥）等，是我国乃至世界上唯一保存完整，且还在使用的“生态水利工程”。青城山距都江堰市区16千米。古称丈人山。自古有“青城天下幽”的美誉，有“三十六峰”、“八大洞、七十二小洞”、“一百八景”之说，为中国道教发祥地之一，拥有日出、云海、圣灯三大自然奇观。

门票：都江堰景区90元；青城山前山90元，后山40元。

交通：可在成都乘坐地铁到火车北站，转乘成灌高铁，下火车后乘坐公交到都江堰景区。或在成都乘公交车到茶店子车站，乘坐抵达都江堰客运站的汽车。都江堰景区门口101公交车直达青城山。在成都也可直接乘坐高铁或客运车抵达青城山。

◆杜甫草堂

位于成都西门外的浣花溪畔，面积0.16平方千米，是唐代诗人杜甫在成都时的旧居。

门票：60元。

交通：乘19、35、82、170、1024路公交车可达。

◆黄龙溪古镇

黄龙溪位于成都近郊双流县境内，历史可以追溯到三国时期，至今完好的古建筑群，使其成为许多影视剧的外景基地。黄龙溪是成都市郊区新的旅游热点，是以旅游业为主、商贸

::青城山

服务业为辅的旅游型山水小城镇。

交通：从金沙汽车客运站、新南门旅游客运中心乘坐到双流的班车即可。

黄龙溪古镇

◆刘氏庄园博物馆

位于成都市大邑县安仁镇，距大邑县城12千米，距成都市52千米，原为川西大地主刘文彩的私家住宅。该馆建于1958年10月，原名大邑地主庄园陈列馆，是展示中国近现代川西民间建筑和乡村庄园建筑、再现清末民初人民生活场景的博物馆。

门票：50元。

交通：乘地铁、出租、公交车到成都金沙车站，换乘直达大邑县安仁镇（刘氏庄园）的大巴；或先到大邑县汽车站，再换乘大邑到安仁镇的公交车。

◆武侯祠

成都武侯祠是祭祀刘备与诸葛亮的庙堂，是中国唯一一座君臣合祭的祠堂，距今已有1500年的历史。

武侯祠

门票：60元。

交通：乘公交车1、8、10、21、26、28、29、53、57、59、82、301、302路可达，交通方便。

◆建川博物馆聚落

位于四川省成都市大邑县，聚落占地约0.33平方千米，坐落于国家级历史文化名镇、刘氏庄园所在地安仁古镇。聚落内建有抗战、民俗、红色年代艺术品、地震四大系列30余个分馆。博物馆还进一步将各种业态的配套如酒店、客栈、茶馆、文物商店等各种商业汇集在一起，形成一个集藏品展示、教育研究、旅游休闲、收藏交流、艺术博览、影视拍摄等多项功能为一体的新概念博物馆。

门票：100元。

交通：在金沙车站直接坐车到安仁即可。

◆成都大熊猫基地

大熊猫繁育基地位于成都市北郊虎头山，是国内开展大熊猫等珍稀濒危野生动物移地保护的主要基地之一。常年饲养有大熊猫、小熊猫、白鹳、白天鹅、黑天鹅、黑颈鹤、孔雀、鸳鸯、雁等动物。

门票：58元。

交通：乘87、867、198、198a路公交车可达。

大熊猫

◆金沙遗址博物馆

位于成都市城西苏坡乡金沙村一处商周时代遗址，是在金沙遗址原址上兴建的博物

馆。金沙遗址发现于2001年2月8日，遗址内发现了大型宫殿区、一般居住区、墓葬区和大型祭祀区等重要遗存，出土了数量众多的珍贵文物。大量与古蜀国最高统治者有关的遗存和遗物的发现，表明金沙遗址是继三星堆文明之后在成都平原崛起的又一个政治、经济、文化中心，是商代晚期至西周时期古代蜀国的都邑所在。

门票：80元（不含4D电影）。

交通：从双流机场乘坐306路公交车到金沙车站转乘5路、111路即可；从火车北站乘坐52路到营门口桥转7路即可；从市中心站乘坐5路、81路、83路、7路、37路等公交车均可到达。

◆宝光桂湖文化区

位于成都市新都区，是全国唯一一座保存了隋唐园林遗迹的隋唐园林，至今保存有隋朝古城墙和唐代山石湖池遗存，有著名的桂湖碑林，还存有东汉石刻“石门关”，汉代说唱俑等近千件馆藏文物精品。新都桂湖是全国重点文物保护单位，始建于初唐，原名“南亭”，明代著名学者杨升庵改名为桂湖。全园占地七十余亩，以湖为中心，四周布景，继承了早期园林一池三岛的传统，园中无大的建筑和明显的中轴线。

门票：桂湖30元，宝光寺5元。

交通：从新都钟楼客运站乘坐8路、7路、3路、1路、4路公交车均可到达宝光寺；从新都钟楼客运站乘坐2、4、6、7、10路车均可到达桂湖。

◆成都国色天乡乐园

位于成都市温江区万春镇，国家级重点生态示范区，是置信集团进入文化旅游产业的标志性项目。项目集千亩主题公园、五星级酒店、会议中心、高尚国际主题社区、自然生态绿地于一体，并辅以欧洲风情商业中心、国际双语学校、幼儿园、大型医院等完善的配套设施，力求全力打造一座旷世的“国际化主题新城”。

门票：100元。

国色天乡乐园

交通：市内乘坐309路、309A路、703路、904路、成温快巴、温江204路公交车、温江205公交车、温江206公交车均可到达。

◆平乐古镇

位于邛崃市西南19千米处，早在汉景帝时期就已形成集镇，是一处风景怡人、从建筑到人文都透出浓浓韵味的古镇。2000多年前的秦汉驿道从这里经过，也是南方丝绸之路的一段。

交通：成都新南门旅游车站每天都有直达平乐古镇的旅游专线车。

◆天台山

位于邛崃市西南天台乡境内，距市区42千米，距成都135千米，南、西、北三面山体如墙，东面敞开如门，终年绿树成荫，花开不绝，主峰玉霄峰海拔1800多米。山内的“和尚衙门”是国内唯一一座古代宗教法庭。

门票：65元。

交通：先到金沙或是火车北站、石羊场坐大巴到邛崃，车程大约一个半小时，再从邛崃的客车站坐车到天台山即可。

文化游

➔市区游线

宽巷子、窄巷子—文殊院—青羊宫—杜甫草堂—武侯祠—四川省博物馆—四川大学—四川大学博物馆—望江楼公园—罨画池—水井街酒坊遗址—

大慈寺—昭觉寺

➔**郊县游线**

宝光寺—都江堰—伏龙观—老君阁—金沙遗址—四川客家博物馆—绣川书院—青城山—三星堆博物馆—药师崖石刻—龙兴寺塔—石塔寺石塔—文君井—新津观音寺—望丛祠

考古游

※博物馆※

◆四川省博物馆

2009年5月开放，展厅数量达15个，包括书画馆、陶瓷馆、青铜馆、四川民族文物馆、百年四川馆、工艺美术馆、藏传佛教文物馆、万佛寺石刻馆、张大千书画馆、汉代陶石艺术馆等，内容包括四川历史发展概况和极具特色的地方文化。

门票：免费对外开放。不过，为保护馆藏文物，博物馆会限制人流量，游客可在博物馆大门口免费领取门票。

地址：成都市浣花风景区内。

交通：乘19、35、59、82、88、151、407路公交车，在送仙桥、浣花南路站下车。

∷建川博物馆聚落

◆建川博物馆聚落

坐落在国家级历史文化名镇安仁镇，包括抗战、民俗、红色年代、地震四大系列的30余个分馆，现已开放13个馆。现有藏品800余万件，其中国家一级文物91件。据称是目前国内最大的民间博物馆。

门票：100元

交通：成都金沙车站有车直达安仁镇，约30分钟一班，滚动发车，车程约1小时。

※遗址※

◆水井街酒坊遗址

遗址位于至今仍在生产的全兴酒厂老窖所在地，包括晾堂3座、酒窖8口、炉灶4座、灰坑4个，及路基、木柱、酿酒设备基座等。从地层叠压堆积和器物的类型学排序上可将明、清、民国至当代连接起来，可知这里五六百年生产一直未间断。

地址：成都市锦江区水井街17～23号。

◆金沙遗址

成都西郊有一条清澈的磨底河，蜿蜒东流。这里曾是一片地势平坦的农田，零星点缀着几处农舍。然而，2001年在这个不起眼的小村，金沙遗址出土了。它将一个神秘的、充满魔幻的古蜀王国展现在现代人的面前。

门票：金沙遗址博物馆游览和4D电影的通票票价100元。

地址：成都市青羊区城西金沙遗址路2号。

◆大邑刘氏庄园博物馆

庄园为清末至民国建筑群，是解放前大地主刘文彩的宅园。有房屋350余间，分老公馆、新公馆两处。

门票：通票50元

∷刘氏庄园

交通：距成都市中心52千米左右。成都火车北站、城北客运中心、金沙汽车站有车发往安仁。

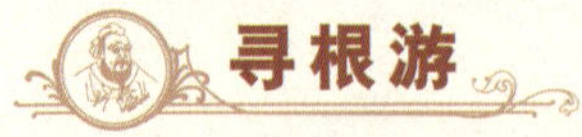

寻根游

※名人祠庙※

◆望丛祠

是纪念古蜀国两位著名君主望帝和丛帝合葬的墓地和祠宇。临水就势建有稻荪楼、听鹃楼等亭台楼阁。幕地及周围207株古柏，郁郁苍苍。

门票：5元

地址：郫县县城西南部

交通：距县城2千米。可在茶店子汽车站乘车或乘开往都江堰的客车途中下车。

◆武侯祠

始建于公元223年，武侯祠（指诸葛亮的专祠）同汉昭烈庙、刘备墓（惠陵）相毗连。整个建筑群排列在从南到北的一条中轴线上。以刘备殿最高，建筑最为雄伟壮丽。武侯祠后还有三义庙、结义楼等建筑。

三绝碑　祠内有著名的唐碑《蜀丞相诸葛武侯祠堂碑》，此碑因文章内容、书法绝妙和诸葛亮功德绝世，自明代起被誉为“三绝碑”。

门票：60元

地址：成都市一环路武侯祠大街

开放时间：夏季为7：30～21：00；冬季为8：00～18：30

交通：乘1、10、14、26路公交车可到。

※名人故居纪念馆※

◆杜甫草堂

堂内除历代名人题写的楹联、匾额之外，还珍藏有各类资料3万余册，文物2000余件。包括宋、元、明、清历代杜诗精刻本、影印本、手抄本以及近代的各种铅印本，还有15种文字的外译以及朝鲜、日本出版的汉刻本

杜甫草堂

120多种，是有关杜甫平生创作馆藏最丰富、保存最完好的地方。

地址：成都西郊（浣花溪畔）草堂路

门票：60元

开放时间：8：00～17：30

交通：乘坐35路公交车，从城东客运汽车站开往杜甫草堂。

◆文君井

相传为司马相如与卓文君开设“临邛酒肆”时汲水之所，后人遂题名“文君井”。文君井为不规则的矮罐形土窖井，周置石栏，井口和井面均为石质。现有庭园10余亩，园内有当垆亭、水香榭、听雨亭、梳妆台等建筑。

门票：5元

地址：成都市邛崃市内里仁街

交通：在成都金沙车站到邛崃的车走“成温邛高速公路”，车票16元，全程1小时。到邛崃后，乘坐人力三轮车(每车2～3元)便可到达文君井。

※陵园※

◆永陵

为五代时前蜀皇帝王建的陵墓。墓室现已发掘开放，中室置棺椁，伴有12位英武雄

壮的扶棺力士雕像，棺床侧面刻有24幅乐伎像，手持各种民族乐器，这些乐伎像是研究隋唐五代音乐史的珍贵文物。

地址：成都市西门外三洞桥

学府游

※著名大学※

◆四川大学

四川的重点大学不少，其中风景最美、最富人文气息的非川大莫属了。漫步川大望江校区，古典浓厚的气息扑面而来，雄伟的行政楼，红墙黑瓦，飞檐斗拱，富有清末建筑风情。闭上眼睛，一股历史的厚重感直逼心底。

地址：成都市九眼桥望江路39号

交通：3、18、19路等公交车可到。

::四川大学

宗教游

※道教※

◆青城山

青城山是中国著名的道教名山，中国道教的发源地之一，被道教尊为“第五洞天”。自东汉以来历经两千多年。全山的道教宫观以天师洞为核心，包括建福宫、上清宫、祖师殿、圆明宫、老君阁、玉清宫、朝阳洞等至今完好地保存有数十座道教宫观。

门票：游览前山90元，后山40元

地址：西南郊“青城山—都江堰”风景区内

交通：成都出发，新南门客运站和茶店子客运站每天都有发往青城前山、青城后山的班车，10分钟一班，票价17元，路上约需2小时。都江堰出发，出都江堰景区离堆大门后，门口乘101路直达车到青城前山，路程30分钟，大巴16元。或打车过去，约40元。前山到后山只需乘中巴或出租车过去。

::青羊宫

◆青羊宫

成都市内建筑年代最久远、规模最大的一座道观。三清殿中有两只铜铸青羊，左边的独角铜羊造型十分奇特，初看是羊，细看实为十二属相的化身，有鼠耳、牛鼻、虎爪、兔背、龙角、蛇尾、马嘴、羊须、猴颈、鸡眼、狗腹、猪臀等形象，构思奇特。

门票：10元

地址：成都市一环路西二段9号

交通：乘5、11、27、58路公交车可达。

※佛教※

◆宝光寺

我国唯一保存了早期佛寺“寺塔一体、塔踞中心”的典型布局的寺庙。寺中舍利塔建于唐代，是一座高30米的13级密檐式方形砖塔。寺中文物众多，著名的有南朝梁武帝大同六年（1540年）的千佛碑；唐僖宗行宫遗础，以及被称为“镇寺三宝”的舍利、贝叶经

和铜优昙花等。

门票：5元

地址：位于成都市北新都城内

交通：宝光寺距成都18千米，火车北站、新南门汽车站、城北客运中心等地均有班车前往。

◆大慈寺

唐代名僧玄奘曾在这里受戒并坐夏学律。由于唐玄宗、唐僖宗先后幸蜀，许多著名画师也聚集成都，使成都绘画之风大盛。仅在大慈寺中，就有壁画千余堵，这些画像“皆一时绝艺”。

门票：3元

地址：成都市大慈寺路23号

交通：乘4、58、81路公交车可到。

◆昭觉寺

素有川西“第一丛林”之称。昭觉寺自建唐以来，高僧辈出。1989年重建了现在的大雄宝殿、圆通殿、钟鼓楼及念佛堂，使之成为西南地区规模最为宏大、壮观的寺院之一。

门票：1元

地址：成都北门外青龙场

交通：乘1、10、60、63、69、70、71路公交车可达。

◆文殊院

文殊院是成都市区现存最完整的一座佛寺，也是四川省和成都市佛教协会所在地。寺内藏有唐僧玄奘顶骨，为全国仅存的三块之一。此外还有印度贝叶经、唐代日本镏金经筒、千佛袈裟、发绣观音、挑纱文殊等珍贵佛教文物。

∷文殊院

宽巷子

门票：5元

地址：成都市文殊院街15号

交通：乘1、5、16、65路公交车均可到达。

民俗游

※博物馆※

◆四川客家博物馆

该馆通过实物、图片、雕塑、音像等，重新展现了清初客家先民大规模入川艰苦创业的历程。鸡公车是当年客家先人运货载人的主要交通工具，织布机是当年客家人自给自足、丰衣足食的缩影，一件件极具闽、粤风味的物品，将岁月拉回到客家先人艰难迁徙的年代。

门票：5元

地址：龙泉驿洛带镇老街湖广会馆

交通：可在成都市内乘58、81路等公交车到达五桂桥汽车站，五桂桥汽车站有到龙泉的汽车，每几分钟就有一班，票价5元。下车后乘龙泉开往洛带的中巴车，票价3元。

※老街区※

◆宽巷子、窄巷子

成都最有代表性的两条古巷，像姐妹一样紧挨着，是成都一个很有代表性的文化标志，这条富有历史色彩的小巷埋藏着老成都的历史，在古意盎然中渗透出成都人的那份宁静与闲散。

地址：成都市长顺街、同仁路间

交通：乘5、62、70、93、163、340路可到，在长顺上街站下车即可。

建筑游

※古代建筑※

◆都江堰

秦昭襄王时（公元前3世纪中叶），蜀郡守李冰主持完成了这一伟大的水利工程。渠道的分水堤（鱼嘴）、引水口（宝瓶口）、泄洪堤（飞沙堰）设计之巧至今仍令中外水利专家叹服。玉垒山、“离堆”、“水则”、铁桩、

::都江堰

"漏"等古迹，可让您大略了解古代工程的艰巨和古堰建成后所起的作用。都江堰两千多年来一直发挥着防洪灌溉作用，使成都平原成为沃野千里的"天府之国"。

门票：90元

地址：成都西北60千米的都江堰市的城西

交通：成都火车站广场和西门车站每天有发往都江堰、青城山的旅游专线车。

※古典园林※

◆望江楼公园

相传唐代女诗人薛涛曾在此汲取井水，手制诗笺，留下了许多幽怨动人的诗句。一进大门，映入眼帘的是茂盛的竹林。因薛涛一生爱竹，后人便在园中遍植佳竹。由寨门攀登到寨顶，要通过依山而建的层楼飞阁，每一层石壁上都有历代流传下来的石刻、画像和题诗。园内的主要建筑有望江楼、薛涛井、濯锦楼、浣溪亭、泉香榭、五云仙馆等，竹木繁多。

门票：10元

地址：成都市望江路30号

开放时间：6：00～21：00

※成都周边景点※

◆三星堆

距今2800～4800年，延续时间近2000年的三星堆遗址位于四川省德阳市广汉市城西南兴镇，遗址分布范围达12平方千米。三星堆是四川境内目前所知一处范围最广、延续时间最长、文化内涵最为丰富的古蜀文化遗址。遗址区的主要出土文物现陈列于三星堆博物馆中。

门票：82元

交通：三星堆距成都市30多千米，车程约1小时，可在成都市新南门车站乘车直达三星堆博物馆门口，车票约15元，每天早上8：30和下午3：00准时发车。也可在昭觉寺车站乘车到广汉市，车票12元左右，然后在广汉乘1路公交车前往。

吃喝玩乐购

成都美食

成都号称“美食之都”，有3万多家酒楼、餐馆遍布大街小巷，只要你想出门吃饭，没有找不着吃的的时候。近年来，成都餐饮越发繁荣，外地人只要到市区内几条美食街转一转，就能体会“吃在中国，味在成都”的滋味。

成都美食主要以川菜为主，讲究麻辣鲜香，色香味俱全，在味觉上独树一帜的是麻！辣是川菜的独门秘技，仅仅是一个“辣”，就有香辣、麻辣、咸辣、微辣等，能让很多外地食客满头大汗晕头转向。成都的小吃不仅味道突出，名字也很别致，比如夫妻肺片、赖汤圆、龙抄手、钟水饺、担担面、三大炮等享誉全国的美食。

※美食街※

◆羊西线

品牌餐饮云集，高中低档纷呈，中餐为主，兼有火锅。这里有一批名噪全国的餐饮品牌：银杏、顺风肥牛、南台月、重庆菜根香、福万佳、荣兴苑、快乐老家、红杏、大蓉和、陶然居、巴谷园以及毛家饭店等。日式松阪烤肉、韩风苑韩国烧烤、巴西烤肉，还有欧尚对面的西式主题餐厅红森林，也都是异域经典美食的代表。

◆锦里文化美食街

锦里文化美食街就在武侯祠边上，足足有几十家小店，几乎集中了成都所有的名小吃。身处其中，走走停停、吃吃看看，累了去

∷锦里文化美食街

◎特色名菜◎

麻婆豆腐

这道菜脍炙人口，极富川味特色。据说成都“陈麻婆豆腐店”首创于19世纪中叶。有人用“麻、辣、烫、鲜、嫩、香、酥、捆（形整的意思）”八个字来形容这道菜，形象地概括了它的特点。出锅后的豆腐色泽淡黄而有光泽，味道用四川话说，那是“好得很！”

鱼香肉丝

风靡全国的家常川菜。采用七成瘦肉切丝，配以各种辅料滑炒，成菜色泽红润、入口鲜嫩、肉带鱼香。同为鱼香味系的常见菜肴还有鱼香肝尖、鱼香茄子等。

鱼香，是当代川菜主要味型之一。其调料与鱼并不沾边，而是泡红辣椒、胡萝卜丝、葱、姜、蒜、糖、酱油、盐等混合调制而成。据说此法源于四川民间烹鱼的调料和方法。

回锅肉

俗话说“入蜀不吃回锅肉，等于没有到四川”。谈起回锅肉，难免口舌生津，因为它实在太诱人了！据说这道菜源于民间祭祀。系将敬鬼神、祭祖宗的煮

熟的猪肉在敬献后回锅炒食，故名“回锅肉”。

一般做法是将鲜猪肉先煮或先蒸，再爆炒。所用肉片肥瘦相宜、厚薄均匀、配料有青椒、青蒜、洋葱、郫县豆瓣、甜面酱、食盐等，其中郫县豆瓣必不可少。成菜色泽红亮，入口耐嚼、味辣带甜、味浓鲜香。

夫妻肺片

成都地区尽人皆知的一款风味凉菜。片大而薄，粑糯入味，麻辣鲜香，细嫩化渣。夫妻肺片起源于20世纪30年代，是郭朝华、张田正夫妻二人，在成都以制售麻辣牛肉肺片为业。两人从走街串巷，提篮叫卖，摆摊招客到设店经营。因注重选料，制作精细，调味考究，深受群众喜爱。为区别于其他人经营的肺片，人们称之为“夫妻肺片”。

酸辣汤

最常见的川味汤菜。简单做法是：用豆腐、肉丝、冬笋等料经清汤煮沸即成。味道酸、辣、鲜、香。兼之能祛寒暖肚、开胃醒酒，故口碑极佳。广泛流传于大小餐馆，属必备汤羹。

评价酸辣汤，一见刀功，二讲味道，三论芡汁。总之，你觉得口感滋润，不稠不稀才是好汤。其配料可繁可简、既能很大众化，也能做得很排场。

咖啡厅、酒吧坐坐，感觉挺好的，晚上去的话更有老成都的氛围。吃的价格比别处贵些，周末和节假日游客比较多。

◆沙西线

此线以大众美食为主，有每日爆满的夕阳红老菜馆，其大妈红烧肉、大妈带鱼等大妈系列菜品倾倒八方食客；故乡缘川菜馆院中有院，小桥流水，还有那川味浓厚的合欢香菇包、脆皮粉蒸肉、江鲢系列菜品；顺兴老茶馆的功夫茶、名小吃、变脸、吐火、滚灯，将川菜、川酒、川茶、川戏之风采一并囊括。

◆府南新区

最近两年内崛起的火锅一条街，有近20家大大小小的火锅店在此营业，除食圣黄辣丁火锅、曾实记泥鳅王风味庄的土泥鳅火锅、赵老四九尺鹅肠火锅、坝坝筵生抠土鸭肠火锅、鲍鱼圣汤火锅、开元和鲜火锅等品牌火锅之外，还有笋子鸡火锅、连锅、盆盆虾、山珍火锅、美蛙火锅等。

◆武侯大道

这条大道上的武福源酒楼菜品味道醇正，价格贴近大众。火锅方面，大唐人无疑是该条线上的领军品牌；处于外双楠的置信逸都城一年来汇集了数以十计的酒楼，如大卫营蓝色海岸、新天府大酒楼、高丽轩烤肉、凯悦家宴等。

◆美领馆美食区

领事馆路是成都餐饮密度最大的地方，这里有魏火锅、快乐老家、玉龙火锅、赵老四九尺鹅肠火锅、合记鲍鱼火锅等风味火锅，有海上海、海上皇、天仁海鲜粤菜馆，有经营杭帮菜的新外滩酒店，有卖东南亚菜的泰国鱼翅馆，还有阳光餐厅、繁华居、大自然河鲜馆、毛哥老鸭汤等川菜酒楼。

※美食老号※

◆陈麻婆豆腐(双林店)

➲成都青羊区西玉龙街197号

创业于1862年，原名陈兴盛饭铺，店主早殁，由老板娘经营。陈氏烹制豆腐已经形成了一套独特的技巧。她做的豆腐色味俱全，深得人们喜爱。清末有诗为证：“麻婆陈氏尚传名、豆腐烘来味最精。”因店主陈氏面上微麻，好事者戏称其为陈麻婆豆腐。

电话：028-86754512

交通：98路公交车

网址：www.chenmapo.com

周边景点：新华公园、成都雕塑公园

川人这样评价："酸辣汤是个很热闹的汤。"

◎风味小吃◎

担担面

成都最著名的小吃，在各地广为流传。过去挑担沿街叫卖，现在坐店经营，仍习惯称为担担面，做法是手工擀制面条，煮熟，舀上炒制的臊子—猪肉末而成。特点是香气扑鼻，面条细薄，肉质香酥，调料以葱花、芽菜、猪油为主，略有汤汁，鲜美爽口，辣不重微酸。十分入味。

宋嫂面

是成都人仿制宋朝汴梁人宋嫂做法，将鱼肉、芽菜、香菌等制成鱼羹，作为臊子加入面中，其味鲜美无比。不爱吃肉，而好食鱼的朋友请勿错过。

钟水饺

成都最有名的水饺，与北方水饺的主要区别是全用猪肉馅，不加其他鲜菜，成品皮薄馅嫩，主要分为红油水饺和清汤水饺两种，红油水饺皮薄馅嫩，上桌时，会淋上特制的红油，微甜带咸，风味独特；清汤水饺清鲜味浓，细嫩化渣。

◆二姐兔丁（新南门店）

➲成都市武侯区新南路40号附9号(红星大酒店斜对面)

二姐姓陈，因为排行老二，所以大家都亲热地称呼她“二姐”。二姐的兔丁肉多骨头少，不加兔头，作料独特，香鲜可口，是成都出名的一道凉菜。起初，二姐只是推着个简陋的车子在街边卖。因为卖出了名气，才开了个店。

二姐的“兔”系列中还有五香卤兔、红板兔、麻辣兔丁。另外，二姐兔丁店还经营红油鸡块、蒜泥白肉、凉拌肺片、五香蹄筋等多个品种。

交通：6、10、21、28、35、43、48A、48、49、55、62、76、82、102、301、306、335、343、504、901、902、904路公交车。

◆夫妻肺片总店

➲成都锦江区总府街20号春熙商汇广场19-30

20世纪二三十年代，郭氏夫妇经营的肺片价廉物美、风味别致，加之夫妻俩默契和谐，小生意红红火火，一时顾客云集。

有好开玩笑者用纸条写上“夫妻肺片”字样，悄悄贴在夫妻俩的小担上。1933年，夫妻肺片店开业，从此这一小吃更有名了。1956年，老店迁至总府路。在保持原来风味的同时，又专门研制添加了多种绿色香料，从而使“夫妻肺片”在保持传统风味的基础上更加鲜美可口。

交通：3、4、58、

红油抄手

抄手是四川人对馄饨的称呼，红油抄手是成都著名小吃。它以面皮包肉馅，煮熟后加清汤、红油和其他调料即可食用。抄手柔嫩鲜美，汤汁微辣浓香。

汤圆

最具代表性的是赖汤圆、郭汤圆。两家都有上百年的历史。赖汤圆不浑汤，不粘牙，筋丝好，皮薄心子香。心子以黑芝麻、鸡油酥、洗沙心子最有名，再加以小碟白糖芝麻酱蘸着吃，更觉香甜滋润。郭汤圆心子除白糖、鸡油外，还加入各种蜜饯。一碗汤圆四个，每个心子不一样，味道也个个不同。

◎四川“串串香”店推荐◎

康二姐串串香

地址：锦江区中道街

电话：13018231143

玉林串串香

地址：北站西二路33号附2号

电话：028-66584595

徐记串串香

地址：金牛区顺沙巷4号

电话：028-81684795

伍大郎串串香

地址：李家沱华油路67号

电话：028-83289896

玉林串串香

地址：玉林水果市场

电话：028-85580723

鲁胖串串香

地址：大学路17号附8号

电话：028-85440358

81等路公交车在总府路站下车。

电话：028-86617171

周边景点：川剧博物馆

◆赖汤圆（总府店）

➲成都市总府路27号

赖汤圆的创始人赖元鑫从1894年起就在成都沿街煮卖汤圆，他制作的汤圆煮时不烂皮、不露馅、不浑汤，吃时不粘筷、不粘牙、不腻口，滋润香甜，爽滑软糯，成为成都最负盛名的小吃。现在的赖汤圆，保持了老字号名优小吃的质量，其色滑洁白，皮粑绵糯，甜香油重，营养丰富。

电话：028-86629976

交通：4（下行）、98路公交车。

◆担担面老店

➲成都市人民中路一段44号

因最初是挑着担子沿街叫卖而得名，最有名的又要数陈包包的担担面了，它始创于1841年。后来，很多人都卖担担面，成为成都小吃的代表。1956年公私合营后，粮油统购，于是担担的方式消失。

担担面最为正宗的是提督街店，可惜因城市建设被拆掉了。现在能吃到的，就是位于人民路上、喜来登饭店对面的这家了。它也是成都少有的几家还带有国营色彩的老店，进入店门，便感香气扑鼻，催人食欲；吃到嘴里，更感咸鲜微辣，十分入味。

电话：028-86639816

交通：16、48、55、99、303路公交车。

提示：人均消费在15元左右

周边景点：武侯祠博物馆

◆龙抄手总店

➲春熙路中山广场东侧城过守街63号

1941年开业，以“龙”为名号，取“兴隆”之意。2007年从春熙路南段搬到春熙路中心广场东侧，1995年，国家授予“中华老字号”称号。开店初期，主要经营原汤、炖鸡、海味、清汤、酸辣、红油等品种的抄手（四川人称“馄

饨”为“抄手”）。

现已经发展成为营业面积达4000多平方米的综合性餐厅，新店共五层，地下一层，地上四层。除了经营传统小吃快餐外，在2楼还有音乐、演奏伴餐的风味小吃大厅，3楼的特色小吃、包间及4楼的老成都休闲茶馆，可同时供近千人就餐。

电话：028-86666606

交通：3、4、58、81路公交车。

提示：人均消费21元左右

◆钟水饺总店

➲武侯区武侯祠大街4附40号

原店名叫“协森茂”，由钟燮林创办于1893年。1931年后，开始挂出了“荔枝巷钟水饺”的招牌。因其制作精良，味道鲜香，逐渐成为成都最有名的水饺。

今天的钟水饺店已成为一家以红油水饺为龙头食品的综合食府。为让更多的人品尝到这一脍炙人口的老字号小吃，钟水饺店还将调料转入工业化生产，使得这一名小吃走入寻常百姓家。

电话：028-85598028

交通：在九眼桥北坐27路、27路专线到梁家巷换乘1路到南郊路。

◆韩包子总店

➲总府路17号

1914年，温江人韩玉隆在成都开设面食店，并逐渐站稳脚跟。韩玉隆辞世后，其子韩文华继承衣钵并创制出“鲜肉包子”、“南虾包子”、“火腿包子”等品种，名声不胫而走。后来韩文华干脆专营包子，并将店名改为“韩包子”。

近百年来，“韩包子”始终保持传统风味，在成都家喻户晓。现在，韩包子共有叉烧、芽菜、火腿、鲜肉、三鲜、香菇、口蘑、附油等8种，另外还有系列套餐供应。

电话：028-86780784

交通：4、8、58、81路公交车。

网址：www.hanbaozi.cn

◎成都著名火锅店推荐◎

川西坝子火锅

地址：金牛区茶店子东街71号

电话：028-87520128

三只耳火锅（倪家桥总店）

地址：武侯区倪家桥路10号

电话：028-85530188

狮子楼火锅

地址：成都市万年场路2号

电话：028-84333795

七星椒火锅

地址：武侯祠大街123-11号

电话：028-85596832

刘一手火锅

地址：成都市黄喉神仙树21号

电话：028-85177655

张大胡子鱼头火锅

地址：成都市清江路312号

电话：028-87360118

◎街边觅食◎

成都是个美食之城，但有些美味并不是集中在大商圈或美食街，这就需要“好食者”细心地寻找。

在成都一环路东三段祥和里小区，有家重庆土灶火锅味道不错。在这家店的斜对面有家竹子屋，菜品都是与竹子有关的，很有特色。

建设路那边82信箱宿舍后门正对着有个摆摊卖钵钵鸡的，晚上才摆出来，味道相当不错。

新鸿路108号，就是电信营业厅的斜对面，有一家名字叫“四合院”的火锅店，味道超好。

牛王庙的吴记怪味面，好吃极了，面里面的那些炖得稀烂的肘子肉，加上亮灿灿的红汤，真是非常美味。不过现在搬到暑袜北一街去了，而且还是24小时营业。

玉林路的三只耳冷锅鱼是各大网站的推荐。推荐这里的冷锅鱼、鱼泡、船儿粑、卤菜拼盘。

※饕餮食肆※

◆巴国布衣

➲位于人民南路四段18号

是一家比较正宗的川菜馆。分量虽然不多，但味道平衡把握得很好，服务也不错。特色有：芋儿烧甲鱼、回锅厚皮菜、豆腐鲫鱼等。每到晚上，还有著名的变脸表演。收费比一般川菜馆贵了一点点，但确实物有所值。

电话：028-85562858

交通：16、77、79、99、114路公交车到人民南路四段下车。

◆味道江湖

➲金牛区同友路9号附9号

就餐环境相当不错，装修风格也相当不错，菜品味道相当好，价格也算实惠。主要菜点有天下第一腿、架子白肉、酸甜苦辣带鱼。尤其是那个天下第一腿，非常香，兔腿烤制得非常入味，啃起来大快朵颐，肉香四溢！

电话：028-87534691、87577697

交通：96、天运511路公交车。

◆谭鱼头

➲人民南路四段49号

锅底看上去热情似火，真正品尝后却不觉有燥辣、辛辣之感。鱼头通过煮制，完全没有了鱼腥味。食者感觉到的是一股浓浓的独特香味。在吃火锅时，配以老鹰茶(又称红白茶)爽心悦目，利咽，绝不上火。

电话：028-85222266

交通：16、99、112、333路公交车。

网址：www.tanyutou.com.cn

◆川东老家

➲人民南路四段30号晨光宾馆内

从老板到厨师均来自川东民间。创造人二毛夫妇以其诗人、厨师、酒鬼三重身份对川东饮食文化进行了挖掘和创新，创出名噪一方的川东精品“二毛鸡杂煨锅系列”。秉承了千年川菜的传统品格，又开创了新的用料来源、新的奇特风味、新的消费市场。

电话：028-85580158

交通：16（上行）、99（上行）路公交车。

提示：人均消费61元左右

◆袁记串串香

➲成都市西胜街口

以竹签串海带、土豆、花菜、莴笋、冬瓜、海白菜、魔芋、黄花菜、藕、空心菜、肉片、腌肉、毛肚、香肠、鱿鱼、兔腰等，袁记串串香的锅底较有特点，在成都有多家分店及加盟店。西胜街口这家店为“袁记串串香”总店。

电话：028-86915713

交通：1、80、106、902路公交车。

提示：“串串香”又名“麻辣烫”，20世纪80年代出现在成都街头，一直火暴地发展到今天国内遍地开花的格局。而发源地成都的串串香不仅味道好，价格尤为便宜，一般吃完后，由服务员数签数，按签数结账。

◆郑连锅

➲武侯区双楠置信北街1号

在四川，上菜的时候连锅一起端上来，称为“连锅”，味道比火锅清淡些。郑连锅主打各种滋补的汤锅，如排骨连锅、乌鸡连锅、老鸭、鳝鱼连锅……特别推荐菜排骨连锅，排骨

很大块，汤的配料很足，蘸酱也不错，两三个人一锅就能吃饱。

电话：028-85088124

交通：42、45、51、52、72、77、79、93路公交车。

提示：此店为老店，店内的凉菜和甩饼也比较有特色，多年来生意一直很好，经常需要排队。现已开设多家分店。

◎地方曲艺◎

川剧

约有300年历史，流行于四川、重庆和云南、贵州的部分地区，是戏曲中较为古老的剧种之一。川剧有昆腔、高腔、胡琴、弹戏、灯戏等5种用四川方言念唱的声腔。语言生动活泼，幽默风趣。变脸更是一绝。

◆皇城老妈

➲成都市二环路南三段20号

成都最负盛名的火锅店，内外装修很豪华，1～4楼都是餐厅，顶楼是坝调茶馆。1楼有一个自助火锅厅，是回转式的，还有民谣吉他歌手在唱英文歌。如果你要招待客人，或者你到成都旅行，这家店是你绝对不能错过的。

电话：028-85139999

交通：51、85、92、307路公交车。

提示：此店为“皇城老妈”总店，又称“成都皇城店”。

◆银杏川菜酒楼

➲武侯区临江中路12号

创立于1999年，是成都最高档的川菜酒楼之一。酒楼装饰装修以传统的中式风格为主，装饰的用料及用工极其考究，而且极富传统文化特色，让人在用餐之余，领略到丰富的文化韵味。其川菜不但口感地道，而且档次很高，特别是其装盘效果很好。

电话：028-85555588

交通：16、23、28路公交车。

成都娱乐

※游乐园※

◆成都国色天乡游乐园

➲成都市温江区万春镇

成都国色天乡乐园集千亩主题公园、五星级酒店、会议中心、高尚国际主题社区、自然生态绿地于一体。

电话：028-82610288

门票：26个项目通票70元；37个项目通票80元。项目没有游玩次数限制。

交通：319路、温江703、752、756、758、790、904路等公交车。

◆欢乐谷

➲位于成都市金牛区北三环一段与交大路交接处

园区由阳光港、欢乐时光、加勒比旋风、巴蜀迷情、飞行岛、魔幻城堡、飞越地中海等七大主题区域组成，其中设置了130余项体验观赏项目，包括43项娱乐设备设施、58处人文生态景观、10项艺术表演、20项主题游戏和商业辅助性项目。

电话：028-61898999

交通：3、22、36、39、56、75、89、93、95、101、106、109、116、117、337、340路公交车到九里堤公交站下车，然后转95、362、365等路公交车，坐1站到沙西线南下车就到欢乐谷4号大门。或

者到九里堤公交站后乘坐小三轮到欢乐谷4号大门。外地游客可从各长途客运站前往华侨城欢乐谷。

门票：150元，只要是当年参加过中考和高考的学生，可持准考证到欢乐谷享受65元的优惠价。

※茶馆※

如今成都的茶馆、茶园正逐渐从休闲转向娱乐。原本2元钱一杯盖碗茶、龙门阵摆一天的景象越来越多地被10元最低消费、15元麻将免费的场景取代。不过，既然来了成都，这茶馆是一定要去的，个中滋味，只有你自己去体会了。

位于商业中心总府路毗邻的华兴正街，锦江剧场旁的悦来茶庄有“戏窝子”之称。在此喝茶可免费观看川剧，是体味四川传统文化的不二场所。

市中心少城路侧的人民公园内的鹤鸣茶馆是最受普通市民喜爱的室外茶馆。

望江楼公园竹林茶馆位于城东九眼桥，与四川大学一墙之隔。这里提供各类小吃，乃市民休闲娱乐的旺地。

大悲寺茶馆位于市中心大慈寺路成都市博物馆内，悠久历史和古旧建筑是该馆的金字招牌。成都的文人墨客经常在此呼朋唤友，馆内常有古玩字画交易。

浣花溪畔百花潭公园内的慧园茶馆，与巴金老人有关。茶园有典雅的茶艺表演。

文殊院茶馆位于人民中路侧的文殊院内，是香客和善男信女蚁聚的庙中茶馆，鼎盛人气和低廉价格乃此处最大特色，园内有执长嘴铜壶的茶博士提供传统服务。

顺兴老茶馆在城西沙湾路国际会展中心内，精雕细琢的“旧工”和五花八门的把戏让这里成为吸引外宾及游客的磁石。

圣淘沙茶楼位于城西抚琴路西侧，是商贾谈生意和豪客玩感觉的地方。

◆鹤鸣茶社

➲成都市人民公园东北角

创办人姓龚，大邑人。20世纪20年代，他租了公园一块地皮修建了一座亭式厅堂茶厅，取名为“鹤鸣”。1988年9月，2007年7月，公园两度对鹤鸣茶社进行了全面整修。

如今，鹤鸣茶社已成为成都最负盛名的露天茶馆。平台下有数百个茶座，平台上还有100个雅座，成都人喜欢坐在这儿的竹椅上，手托盖碗茶，在小桥流水、青竹相依的公园中喝喝茶，晒晒太阳，摆摆龙门阵……

交通：4、5、7、13、43、47、58、64、81、85等路公交车。

◆河心茶庄

➲成都市上河心村2号

一家半岛状露天茶馆，位于望江楼公园的河对面。木桌竹椅都沿河堤摆着，种了垂柳和青竹，春秋两季，最适合来此小坐，一边喝茶，一边沐浴江风。饿了，茶庄还有各色烧烤和炒饭供应，味道不错。

电话：028-87763507

交通：3、19、35、56等路公交车。

◆悦来茶庄

➲成都市金牛区银河北街

在成都的众多茶馆中，老字号“悦来茶庄”在茶客心目中的地位不可替代。因为它是全川公认的“戏窝子”。悦来茶庄有上下两层，底楼中部有一舞台天井直通玻璃屋顶，此戏台是该园的核心和灵魂。每到开戏之时，茶客们蜂拥而至，把两层厅堂挤得满满当当，迟到者就只能手捧茶碗站着看了。茶客几乎清色由戏迷组成，边品茗边看戏，顺便吃一些瓜子、糖果之类的零食。

◆顺兴老茶馆

➲人民南路四段30号沙湾加州花园酒店楼上

坐落在成都国际会议展览中心3楼，可以喝茶，品小吃，晚间有川剧、杂技、魔术表演，如传统的变脸、吐火、滚灯等。有点戏园子的味道。人均消费50～100元。

电话：028-87693202

交通：3、56、63、75、93路公交车成都国际会展中心下车。

◆坝调茶社

➲成都市二环路南三段皇城老妈酒楼4楼

茶社的玻璃顶棚神似川西传统的露天茶馆。这里有蜀中传统茶艺、曲艺表演。茶社内饰以金属镂空版《三国演义》，还有老虎灶及读报者、瞌睡者、掏耳朵等写实雕塑，让人在吃喝之余感受巴蜀文化的雅趣。

电话：028-85139999

交通：51、61、76、85路公交车。

提示："坝调"是四川胡琴、扬琴的重要曲调，因演出地点常设于露天场坝之中而得名。茶社每周三、周日放映电影，其余时间为川西民乐曲艺表演。

※酒吧街※

成都是一个休闲城市，它的夜生活非常丰富，夜生活肯定就离不开酒吧。而成都酒吧按照人口密集度和消费力已经形成了两大生活圈3个消费带。

◆玉林生活广场

这个是成都老牌酒吧聚集圈，很多有钱人都喜欢聚到这里。这里具有代表性的酒吧有空瓶子啤酒馆(订座电话：028-85599798)和音乐房子(订座电话：028-85535602)。超女张靓颖以前就在音乐房子唱过歌。

◆锦里酒吧带

位于武侯祠旁边的"锦里"是成都最近才开发出来的旅游消费一条街，白天属于热闹的

∷锦里酒吧

游客，而晚上就属于我们这些夜游神的天下。这里的酒吧普遍都很有装修风格，而且消费还适中，外地游客来的比较多。

◆紫荆好莱坞广场

这个是成都最新崛起的，也是发展速度最快和人气最高的酒吧聚集圈，它完全可以代表成都年青一代的娱乐方式。主要推荐的酒吧有MIX CLUB、BABI CLUB(订座电话：028-85154622)、fashion club(订座电话：028-66059955)、冰火酒吧（才开业）、M98音乐酒吧（订座电话：028-80819898、85178668，在3楼，有电梯可上）。

◆九眼桥河边小酒吧带

这个是成都历史最悠久的酒吧带了，这里也是成都酒吧消费最低的地方，可以喝到5元/瓶的啤酒，音乐相对比以上2个广场酒吧圈要柔和很多。

◆芳邻路酒吧带

这里也是成都老牌的小酒馆聚集地，位置

靠近西门，这里还是很有代表性的。推荐酒吧有经纬4X4酒吧（越野车主题酒吧）、青鸟酒吧（旅游主题酒吧）。

◆玉林西路酒吧街

成都的酒吧在全国都很有名，而且这两年发展得愈加红火。位于城南的玉林称得上成都酒吧的核心。特别是在玉林西路上，形成了“小酒馆”、“白夜”、“坐标”、“半打”、“音乐房子”等风格各异的酒吧群落，夜晚这里聚集着诗歌、电影、摇滚、美术等门类的艺术家，亦不乏美酒靓女。

※酒吧、俱乐部※

◆白夜酒吧

➲成都市玉林西路85号

川人对诗歌的热爱历史悠久，“白夜”即是一个以诗歌为主题的酒吧。店主是成都女诗人翟永明。酒吧装饰以银白色为主调，有酒、有茶、有咖啡，当然也有书。各式各样的诗集若隐若现在淡雅的灯光下。

电话：028-85594861

交通：11、61、109路公交车。

提示：白夜酒吧除了诗歌，还有不定期的DV展播。

◆青鸟酒吧

➲成都市青羊区百花东路4号百花潭后门

在青藏铁路建成通车前，成都是前往拉萨的重要中转站。青鸟酒吧就是这样一个会聚各地驴友的，以户外旅游为主题的酒吧。屋外种着芭蕉树，屋内书架与柜台摆满了各种旅游书籍和地图，其中一部分由青鸟户外俱乐部策划。墙上也贴着大大小小的风景照。

电话：028-87034530

交通：5、47、58路公交车。

◆小酒馆（芳沁店）

➲成都市芳沁街丰尚玉林商务港1楼

声名远播的摇滚酒吧，不仅培育四川本土摇滚，也是南北摇滚乐队巡演的重要一站。店主唐蕾，人称成都“摇滚之母”，而她更愿意称自己是“摇滚保姆”。小酒馆里常有很“high”的现场摇滚演出。

电话：028-85568552

交通：12、75、77、79、93路公交车。

提示：小酒馆老店面积较小，位于玉林西路38号。

◆阿伦故事（双元店）

➲成都市双楠小区双元街107号

号称全球最大的主题酒吧连锁，总部设于成都。老板写过《假面》、《无轨列车》、《懒得恋爱》等小说。最有特色是每张桌上都有一部内线电话，用来和酒吧里的邻桌朋友交流，很浪漫。

电话：028-85086928

交通：42、45、52、72、79路公交车。

网址：www.allenclub.com

提示：持阿伦故事全国连锁会员卡享受7折优惠（洋酒、小吃、烟、特价除外）。

◆空瓶子啤酒馆

➲玉林生活广场

一家大型开放式会所酒吧，也是目前成都最火的酒吧，妙龄美

◎工艺品◎

蜀锦

已有2000年的历史，是汉代至三国时期蜀郡所产彩锦的通称。以彩条和添花为特色，质地紧密坚韧，色调艳丽。与云锦、宋锦、壮锦并称中国“四大名锦”。2006年5月20日，其织造技艺经国务院批准列入第一批国家级非物质文化遗产名录。

蜀绣

与江苏的苏绣、湖南的湘绣和广东的粤绣并称为中国“四大名绣”。蜀绣有自己独特的运针方法和刺绣技艺，具有较强的表现力和艺术效果。品种丰富，既有偏重于艺术效果的欣赏品，也有偏重于实用

女很多。尤其是周三、周六晚，西南地区最高水准的花式调酒表演让你可以像在足球赛或是摇滚节上那样尖叫。

电话：028-85599798

交通：11、61、72、76、77、79路公交车。

◆红色年代

➲人民南路四段30号何日君酒店内

一座位于美领馆附近，醒目的红色建筑。这是城南玉林小区最大的酒吧兼俱乐部，与众不同的是墙壁上满幅的切·格瓦拉、毛泽东、列宁、鲁迅等老革命家的画像。以年轻消费者居多。

电话：028-6789490

交通：16、60、99路公交车。

◆坐标酒吧

➲成都市玉林西路沙子堰中巷

以欧亚风情为主题，分为好几间。有俄式、法式、德式、泰式等风格，每处用该国主要城市或景区命名，如圣彼得堡、法兰克福。

电话：028-85577799

交通：12、75、77、79、93路公交车。

提示：营业时间18：00～次日4：00。啤酒160～200元/打。

◆翡翠城夜总会

➲成都市二环路南一段19号

不仅名字好听，表演也非常不错。位于牡丹阁的4楼，大厅圆形的舞台，堪称天天惊艳。舞台正前方为酒吧，吧台分为两个部分，一边为酒品供台，一边为专设的留酒台。包间为豪华KTV房，5个大包间，3个小包间。包间内设有34英寸彩色及电脑选歌台，共收集了3万首流行及欧美音乐；同时大包间可容纳10人，小包间可容纳6人。在翡翠城，可真的是夜夜倾情。

交通：79、114路公交车。

◆美高美国际娱乐会所

➲成都市梨花街盐市口广场5楼

拥有大型圆形表演舞台，设施齐全的超级豪华KTV贵宾房数十间，总统房更备有独立的DJ及舞台，先进的激光灯光音响，震撼无比的迪斯科。

电话：028-86666618

交通：16、38、47、55、56、99路公交车。

价值的日用品，包括被面、枕套、绣花拖鞋及其他装饰用品等上百个花色品种。

瓷胎竹编

近代传统竹编技艺之一，即用细竹篾丝来包裹瓷质器具，又称“竹丝扣瓷”，是竹编工艺品中独具特色的一种。一般取精选慈竹为材料加工成柔韧的篾丝，然后为特制的花瓶、坛罐、茶具等瓷质器具编出外套的壳体，不仅保护了瓷胎免受损坏，而且能让易碰碎的瓷器和漏水的竹容器两者取长补短，相得益彰。

竹编

竹编，蜀中传统工艺产品之一。其产品粗中有细，疏密有致、色调柔和，千变万化且不失竹子本色。品种有篮、箕、碗、凳、椅、扇、灯、盒、吊篮等，既是家居必备之物，又是风格独特的民俗装饰品。

漆器

成都生产的漆器有木胎、竹胎、塑料胎等胎质，品种有案、盘、盒、壶、筒等，上面绘有神仙、鸟兽、花草等吉祥图案，造型美观大方、漆面光亮如镜。成都漆器还有暗花、隐花、描绘等新工艺，使漆器产品更加丰富多彩。“雕花填彩”是成都漆器的主要工艺特色，艺人们用刀如笔，在胎底上雕刻各种花纹，填以色漆，反复打磨抛光而成。

银丝工艺品

成都是我国银丝工艺品的传统产区之一。从前蜀皇帝王建墓中出土的文物可以看出，当时的银丝制品已具有相当高的工艺水平。银丝工艺品制作时抽白银成丝，银丝纤细仅及人的头发的一半，最粗也不超过3毫米。银丝工艺制作人员就用这些细如头发、变化万千的银丝，运用填、垒、穿、搓等技法，描绘出不同艺术要求的作品。成品玲珑剔透、造型生动。

青城丝毯

用蚕丝和绢丝为原料，按传统加工工艺、经手工纺织而成的工艺品。主产于都江堰市青城山一带。

◎土特产◎

“二荆条”辣椒

四川历来是全国辣椒的主要产区之一。辣椒品种繁多，成都及周围各县培育的“二荆条”辣椒，以油亮鲜红、香辣回甜等优点，居全省之冠。这种辣椒采用温床育苗。晒干后鲜红发亮，久不变色，已成为正宗川菜，各种名小吃和四川榨菜用以增香、添色、调味的必备辅料。

郫县豆瓣

已有百余年的生产历史，其特色是：味辣、香酥、色红，用以炒菜，分外提色增香，被誉为“川菜的灵魂”。特别是用郫县豆瓣烹制的“回锅肉”、“豆瓣鲫鱼”，具有浓郁的四川风味，被公认为川菜家常味中的代表作。

中药材

四川中药材闻名全国，它们在成都均可以买到。代表性的药材为：川芎、川贝母、虫草、天麻、川乌与附子、杜仲、当归、牛膝、黄连、通江等。

※影剧院※

◆四川省歌舞剧院

➲成都市青关区西大街97号

是国家一级专业表演艺术团体，于2001年年初由原成都市音乐舞剧院和成都市曲艺团组建而成。全院下设歌舞团、曲艺团、民族乐团、交响乐团。剧院所在地三益公，兼营电影放映；茶厅具备小型演出功能；台球、乒乓球、棋牌娱乐；大厅酒廊、中餐、火锅等服务项目。

电话：028-86631335

交通：3、4、58、81路公交车。

成都购物

成都的特产可谓琳琅满目。历史悠久的川酒囊括了五粮液、剑南春、沱牌曲等中国名酒，郫县豆瓣更以其色味俱全被誉为“川菜之魂”，而峨眉雪魔芋、天府花生等也因浓郁的地方特色备受青睐。在工艺品方面，成都有工艺精湛的蜀锦、蜀绣，让人称绝的瓷胎竹编、成都漆器、银丝制品。此外南充竹帘、自贡龚扇、青城丝毯等也都是馈赠佳品。

成都比较集中的购物区集中在春熙路、总府路、人民路、东御街、骡马市一带，市区商厦、市场、小店众多，让你尽情选购。

※购物街※

◆春熙路

这里是成都人流量最大的地方，也是感受成都时尚前沿的地方之一。步行街两侧及周边，美美力诚、仁和春天等大型购物及餐饮商铺林立。商品以流行百货为主，既有最高档的时装，也有平价的新款衣服。所以，这里一直是成都时尚美女云集之地。无论白天、傍晚，都热闹非凡。

交通：1、6、28、43、45、48、76、98等路公交车可达。

提示：现在的春熙路商业圈以春熙路步行街为轴心，包括了总府路、盐市口、天府广场、青年路服装市场等商业口岸。

春熙路

::盐市口

◆盐市口

盐市口离春熙路相当近，有北京华联、欧莱特百货等。这些商场一般也是高中档比较常见的品牌的聚集地。北京华联经常打折，而且折扣比较大，同品牌的衣服如果在华联遇到搞活动的话会合算很多。盐市口还有泰华商场，是个服装批发商场，衣服档次不高，不大好，不过仔细挑还是能找到满意的，运气好的话会遇到很正宗的外贸货。另外还有新中新广场和盐市口广场，是由无数家小店组成的一个购物地，一不小心很容易迷路的，因为小店比较多，而且都很像。那里的衣服也很个性，属于良莠不齐的类型。

交通：1、8、38、45、47、48A、48、53、55、56、99、104等路公交车。

◆天府广场

天府广场商业圈有大型的摩尔百盛、百货大楼、仁和春天、美美百货。这四家商场档次都不一样。百货大楼比较平民化，一般老太太喜欢去逛。摩尔百盛比较大，高中档的牌子都有，而且经常搞活动，是小姑娘喜欢的。仁和春天比较高档，不少名牌在这里都能找到。美美百货小百姓轻易不敢进去，都是世界级品牌。

::天府广场

地址：成都市区中心

交通：16、23、26、38、43、45、61、78、99、303路公交车。

◆科华北路

科华北路周围也不错，这里有仁和春天的双楠店，也有不少高档的个性小店，店主通常都从我国香港、日本、韩国进货，当然价钱也不菲，有兴趣的可以去看看。那边新开的世纪华联友谊百货也不错，各品牌都弄成专卖店的形式，店面很大而且干净清爽，逛的人也不多，讨厌嘈杂拥挤的可以去那里逛。

地址：成都市武侯区

交通：乘坐55路高峰快线可到达科华北路。

※商铺老号※

◆成都百货大楼

➲成都市东御街18号（天府广场旁）

在成都是属于元老级的百货大楼了，里面卖的东西种类挺多的。而且节假日也经常做活动，打折啊，特价啊什么的。有对我们来说比较奢侈一点的东西，还有比较平民的东西，应该说各种阶层都能选到适合自己的东西。

电话：028-86654525

交通：16、23、45、61、99等路公交车，天府广场东站下车。

◆人民商场

➲成都市东御街19号（东御街店）

公司成立于1953年，至今已有50余年历史，在西南乃至全国均享有良好的商誉及口碑。

电话：028-86668800（传真）、86666363（投诉）

交通：1、16、23、38、45、47等路公交车。

网址：www.cpds.cn

::太平洋百货

※购物中心※

◆太平洋百货

➲成都市总府路12号

属台北太平洋SOGO百货集团，1993年落户蓉城，价位较高。商厦1楼是各式各样的化妆用品，一般都是兰蔻、迪奥、欧莱雅等一线用品。2楼主要卖鞋，品牌很多，各式各样。还有卖衣服的，包括内衣专卖、旗袍专卖等。

电话：028-86737799

交通：3、6、8、15、20、28、37、68、341等路公交车，红星路站下。

网址：www.cd-pacific.com

提示：除春熙店外，现已开设全兴店。

◆美美力诚

➲成都市人民南路二段18号

由香港华镫商管集团和上海美美百货有限公司直接管理，是一家以经营国际知名品牌服饰系列为主的百货公司，购物环境较好，档次较高。

电话：028-86200019

交通：16、23、45、61、78、99、118路公交车。

◆成都华联商厦

➲成华区建设路55号(一环路口)

位于成都市成华区商贸黄金地段，是一家综合性的中档百货商厦，定位于以服饰为主要特点的综合性百货店，经营中、高档时尚服饰、皮具精品、运动休闲、化妆品系列、首饰珠宝、居家生活用品、儿童用品及超市类商品。

电话：028-68539699

交通：6、34、60、76等路公交车，建设路口下。

网址：www.cdhlss.com

◆王府井百货

➲成都市总府路15号

这里购物环境不错，平时人还是比较少的，但是节假日简直人满为患。很多成都人都喜欢逛这里的副食区，这里的食品不但好吃，还可以坐下慢慢吃。东西品种丰富，价格一般，不便宜，也不算太贵，王府井影城就在旁边，可以去看最新的电影。

电话：028-86621188

交通：3、4、58、81、98路公交车。

营业时间：周日至周四，10：00～22：00；周五至周六，10：00～22：30

◆仁和春天

➲成都市人民东路59号

从属于仁和实业集团，主营各种时尚品

::仁和春天

牌，档次较高，是一座集购物、餐饮、休闲为一体的新型百货公司。

电话：028-86666955

交通：16、60、99等路公交车。

营业时间：10：00～22：00

网址：www.rhspring.com

提示：除人东店外，现已开设棕北店、光华店。

◆红旗连锁超市

➲成都市高新西区迪康大道7号

成都很“火”的连锁超市。据说，因这儿的土特产最全而吸引了许多外地游客慕名前来。红旗没有辜负这些人，光是牛肉制品就摆了好大一片，更别提郫县豆瓣酱、酸菜鱼调料、花椒等土特产。埋完单了，营业员还会提醒顾客可以帮忙免费打包。

电话：028-87877333

交通：17、173、195、716路公交车。

◆好又多（亚太店）

➲科华北路58号

好又多百货商场场地很宽敞，商品品种很多，而且分类清楚，排列有序，让人很容易找到东西，1楼卖生鲜、熟食、水果，2楼是零食、日用品、电子产品等。好又多经常有打折活动，便宜实惠，适合工薪阶层，旁边川大的学生也经常在这里购物。

电话：028-66106301

交通：76、77、79、114等路公交车。

※收藏品市场※

◆成都文物商店

➲送仙桥古玩艺术城B区131号

是一家国营综合型文物商店，为西部乃至全国一流的专业化及多功能的古玩艺术品集散地之一。商店是一个以观光、旅游、民间艺术交流为主，兼营瓷器、玉器、书画、文房四宝、杂项精品的多功能综合性市场。

电话：028-87370274

交通：17、19、35、82、84、301等路公交车。

◆送仙桥古玩艺术城

➲成都市青羊上街416号

有人说：“玩收藏，除了北京、上海，就是成都。”送仙桥一带一直是成都收藏界的核心，是成都的古董及书画爱好者淘宝、换货的宝地，在国内颇有名气。

电话：028-87331944

交通：同“成都文物商店”，或从青羊宫步行10分钟即到。

◆三国古玩市场

➲成都市武侯区罗马假日广场

2007年10月，由成都杜甫草堂文物监管物品市场搬迁过来。地属三国文化圈，距成都武侯祠不远。这里有书画、玉器、瓷器、珠宝等分类经营，各式各样的古玩摆满摊位。

交通：19、23、27、34、45等路公交车。

※书市※

◆西南书城

➲成都市上东大街1-16号龙谊广场A座

位于成都市最繁华的商业区，是全国十大书城之一，是四川新华书店集团文轩连锁有限责任公司旗下的大型书城之一，经营面积6300平方米，经营项目包括图书、音像制品、电子出版物，并附设文化用品区等。

电话：028-86605069

交通：38、47、55、56、104、901等路公交车。

:: 书城

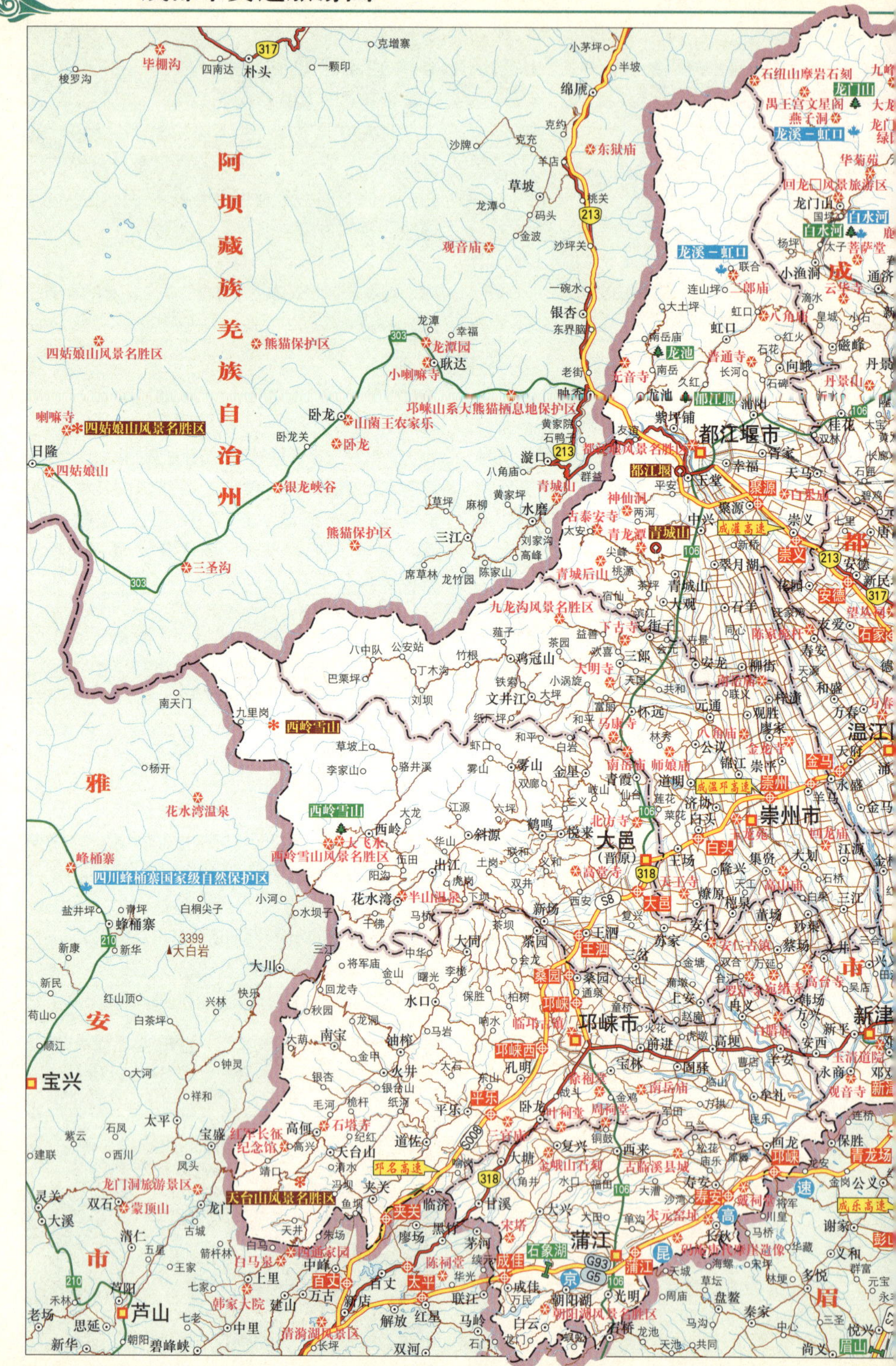
阿坝藏族羌族自治州
雅安市
成都市
都江堰市
崇州市
邛崃市
大邑（晋原）
蒲江
新津
温江
宝兴
芦山
眉山
四姑娘山风景名胜区
四姑娘山
喇嘛寺
日隆
卧龙
卧龙关
熊猫保护区
银龙峡谷
三圣沟
龙潭园
小喇嘛寺
耿达
山南王农家乐
邛崃山系大熊猫栖息地保护区
观音庙
东狱庙
绵虒
桃关
映秀
漩口
青城山
青城后山
都江堰风景名胜区
龙池
二郎庙
八角山
普通寺
龙门山
白水河
龙溪－虹口
九龙沟风景名胜区
西岭雪山
西岭雪山风景名胜区
大飞水
花水湾
花水湾温泉
雾山
鹤鸣
斜源
出江
悦来
王泗
桑园
临邛古城
平乐
天台山风景名胜区
石塔寺
夹关
高何
百丈
成佳
石象湖
朝阳湖风景名胜区
清漪湖风景区
韩家大院
白马泉
西来
寿安
四川蜂桶寨国家级自然保护区
蜂桶寨
大白岩
3399
龙门洞旅游景区
蒙顶山
成灌高速
成温邛高速
邛名高速
成乐高速
317
213
303
318
210
106
S8
G5
G93

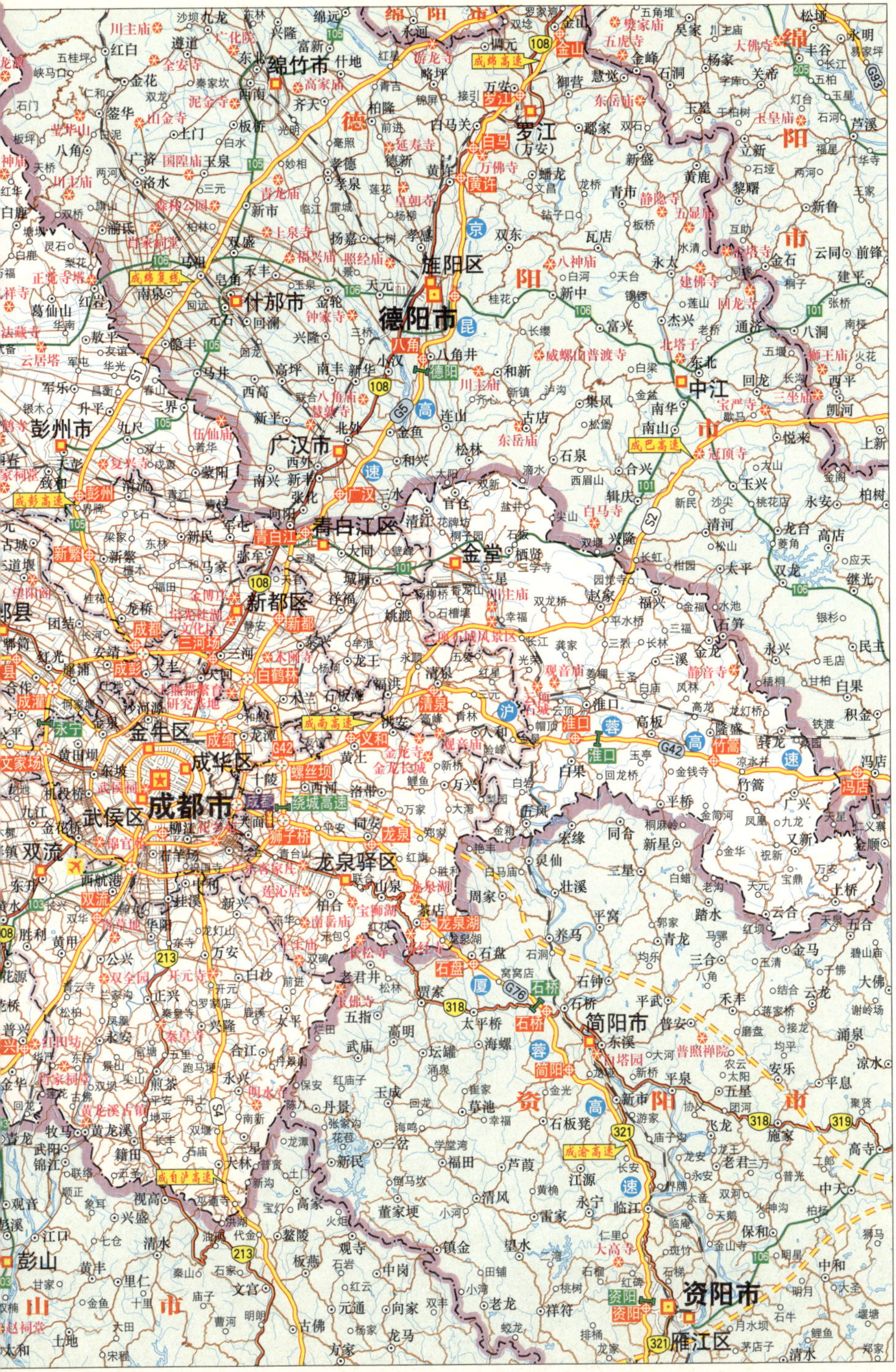

成都
凤凰立交桥
川陕立交桥
成绵立交桥
动物园
昭觉寺汽车站
四川农大成都教学部
成铁分局东站医院
龙潭立交桥
青龙立交桥
成都交通医院
成都电气检验所
府青路二环立交桥
东区医院
成都八里医院
成都工程职业技术学院成都分院
电子科技大学
同仁医院
怡东国际酒店
成都理工大学
成都收费站
成南立交桥
张家坟山
四川电力医院
成都理工大学南校区
成都工业文明博物馆
华川医院
成南客运站
九星医院
新华公园
天兴医院
长江医院
成都大学
十陵立交桥
中国五冶职工大学
市求助管理站
双桥子立交桥
四川师范大学文理学院北校区
市园林局
森林公园
塔子山
四川出入境检验检疫局监管场站
市体工队
成都十陵风景名胜区
成渝立交桥
塔子山公园
成都汽车总站
四川大学
外国语学院
四川音乐学院
校史展览馆
望江楼公园
省人民医院城东病区
四川师范大学通信工程学院
四川师范大学东区
沙河堡医院
东湖公园
航天立交桥
师范大学医院
四川师范大学文学院
四川城市职业学院
锦阳艺术学校成都校区
东区医院
狮子山庄
娇子立交桥
科析生态科技园
桂溪立交桥
锦江体育公园
万厚医院
琉璃立交桥
市城市排水监测站

绵阳市

如果说成都是热情的大家闺秀，那么素有“蜀道咽喉”之称的小城绵阳便是一块含羞的小家碧玉。绵阳古称涪城、绵州，拥有厚重的历史文化底蕴。如果说，子云亭和太白故里是历代文人墨客争相朝拜的圣地，那么文昌宫、云岩寺、报恩寺无疑是无数善男信女心中的净土。

行政区类别：地级市
行政区划：辖2个区、1个市、5个县、1个自治县
电话区号：0816
面积：20257平方千米
人口：542万
邮政编码：621000

交通资讯

绵阳火车站
电话：0816-2365187
绵阳永兴客运站
电话：0816-2565707
绵阳南湖汽车站
电话：0816-6393098
绵阳平政汽车站
电话：0816-2695355

::子云亭

∷李白故里

气候与游季

绵阳市地处中国东部季风区的四川盆地亚热带湿润季风气候区。冬半年受偏北气流控制，气候干冷少雨；夏半年受偏南气流控制，气候炎热、多雨、潮湿。由于市境内地势北高南低，高差悬殊大，地貌由山地向丘陵过渡，形成了较为独特的气候特点。绵阳市气候四季分明，以冬季最长，为95～115天；一年中最冷的1月平均气温为3.9℃～6.2℃，绵阳城区历年极端最低气温为-7.3℃。

交通

※航空：已建成通航的绵阳南郊机场是目前距离九寨沟最近的民用机场。该机场已开通了至北京、上海、广州、深圳、海口、武汉、长春、昆明、重庆、西安、贵阳等全国各主要城市的航班。

※铁路：绵阳位于宝成铁路的中段，乘坐火车北上可直达西安、上海、青岛、北京等城市。南下可到达重庆、成都和昆明等地。成绵乐铁路客运专线2014年年底通车。

※公路：绵阳市汽车客运总站位于绵阳市西大门、国道108线上，主要有发往重庆、遂宁、射洪、南充、三台、金石、盐亭、剑阁、江油、平武、德阳、中江、安县、绵竹、广安、成都、胜利、阆中、雅安等地的长途客车。

∷猿王洞

风景名胜

◆猿王洞

位于绵阳北川羌族自治县境内，海拔2095米，景区由高山溶洞群、绝壁黄金栈道、险山茶亭、原始森林、古老羌文化胜地等几部分组成，是西南第一高山溶洞群。

门票：180元。

交通：成都昭觉寺汽车站有班车到江油，下车后可转乘猿王洞接待站的车。

◆药王谷旅游度假区

是我国第一个以中医药养生为主题的山地旅游度假区，也是5.12地震后四川省内首家按国家4A级旅游景区标准新建的旅游景区。度假区总面积约10平方千米。药王谷所在区域盛产中药材，山林遍生百年药树。

门票：90元。

交通：北川新老县城、江油市区有长途汽车站，通往周边各个方向，下汽车后可包车前往药王谷。

◆平武报恩寺

在四川省平武县城内，于天顺四年(公元1460年)建成。全寺占地近2.5公顷，以重檐歇山顶的大雄宝殿为中心，前为天王殿，后为万佛阁，左为大悲殿，右为华严藏。寺庙布局严谨，装饰华丽，是一组兼有宫殿和寺庙特征的建筑群。平武报恩寺在结构形式和建筑艺术上提供了研究明代建筑上下承袭关系的重要实物资料。

门票：40元。

交通：在绵阳市平政车站乘坐前往平武的车，车程大概4小时，然后到平武客运中心下车就看见报恩寺了。

◆窦圌山

又名圌山，在江油市区北25千米的涪江东岸。主要包括圌山、佛爷洞、星光洞、匡山书院等景点，景区以山、洞为主。

门票：67元。

交通：在成都昭觉寺汽车总站乘车到江油，再从江油转汽车去窦圌山。

江油窦圌山

文化游

➔市区游线

绵阳科技博物馆—西山观—子云亭—蒋琬墓—李杜祠—宋哲元墓—平阳府君阙

➔郊区游线

北山院石刻—千佛崖—西崖寺—文昌宫—云岩寺—李白纪念馆—李白故里—禹里—江油关—报恩寺—尊胜寺—琴泉寺—云台观

考古游

※古城※

◆江油关

当年邓艾偷渡阴平道之后拿下的第一个蜀汉要隘。这里依牛心山，傍涪江水，有“一夫当关，万夫莫开”之险。关址附近有牛心山、凤翅山、叮当泉、明月渡等主要景点，以及李白读书台、李龙迁祠、玉虚观、马邈妻李氏故里碑、吴道子绘真武祖师像碑、宋徽宗书御笔手诏碑等名胜古迹。

地址：平武县南坝镇

交通：位于平武县城南60千米，可乘城乡长途客车或包车前往。

寻根游

※名人故居纪念馆※

◆禹里

为有关大禹的遗迹，有石纽山、望崇山、西山、禹庙及禹穴沟等。其中的石纽山相传为禹母居住地。山上石林中有一巨石，上刻大字隶书“石纽”二字。当地人至今仍以“石纽”为村名。

地址：北川县禹里羌族乡

交通：位于北川县城西20千米，可乘城乡长途客车或包车前往。

◆青莲太白故里

为李白度过青少年时期的地方，仍然存有陇西院、粉竹楼、太白祠、衣冠冢、洗墨池、月园坟等遗址。在场南渡口原有“太白故里”碑，现已迁祠内。

陇西院：是李白青少年时居住的地方，因为诗人自称“陇西布衣”而得名。现存“仓颉”、“太白”、“文昌”、“地母”等殿宇为清代所建，院内立有李白塑像。

粉竹楼：据说是李白胞妹李月圆住处。唐代的粉竹楼早已无存，如今所看到的照壁和庭院是清代重修的。门前有《重修粉竹楼记》石碑。照壁高2丈许，有石拱门3孔，皆有石刻对联，字迹清晰。

太白祠：现存祠宇三殿两院为清乾隆四十二年（公元1777年）重修。殿前庭中两侧植古桂各一株，枝叶茂密，每当金秋季节芳香四溢。太白故里碑亦在庭中。

地址：江油市区南15千米青莲场

门票：联票40元。单处景点：太白碑林（含陇西院）25元，太白祠10元，粉竹楼5元。

◆李白纪念馆

1980年建成。主要建筑有太白书屋、太白堂等。除了各种版本的李白诗集外，这里的文物珍宝、艺术精品格外引人注目。其中既有仇英、祝枝山、杨慎、张大千等画家的大作，也有左宗棠、张之洞、于右任等名人的墨宝，还有包括石

李白纪念馆

七曲山大庙

牛和宋碑在内的历代石碑、石刻、瓷器等。

门票：20元

地址：江油市区西北昌明河畔。

交通：从成都到江油太白纪念馆、窦圌山班车，在成都昭觉寺汽车总站，每日8：00～19：00每15分钟一班，豪华大巴运载。

宗教游

※民间宗教※

◆七曲山大庙

旧称“文昌宫”，是“文昌帝君”张亚子的专庙。自元代开始不断扩建，才成为现在的规模，整个殿宇楼阁共23处。其结构严谨，布局有序，曲折自然，雕梁画栋，为蜀中少有的古建筑群。庙内还存有罕见的大铁铸造像、铁铸花瓶等珍贵文物。明末农民起义军领袖张献忠曾将大庙认作“家庙”。

门票：40元

电话：0816-8229901、8229922

地址：梓潼县城北郊七曲山国家森林公园内。

交通：景区紧傍川陕公路，绵阳富乐车站有起程往梓潼的车，大约40分钟车程，下车有1路公交直达七曲山。在成都昭觉寺及火车北站也有直达梓潼的客车。若坐火车到绵阳，下车乘3路公交到富乐车站。

※道教※

◆云台观

蜀中第二大道场，始建于南宋。道观规模根大，楼台殿宇绵亘1千米。其中尤以明代券洞门最为雄伟，门额题“朝元洞天”。观内尚保存有明颁诣书、太监的象笏、官员送的铜钟、铜炉、墨稿以及朝廷颁赐的各类文物。

门票：15元

地址：三台县城南约50千米云台山上。

交通：绵阳南湖客运站乘中巴到三台，大约需14元，每5分钟一班。三台汽车客运站有直达云台山的中巴。

◆西山观

据传是“蜀中八仙”之一的尔朱修炼之所。道观在宋朝以前就有了，现存的三重殿宇为明清时重建。正殿檐柱及柱础石刻精美。尤其是石刻滚龙抱柱，形象生动。

门票：5元

地址：绵阳市西1千米西山上。

交通：乘44路公交车到西山下。

※佛教※

◆云岩寺

始建于唐朝，现存建筑除了西边的飞天藏殿建于南宋外，其余的全部是清代建筑。寺内最值得看的是飞天藏殿内所保存的历代小木作转轮经藏（也叫飞天藏、星辰车）。

门票：50元（含窦圌山）

地址：江油市窦圌山。

交通：乘4路公交车终点站下。

◆平武报恩寺

清一色楠木结构，兼有宫殿和寺庙特征。大悲殿内有尊高达八米许的千手观音，正身用一根巨大的楠木雕成，身后1004只手，千姿百态。华严殿内的转轮经藏亦精美绝伦，犹如一座凌空托起的七级浮屠。

地址：平武县东风路64号。

∷报恩寺

门票：平日20元，节假日黄金周40元

交通：绵阳平政桥汽车客运站有中巴直达平武。

※博物馆※

◆绵阳科技馆

全国唯一的核科学技术馆。看罢国产原子弹、氢弹实物、洲际核导弹弹头这些令人生畏的“大家伙”，还可以到亚洲最大的娱乐风洞去潇洒一把，这个风洞也是国内唯一一个普通人也可参与的空气动力设备。还有3D电影的效果也很震撼。

门票：30元

地址：绵阳市科学城。

交通：乘3、29、58路公交车到博物馆下车（车费1元，无人售票）。

∷绵阳科技馆

吃喝玩乐购

绵阳美食

绵阳的美食也是川菜体系，与成都的相差不大。绵阳的特色美食够滋够味，到了这里的游客可是大大有口福了，地道的川菜，著名的小吃，保管让你口舌留香。市区内的芙蓉汉城是近年来新兴的美食地带，整条街全是各式各样的川菜馆火锅城，皇城老妈火锅，重庆秦妈火锅，大红袍香辣虾蟹，四海香……空气中传播的全是麻辣美味的信息。而逛完女人街，在路边的小摊上，随便就能买到可口美味的绵阳特色小吃，席凉粉、钟兔子、廖排骨、锅魁，还有热气腾腾香辣辣的串串，再要上一杯冰粉，麻辣冰凉，让你的嘴巴享受到不行，还要尝尝绵阳有名的开元米粉和蒋记豆花哦，这里的小吃都很便宜，你完全不用担心荷包很快缩水，是真正的价廉物美。

※美食老号※

◆蒋记豆花

➲绵阳市涪城区警钟街8号大观园1楼

主要经营绵阳名小吃——酸辣豆花。一碗热气腾腾的豆花端上桌来，酸酸的醋味，香气扑鼻而来，白白嫩嫩的豆花，青青的葱花儿，红油油的花生米，色香味俱全，如果你不吃辣，可以尝尝甜豆花，甘甜、爽滑。最重要的是经济实惠。特色菜品：酸汤鸭肠、酸辣豆花、蒋豆花、豆花虾仁、红烧尾巴。

◎风味小吃◎

四川豆花

豆花一般用四个字形容——嫩滑绵软。刚点好的豆花从热锅里盛一碗出来，就着“蘸水”吃，实在是妙得很！“蘸水”是标准的川渝方言，用大家都能懂的词，就是味碟。

除了新鲜热络的一股子豆香气，豆花没有别的味道，味道好不好，就在于蘸而食之的那一碟调味酱汁。到四川游玩不能不吃豆花。“蘸水”却可自行选择，咸香、鲜甜、麻辣均可。

四川泡菜

四川泡菜的品种较多，泡辣椒、泡生姜、泡酸菜、泡豇豆、泡萝卜、泡莲白等。凡是蔬菜，无所不泡。就连鸡爪也泡得别有风味。其中泡辣椒、泡生姜更是川菜中去腥味的必备之物。

梓潼酥饼

当地称“薄饼子”，言其又薄又脆，又酥又香。现在梓潼酥饼制作极为考究，选用上等面粉和板油，配以奶油、香蕉等香料精制成形，放入远红外线电炉烘焙。成品纹理清晰，层次分明，色泽金黄，入口香酥化渣，下咽有余香。

锅魁

是四川人对锅盔的另一种叫法，绵阳的锅魁既有死面的，也有发面的。品种有芝麻锅魁、糯米锅魁、脆皮锅魁、油旋子锅魁、土豆丁锅魁、红薯丁锅魁、腌肉夹锅魁、卤肉夹锅魁、总数可达20个品种。其独特风味与地域特色，吸引众多本地和外地的食客。

◎特色名菜◎

太白鸭

大诗人李白幼年时随父迁居四川绵州昌隆（今四川江油青莲乡），直至25岁时才离川。李白在四川近20年生活中，非常爱吃当地制作的焖蒸鸭子。这种菜是将鸭宰杀洗净后，加陈酿花雕、枸杞子、三七等各种调味料，放在蒸器内，用皮纸封口，蒸制而成，因为保持了鸭肉原汁，吃起来鲜香可口，回味无穷。后来，人们就将绵阳这道焖蒸鸭子，称作“太白鸭”。

红油耳片

色泽鲜亮，独具浓郁的川味。耳片大而薄，红油是用有名的二荆条红辣椒面加菜油炼制的，入口鲜辣香脆，是道开胃下饭的凉菜，也是佐酒佳肴。

棒棒鸡

据说是将鸡煮熟冷却后，用木棒轻轻将鸡肉敲酥，拉成鸡丝，再加工食用。中国烹饪史上，曾有用木棒敲打的名馔“白脯”，见于贾思勰《齐民要术》。但它棒打的目的是使肉紧实，而棒棒鸡制作时用棒打，则是为了把鸡肉捶松，使调料容易入味，食时咀嚼省力，麻辣鲜香。

电话：0816-2222959

交通：4、8、12路公交车。

营业时间：9：00～21：00

◆席凉粉

➲警钟街前行100米的叉街

特点是细滑而不断，爽口化渣，味浓麻辣。该店位于叉街，因经营者姓席而得名，自1939年出名以来至今信誉不衰。小店从早到晚供应黄凉粉、白凉粉、锅巴凉粉、热凉粉、油茶，都是2元一碗。中午还有鲜肉韭菜锅贴卖，1元钱3个。

交通：4、8路公交车警钟街站下车。

◆窝窝店包子

➲警钟街翠花街3-6号

创始于清末，由一位叫房洪兴的人在城区名为窝窝店的地方（现翠花街口）开店而得名。经营仍然以面食风味为主，且价格公道，生意历久不衰。该店尤以包子最为著名，其皮洁白光滑、富有弹性、馅饱且油而不腻，天然调味品为时鲜蔬菜，味美而富营养。店里长期供应免费的绿叶稀饭和桐骨汤。

交通：4、8路公交车警钟街站下车。

※饕餮食肆※

◆四海香

➲绵阳市东街74号

在绵阳有多家分店。不定期推出的创意特色川菜，包括锦绣系列、三姐泡海鲜系列，以及四海花椒鸡、巴嘴猪手、三姐鸡丝凉面、四海香排、四海脆饼等特色菜品，部分菜品荣获中国名菜及川菜名菜称号。

地址：绵阳一中正校门向左约50米。

◆四维大酒楼

➲绵阳市一环路南段213号（南街口）

创建于1991年，资历较老，规模较大。属于价廉物美的川菜，10人一桌，300～400元，沸腾鱼片味道不错。另有几家分店。

交通：1、10、33、42、53、59、72等路公交车。

◆老房子

➲绵阳市一环路东段芙蓉汉城旁

成都“老房子”在绵阳的分店。装修古色古香，门外小桥流水，卫生间门上分别贴着“男大当婚”、“女大当嫁”，较有特色。菜品也都不错。

交通：30路公交车。

◆鸭天下

➲绵阳市御营坝饮马桥对面

主营特色中餐、鸭汤、火锅等，目前在绵阳比较火暴，包房头天订才行，散座如果17：00去，只能等19：30的第二轮了。

电话：0816-2377333

交通：5、19、31、32、33、49路公交车。

◆森林雨

➲绵阳市沈家坝东津路13号

公路局大厦1～2楼，森林雨主营四川火锅，在绵阳现有4家分店，规模大，麻辣鲜香，口味独特。菜品分量很足。

电话：0816-6666665

罐罐汤

四川人对瓦罐煨的汤的叫法，是独具一格的药膳食品。绵阳的不少饭店里都可以品尝到。品种主要有：肘子汤、圆子汤、肉片汤、海味汤、雪豆汤、黄花汤、炖鸡汤等。

泡菜鲫鱼

用鲫鱼和泡青菜，经炸、烧而成。成菜鱼肉细嫩，鲜香微辣，香咸入味。泡菜鱼，原是四川民间家常风味，一般家庭都能制作。后来四川菜馆将民间美食引入餐馆，因它具有四川乡土风味，竟大受吃客欢迎，终成名菜。

◎绵阳美食攻略◎

米粉：这是最具绵阳特色的小吃了。米粉早上的最好，到中午就不行了，一般都不会卖到晚上去，好多人的早饭都是米粉。这个米粉有点像米线，但是细，而且韧性好，又有点像粉丝，分为清汤红汤两大类，红汤一般有牛肉、肥肠，清汤是鸡汤、笋子，可以两种混合的。涪城路小学旁边有一家叫永华米粉，生意火暴。还有开元米粉也很有名。

兔子火锅：说起兔子火锅，在绵阳可是很受欢迎的，而且价廉物美，一般小锅38元，中锅48元，大锅68元，不过也有一锅50元的，都有配菜，你可以要求要什么菜，就是一锅兔子，还有芋子，味道极好，两个人吃一锅还吃不完。属火锅类型的，这样的在绵阳有很多，主要集中在两个地方，一是涪城路小学斜对面，叫四季鲜兔庄；二是在五牛宾馆旁边那个小街里头，叫好又多兔子庄。

泰安鱼：就是把草鱼和魔芋一起烧的，很好吃，吃了鱼还可以加菜，是用大的茶盘装的，南山一带最多也是最原始最好吃的。在涪城路头上，金象小区旁边也有一家很小很小的店，那儿的鱼不仅味道好，分量也很足，打包带回家吃的话，能吃好几天。

干锅：在文兴街最多，一到晚上车子把街都堵满了，那里的王干锅和干锅王都是生意火暴的，干锅王的店面装修得好些，但是这两家都要排队等，里面的干锅鹅掌非常香，里面有雪豆，鹅掌，加上葱，香菜，芹菜，香气扑鼻，也分为大中小锅，有配菜，吃完加汤煮。

江油肥肠：江油肥肠素来闻名。卤肥肠、烧肥肠、蒸肥肠，还有专门开胃解腻的醋汤，光这几样就让很多人迷恋不已。现如今卖肥肠的“小小吃”、“建民肥肠”、“铁门槛”、“熊氏肥肠店”等肥肠店最为火暴，这几家以红烧肥肠为主打，味道确实不错，是江油肥肠店生意极好的店。

竹山老鸭：“竹山老鸭”精选川东竹山农家放养的生态绿色土鸭，配以独特的山珍野味，有滋阴补虚，清肺除湿之营养功效，而独特之口感，素有“一菜一格，百菜百味”之赞誉。“竹山老鸭”店将百年豪宴根植于百姓之中，格调清新古雅，价格低廉而不失档次品位，且竹山老鸭味道正宗，很多食客慕名而至。

绵阳娱乐

绵阳是四川的繁华城市之一。夜里的绵阳尽在灯红酒绿中，夜总会、卡拉OK、迪斯科、酒吧、咖啡馆等各种娱乐场所比比皆是，娱乐项目常常推陈出新，在这里可以尽情地高歌、舞动，带走一天来的疲劳。对于那些喜欢传统文化的绵阳人来说，绵阳是四川第二大城市，坐坐茶馆，看看川剧当然也是一大娱乐。

※茶馆※

◆三江半岛露天茶座

➲绵阳市青年广场南河尽头

绵阳没有成都那么多人，茶馆也相对安静些，更容易放松身心。傍晚时分，坐在木头围成的露天茶座里，沐浴着舒爽的江风，看着江边的灯逐渐亮了起来，映红了江水，是一种很闲适的感觉。

交通：10、42路公交车。

※咖啡厅※

◆欧提亚咖啡

➲御安街花样年华4楼

本店集咖啡、茶、中西餐、棋牌为一体。大厅、包间装修典雅，这里是绵阳一流的休闲、商务聚会最理想的温馨港湾。

电话：0816-2391168、13158888239

◆预流果馥茶咖啡皇

➲花园小区休闲中心2楼

位于花园小区休闲中心2楼，1000多平方米，环境幽雅，格调高，是品茗、咖啡休闲的好地方。独具一格的欧式风格装修，再配以高雅的钢琴独奏给你一种星级酒店般的享受。

交通：3、10、15、29、35、40、50、60、62路公交车花园小区站。

◆上岛咖啡(绵阳店)

➲涪城区涪城路三鹏广场二幢2楼

上岛咖啡源自台湾，以其幽雅的环境，独特的管理风格而闻名于国内，目前上岛咖啡连锁店全国已达500多家。上岛咖啡绵阳店自2003年开业以来，始终致力于推动绵阳地区的咖啡文化建设，主要产品有咖啡、果汁、花果茶等。

电话：0816-2235957

交通：4、10、48、64、68路公交车。

※酒吧※

◆喜马拉雅户外吧

➲绵阳市青年广场龙汇花园5幢1号

一个藏式风格的户外主题酒吧，来此的大多是户外爱好者。在酒吧中坐定，四面都飘舞着风马旗，厅中播放着藏式梵音。酒吧老板对川西和西藏的穿越线路非常熟悉。特色餐饮包括：青稞酒、酥油茶、藏秘贡茶、川藏烧烤等。

电话：0816-2266768

交通：12、26、29、32路公交车，由财贸校路口向右行100米。

◆佛罗伦萨酒廊

➲绵阳市临园路东段54号

成立于1997年，位于市区酒吧聚集的临园干道上，是绵阳老资格的酒廊。晚间可以蹦迪、跳舞，并经常有些艺人来表演。最低消费

只需要花几十元买瓶啤酒即可。

电话：0816-2303888

交通：3、10、15、32、36、59路公交车。

※影剧院※

◆绵阳电影院

➲绵阳市兴达街2号

位于市区最繁华的黄金地段，是绵阳商业娱乐文化中心。电影院成立50多年来，凭借优质服务、一流的硬件设施、优秀的地理位置成为川西北一流影院。绵阳电影院拥有国际数码大厅和数码豪华厅各一个，迷你数码厅若干，同时兼营网吧、电玩、冷饮、服装等。

电话：0816-2225635

提示：电影院楼上的“冰咖啡”茶吧是绵阳人时常光顾的地方，不想看电影，亦可来此小坐。

“泡”茶馆攻略

绵阳的夏季是喝茶的好季节，而且绵阳的茶馆普遍价格比较便宜。点上一壶茶，和三五好友摆摆龙门阵，可以悠闲地过上一整天。对于初到绵阳的人不妨看看下面的泡茶馆指南，在你选择时一定会有所帮助。

位于市中心的“月光茗坊”在绵阳市区内的茶客中可是影响比较大的。首先是交通比较方便，就在百盛旁边，原来的“莲萧玉丽”楼上；其次是价格比较适中，而且内部环境也还不错，特别是那些赏心悦目的观赏鱼，使得环境清雅了不少。夏天这里的空调开得比较足，凉爽度绝对够高。

位于市区和南河交界，绵阳一中后门处的“驿站”，虽然交通稍微差了点儿，但是里面的环境很不错，舒适的沙发让你在这里窝上一天也不愿动。再加上价格比较适中，平均消费也就8元/人。不过美中不足的是，这里的空调开得太小。

比“驿站”还要舒适些的要数思伊姐家楼下的那家茶馆了，有包间、电视，还有舒适的沙发。因为地处市中心附近所以交通也比较方便，而且价格比较便宜。在这里要想找一个最凉快的地方一定要到最后一格的雅座。

位于南河尽头青年广场的“三江半岛”，虽然交通稍微差了一些，但可以欣赏到的景色却是最好的。由于守着涪江美景，慕名而来的茶客还是很多的。不过这里的价格稍微贵一些，而且没有空调，只有来自江面的自然风。

罗莎对门的“曼宁”虽然也位于繁华的市区，但装修得古色古香，很有点古老的味道，是越来越现代化的都市中比较独特的消闲场所。

毛毛家巷子门口的“莱丽”也是属于比较安静的那一种，装修也不错，就是木头椅子有点“安妮巴”。而且这里的价格比较贵，15～20元/人。天气热的时候，这里的冷气开得忒大。

位于百盛2楼的“真锅”是绵阳市区内比较贵的茶馆之一，18～20元/人。不过这里的环境也是很不错的，宽敞明亮，厚重而舒适的大沙发，颇有欧式风格。

南河实验小学旁边的芙蓉王茶楼是那种比较老式的茶馆。冬天满室的阳光让人感觉很温暖。这里的平均价格是10元/人。

原来体育中心旁的九九火锅现在改成了茶楼，大大的落地窗，大沙发，让人感觉很舒适。这里的价格和芙蓉王茶楼差不多。

要想在茶楼里边品茶边搓麻将，且环境舒适，那就要到饮马桥头鑫城2楼的那家茶馆了。这里不仅装修得不错，而且座位都是比较舒适的那种软沙发。和三五好友，品着香茶，搓着麻将，聊一聊天，绝对是在游览风景名胜之后最好的休闲项目。

五一广场旁边有一家茶馆非常安静，而且都是那种超大的软沙发，逛街之余到里面小憩一会绝对超值。而且这里的价格也比较便宜，有时还会打折。

安昌河堤是许多茶馆的聚集之地。这里地处市区，交通方便。大多数茶馆的座位都在户外，价格便宜，是夜晚纳凉的好去处。

大观园的老福爷茶馆不建议你去，那儿的凳子不舒服，而且环境也比较一般，虽然价格比较便宜，但待着不舒服。如果纯粹为了解渴倒还可以。

◎工艺品◎

绵阳市名优工艺品有木雕漆器、仿古家具、壁挂、扎染、黄麻地毯、水磨漆器、扇子、竹禽。

◎土特产◎

刺梨

蔷薇科植物缫丝花的果实，又名茨梨、木梨子，是滋补健身的营养珍果。主要产于我国西南和华中地区。刺梨中含有果糖、蛋白质、油脂、粗纤维、胡萝卜素、维生素等10多种营养成分。采用刺梨鲜果酿制的刺梨醋不仅能调味，还具有消食理气、化滞解闷之功效。

皮盐蛋

四川绵阳特产，制作工艺巧妙，历史悠久，集中了皮蛋和咸鸭蛋两家之长，既有咸鸭蛋那红黄透亮油浸浸的蛋黄，又有皮蛋那翡翠色半透明的蛋白，口感层次丰富，蛋白弹性十足，蛋黄细腻翻沙。

中坝酱油

绵阳江油市的特产。酱油以优质大豆为主料，日晒夜露，天然发酵。色淡汁稠，体态澄

绵阳购物

绵阳气候宜人，土地肥沃，是四川省重要的粮食、油料、生猪、蚕茧、水果生产基地。工艺品也众多，是购物的好地方。市内的涪城路是各大商场云集区，沿路的美一天百货、兴力达购物中心、三星购物中心等，环境优美。商场内精彩纷呈，让人兴奋不已。走出商场，即是商业步行街，这里有许多年轻人钟爱的小店。不管是服饰还是其他小玩意儿，相信一定能给你不同的惊喜。

步行街南面还有被称为“女人街”的大观园，光是听听名字就知道了，各位美女们岂能错过呢？在这里你可以尽情发挥你的杀价天赋，跟老板狂砍一番，购得心爱的小东西，价廉物美，真正体会购物的乐趣。

※商业街※

绵阳的商业街在市中心，即临园口、人民公园一带。另外，浙江温州与绵阳高新区联合开发的科创商业街也已完工。

◆翠花街

说它是绵阳的“春熙路”一点也不为过，紧邻绵阳几大购物中心。如果年轻的朋友们到绵阳旅游购物，这是个不容错过的好地方。街上云集了年轻朋友们特别是学生们所中意的各种品牌服饰店，真正的价廉物美。街中还有各种小吃店，让你血拼的同时也不忘犒劳一下自己。这里也是绵阳美女出现最多的地方。悠闲地坐在凉椅上，一边品尝美食，一边翻看着战利品，再看看路过的绵阳美女，真是一种享受。

小贴士：可以安排一天的时间，在游完人民公园，逛过兴力达和三星之后，立马就到翠花街，距离很近不用坐车，步行就行。

◆大观园

这里主要是经营服装生意的摊位。不过在这里买衣服一定要有一双慧眼，而且要很会砍价才行。这里的商家都把价位喊得很高，你不会讲价或者没有经验很容易多花钱的。建议到这里淘宝最好先多看看，再进行选择。

交通：5路公交车。

提示：这附近有一家3元玩具店，喜欢收集玩具的朋友可到这里看看。

◆涪城路

这里也是绵阳市主要的一条购物街，两旁商场和各色店铺鳞次栉比。但在这里购物价格上相对要高一些，当然这里的商品档次上也要高一点儿。一般是一些白领和外地来的游客到这里逛。

交通：1、21、36、59、68路公交车在中医医院下车。

清，豉香浓郁，滋味鲜美，久存不生花、不变质，适用于烹制各种菜肴，尤其适合日常炒菜，属调味佳品。

平武套枣

已有500多年历史，以山区特有木枣为原料，用雕刀将枣肉刻成若干花瓣，瓣瓣相连套成"花篮"，然后用上等蜂蜜秘制而成。盛入盘中，貌似"紫莲并蒂叠玉盘"，寓意"永结同心"。食之松软化渣，香甜可口，具有健脾补气的作用。

平武梅线

制作历史同"套枣"，以青梅为原料，用雕刀将梅肉刻成长九寸九分的线条，再以上等蜂蜜，秘制而成。盛入盘中，貌似"金丝银线浸琼浆"，寓意"九九长寿"。后来销量增大，为提高加工效率，改"线"为"块"，其名仍为梅线。食之清香嫩脆，酸甜适度，有生津止渴的作用。

※购物中心※

◆绵阳市三星购物中心

➲绵阳市涪城区正北街

总营业面积1.1万平方米，1楼以经营服装为主，2楼以鞋类床上用品等为主，3楼是儿童馆、健身馆。中心以家庭为顾客群，以顾客需求为导向，提供大众化商品并积极以新产品创造市场需求，充分满足顾客生活所需。

交通：1、3、5、6路公交车。

◆富安百货

➲绵阳市涪城路48号

是一家台资企业，位于绵阳商业区的核心地带。商场营业面积共计2.5万平方米，定位为绵阳的高档百货商场，圈定当地中高层消费者。商场主要销售港、日、韩等地的高档女装以及化妆品，是女性购物的天堂。

交通：3、10路公交车。

◆绵阳市兴力达百货

➲绵阳市涪城路

位于市中心，同人民公园正对，属于绵阳繁华地带。商场营业面积达2.8万平方米，为西南最大百货公司之一。商场环境幽雅，舒适，主要经营名牌女装、珠宝、化妆用品。另外，在商场4楼还设有小吃区，逛累了还能够休息一下，顺便再享受一下绵阳的小吃、美食。

电话：0816-2237038

交通：5、10路公交车。

◆美一天百货

➲绵阳市涪城路28号

紧邻人民公园，兴力达百货斜对面，绵阳大型商场之一。交通便利，环境优美。美一天原本是一个多元化经营的百货商场，经过几年的发展，企业已成功地转化为以经营中高档品牌服饰，特别是各种名牌女装为主的专业化服饰经营企业。

交通：1、10路公交车在美一天百货站下车。

∷绵阳市景

德阳市

德阳市位于川西平原北部，南靠成都，北接绵阳，东壤遂宁，西邻阿坝。德阳市属亚热带季风湿润气候区，气候温和，四季分明，是四川省重要的粮、棉、油、猪、蚕的生产基地，一直有“西部鲁尔”、“东方布达佩斯”、“古蜀秘境、重装之都”的美誉。德阳历史悠久，属巴蜀文化发祥地之一，人文景观量多且质优。有闻名海内外的国家重点文物保护单位、国家首批4A级风景名胜区古蜀国三星堆遗址；有保存完好、建筑精美、全国第三大、西南地区最大的德阳孔庙；有雄伟壮观的李冰陵；有白马关庞统祠墓、诸葛双忠祠、张任墓等三国遗迹。除此之外，由于德阳的自然条件优越，其自然旅游景观也很丰富，如龙门山国家地质公园，以“五绝四海”闻名的蓥华山风景名胜区，以及集原始森林和大熊猫、金丝猴等珍稀动植物为一体的九顶山风景名胜区和九顶山大熊猫自然保护区等。在民俗方面，拥有精美的全国四大年画之一的绵竹年画。

行政区类别：地级市
电话区号：0838
面积：5911平方千米
人口：391万
邮政编码：618000

交通资讯
德阳火车站
电话：0838-2409684、6180222
德阳汽车客运站
电话：0838-2201299

∷三星堆博物馆

::三星堆

风景名胜

◆三星堆博物馆

博物馆集文物收藏保护、学术研究、社会教育多种功能于一体，集中收藏和展示了三星堆遗址及遗址内的主要出土文物。三星堆博物馆以其文物、建筑、陈列、园林之四大特色，成为享誉中外的文物旅游胜地，是四川五大旅游景区之一，首批国家4A级旅游景区，国家一级博物馆，世界首家同时通过“绿色环球21”与ISO9001：2000认证的博物馆。

门票：82元。

◆钟鼓楼

钟鼓楼是德阳市的标志性建筑，其建筑样式为5层7檐，楼身主体色彩采用灰色基调，以塑筒瓦饰面，梁柱以深褐色为主，彰显出典雅庄重、朴实大方的川西建筑风格。在钟鼓楼的正下方有一面石墙，墙上刻有“钟鼓楼”三个苍劲有力的浮雕大字，令人过目难忘。

::钟鼓楼

◆东湖山公园

东湖山与钟鼓楼相对，是德阳市的一片绿肺，六分山，四分水，山水相抱，湖光山色十分迷人。园林专家评价说：“像这样有山有水，山清水秀，地势起伏，变化多端，山、丘、台、坝层次丰富的大型城市公园，就其基础而言，可谓得天独厚，全省无双，全国也不多见。”

::东湖山公园

∴德阳石刻公园

◆德阳石刻公园

石刻公园位于旌湖西侧，公园内的石刻艺术墙，名闻天下。全长1080多米，高7米，由五组大型浮雕群、35个木雕拱门、32根蟠龙石柱组成，是我国目前最大的城市现代艺术石刻雕塑群，被誉为“东方艺术的瑰宝，人类智慧的结晶”。

◆庞统祠墓

庞统祠墓是安葬和纪念三国时刘备的军师庞统的地方，位于德阳罗江县鹿头山白马关，是缀连在三国遗踪旅游线上的一颗璀璨明珠。庞统，号“凤雏”先生，与诸葛亮齐名，当时流传有“卧龙、凤雏，得一人可安天下”的口碑。

◆绵竹年画村

位于孝德镇射箭台村，是专业加工、制作、经营绵竹年画系列产品一条龙的生产经营作坊。绵竹年画素有“绵竹三绝”、“四川三宝”等美誉，它与天津杨柳青、苏州桃花坞、山东潍坊杨家埠年画齐名，为中国四大年画之一。

∴庞统祠墓

∴绵竹年画

吃喝玩乐购

德阳美食

德阳的美食主要以川菜为主，兼有各大菜系。“麻、辣、香、酥”的孝泉果汁牛肉，宽如掌、薄如纸的连山回锅肉，以及什邡板鸭、罗江豆鸡、广汉缠丝兔等都在饮食行业中享有盛誉。

※德阳美食推荐※

张氏巧媳妇水饺

地址：德阳市盛唐摩尔1楼、北街中立房产、绵远街102号

电话：0838-3085930、3076305、8188456

德阳巴中枣林鱼

地址：德阳市玉泉路262号（眼科医院下车往前即到）

电话：0838-3087063

德阳食为天酒店

地址：德阳市亭江街中段175号

电话：0838-2513696

君之薇火锅（德阳店）

地址：泰山北路市人民医院对面陕西馆巷26号

电话：0838-2203912、8648515

德阳三秦人家小吃

地址：德阳市柳河街11号

电话：0838-2373708

德阳新龙火锅

地址：德阳市交通局华创证券隔壁

电话：0838-2301523

北京馋口鸭德阳总店

地址：西小区综合市场门口

电话：0838-7200959

刘一手火锅

地址：德阳市中江县魁山路98-118号

德阳大酒店

地址：德阳市长江西路一段320号

电话：0838-2278555、2278582

重庆巴爷香辣鸡煲（德阳店）

地址：大树路95号

德阳娱乐

德阳旌湖两岸风情万种，不夜城星光璀璨，融汇休闲文化的精髓。各种度假村、酒吧、茶坊、咖啡厅、美容室、休闲绿地等均充满了休闲文化的气息。

在德阳只有一家游乐场——百汇游乐园。虽然这里玩的地方比较多，但人也比较多，最好不要在周末去。

德阳购物

德阳素有“川北明珠”之美称。长江路宽敞的六车道吸引了一大批充满时尚气息的都市人。彩泉街、下南街是德阳购物的中心地段。

■当地特产

中国名酒剑南春

产于四川绵竹，唐代时人们以“春”名酒，绵竹又位于剑山之南，故名“剑南春”。属浓香型白酒，芳香浓郁，醇和甘甜，清冽净爽，余香悠长。

德阳酱油

德阳市旌阳区特产。其配料考究，工艺独特，历史悠久。产品素以营养丰富、风味独特、久存不腐、色香味俱佳而闻名，长期受到海内外众多食客的青睐。

广汉缠丝兔

缠丝兔是南方地区著名的兔肉加工产品，尤以四川广汉闻名，制作时采用麻绳缠绕的特殊加工方法，故得此名。其肉嫩味鲜，造型美观，风味独特。

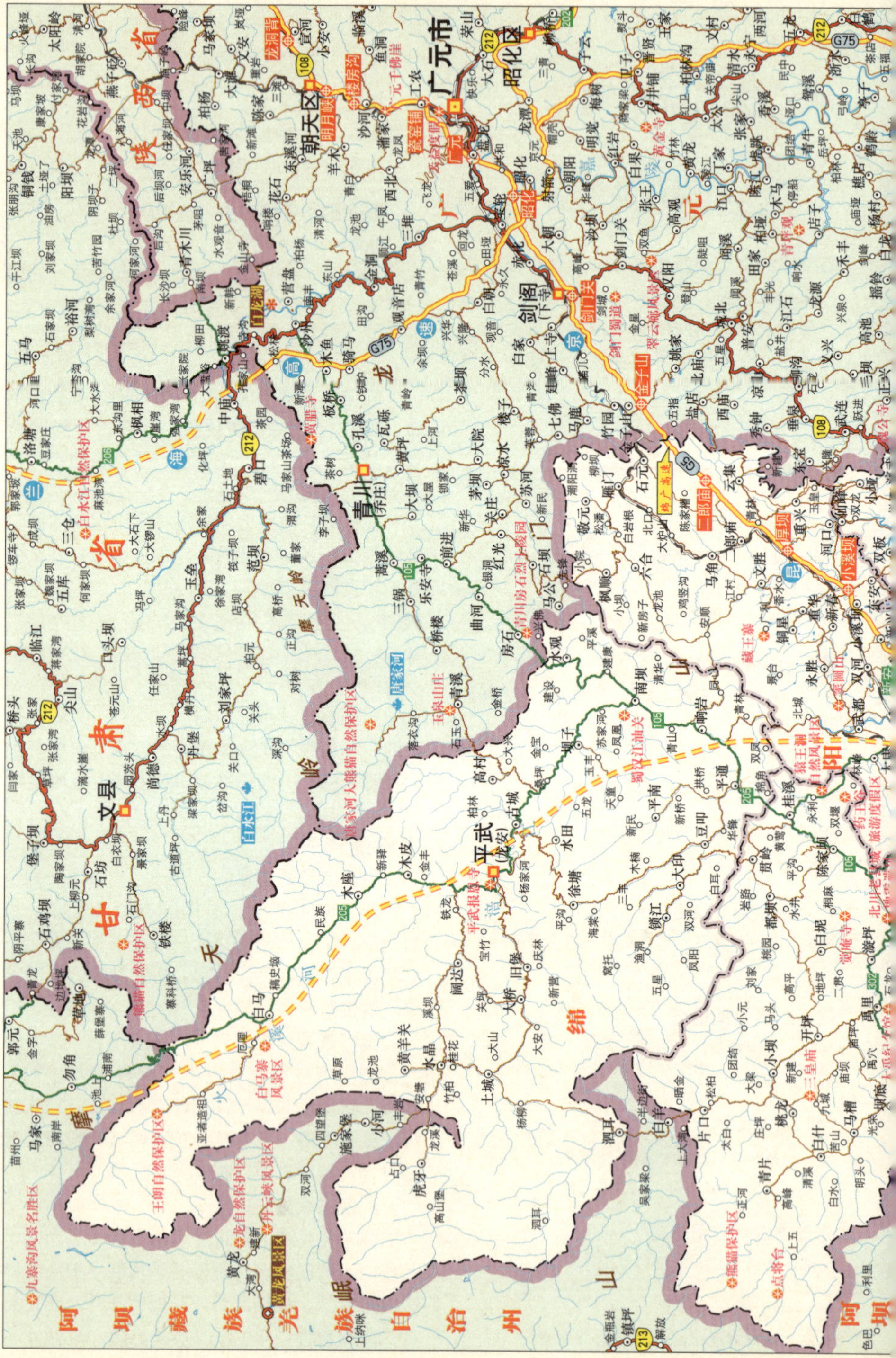

广元市
昭化区
朝天区
剑阁
青川
平武
文县
甘肃省
陕西省
摩天岭
阿坝藏族羌族自治州
九寨沟风景名胜区
王朗自然保护区
唐家河大熊猫自然保护区
白水江自然保护区
剑门关
明月峡
皇泽寺
千佛崖
报恩寺
黄龙风景区

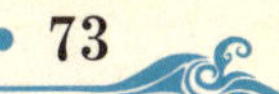

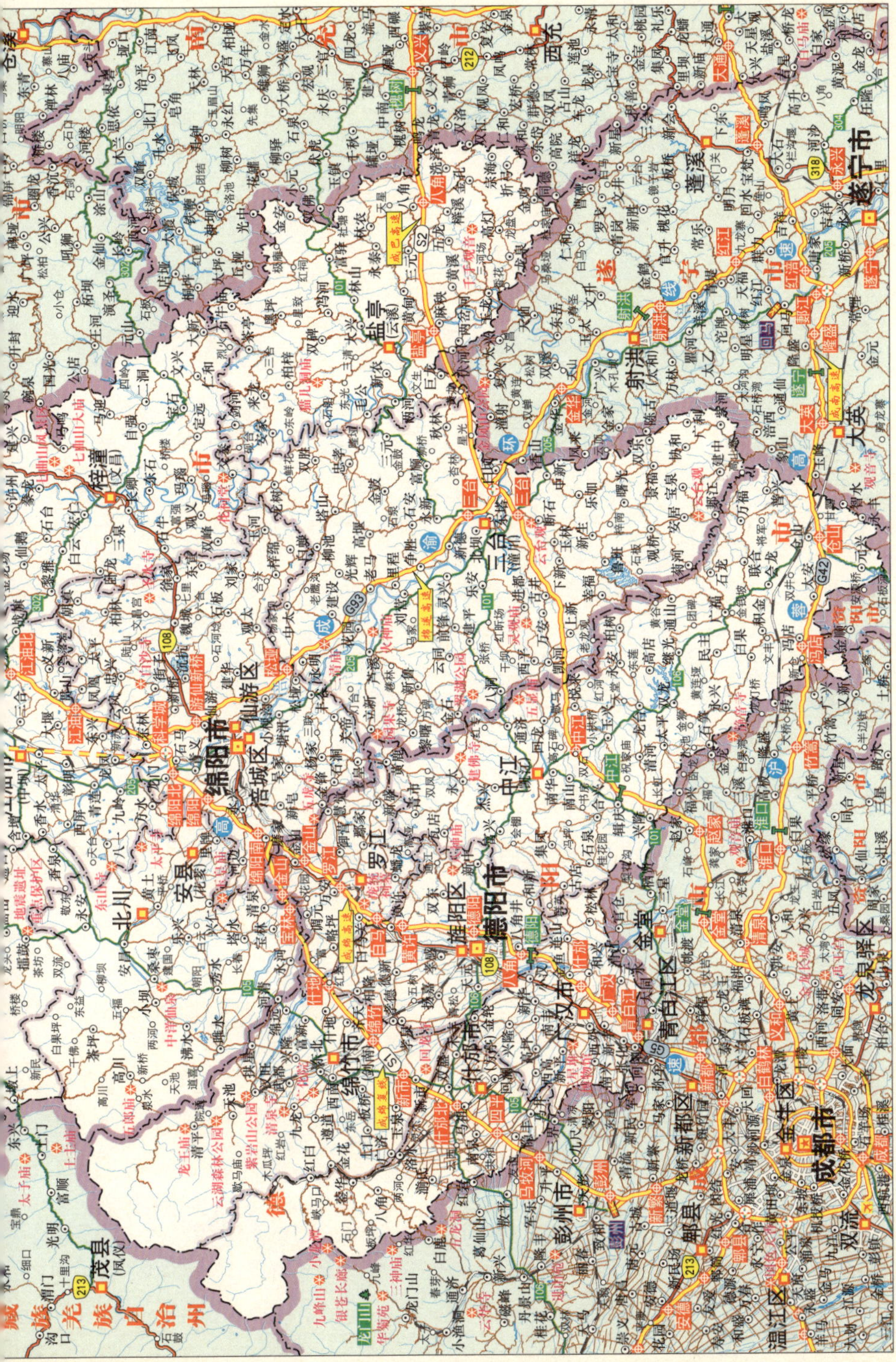

绵阳市
德阳市
成都市
遂宁市
西充
盐亭
梓潼
三台
射洪
中江
罗江
广汉市
什邡市
绵竹市
安县
北川
涪城区
游仙区
旌阳区
金堂
青白江区
新都区
金牛区
郫县
彭州市
温江区
双流
龙泉驿区
茂县
大英
蓬溪

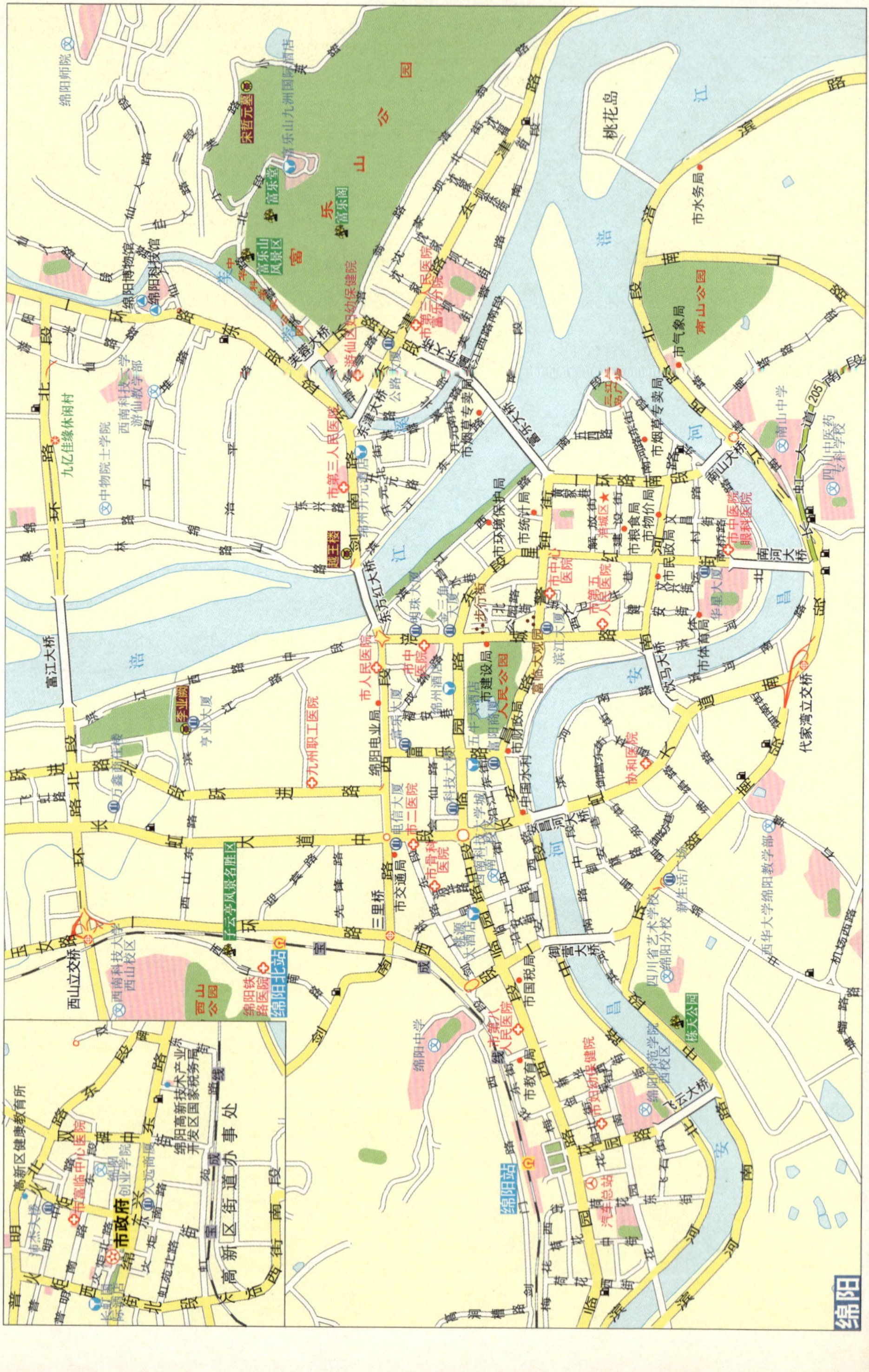

绵阳市城区图

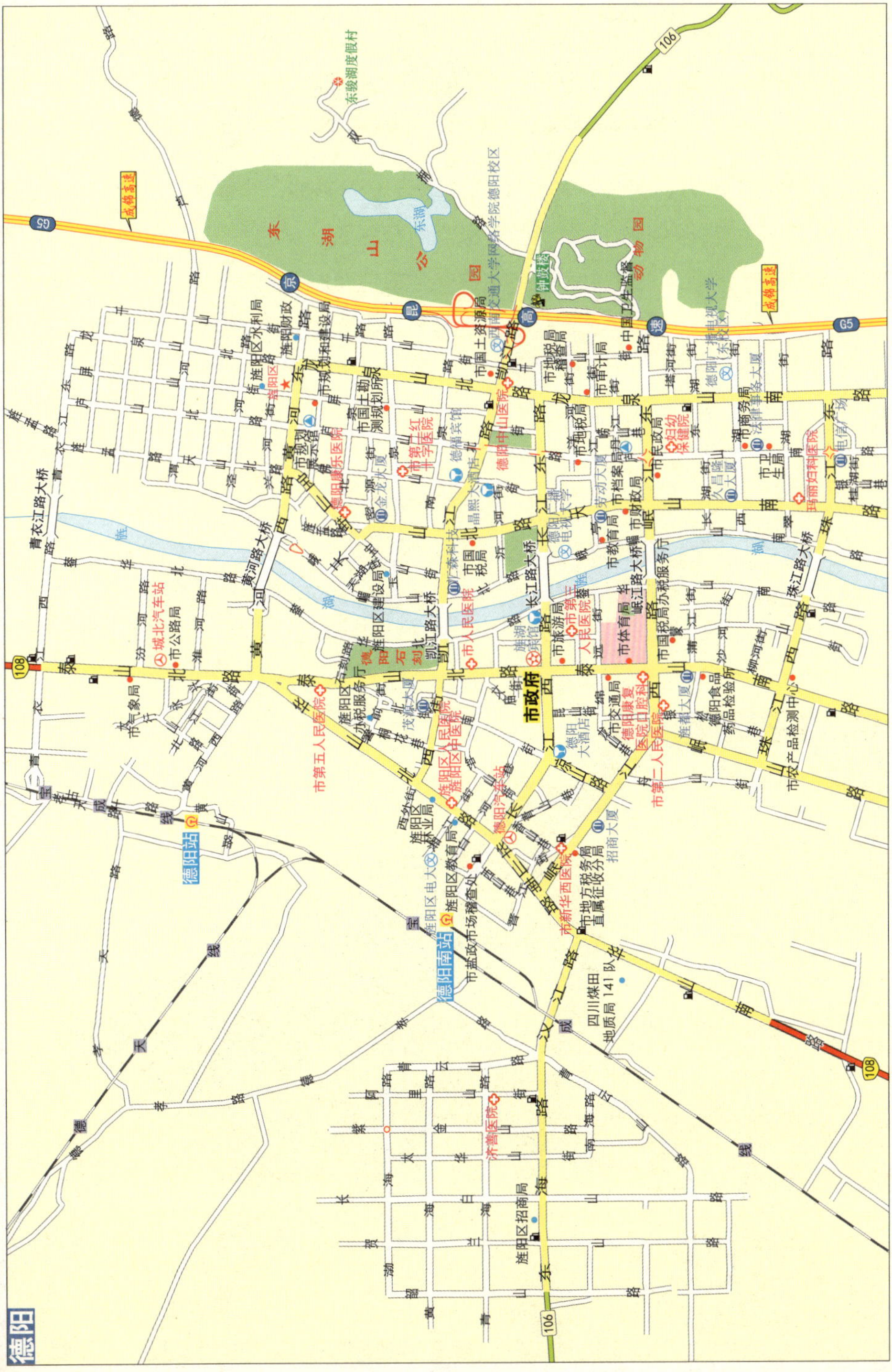

东骏湖度假村
东湖山公园
东湖
动物园
西南交通大学网络学院德阳校区
成绵高速
京昆高速
中国卫生监督
德阳广播电视大学（东区）
旌阳区水利局
旌阳财政
市规划和建设局
旌阳区
市规划勘察院
市国土勘测规划所
市第二中医院
德阳康乐医院
德阳中山医院
市国土资源局
市地税局
市档案局
市审计局
市商务局
法律事务大厦
妇幼保健院
市卫生局
玛丽妇科医院
市民政局
市财政局
市教育局
德阳电视大学
劳动大厦
黄河路大桥
长江路大桥
凯江路大桥
岷江路大桥
珠江路大桥
青衣江路大桥
城北汽车站
市公路局
市气象局
市人民医院
市第三人民医院
市旅游局
市体育局
市国税局办税服务厅
德阳石刻
市政府
市交通局
德阳大酒店
德阳康复医院口腔科
市第二人民医院
德阳食品药品检验所
市农产品检测中心
市第五人民医院
旌阳区人民医院
旌阳区中医院
旌阳区林业局
德阳汽车站
旌阳区教育局
旌阳区电大
市新华西医院
市地方税务局直属征收分局
招商大厦
德阳站
德阳南站
市盐政市场稽查处
四川煤田地质局141队
济善医院
旌阳区招商局

德阳

广元市

广元是我国历史上唯一的女皇帝武则天出生之地，全国重点风景名胜区剑门蜀道贯穿全境，并拥有唐家河国家级自然保护区、剑门关国家森林公园，皇泽寺、千佛崖、觉苑寺三处全国重点文物保护单位及白龙湖、鼓城山—七里峡、黑石坡、水磨沟、天台山、川北温泉等十多处国家级、省级旅游区，有三国遗址遗迹140多处。丰富的女性文化、三国文化、红军文化为这座古城积淀了厚重的历史底蕴。

行政区类别：地级市
行政区划：辖3个区、4个县
电话区号：0839
面积：16314平方千米
人口：311万
邮政编码：628000

交通资讯

广元火车站
电话：0839-3233400
广元长途汽车客运站
电话：0839-3561865
广元汽车东站
电话：0839-3560287
广元北门汽车站
电话：0839-322295

::皇泽寺

剑门关

气候与游季

广元市属于亚热带湿润季风气候。年降雨量800～1000毫米，日照数1300～1400小时，年平均气温17℃左右。广元又处秦岭南麓，是南北的过渡带，既有南方的湿润气候特征，又有北方天高云淡、艳阳高照的特点。南部低山，冬冷夏热；北部中山区冬寒夏凉，秋季降温迅速。

这里一年四季皆可游玩参观。每年正月二十三有祭祀女皇武则天的民间传统，游客若选择此时出行广元，除可了解祭祀武则天的龙舟竞渡庙会外，还可避过雨热同季的夏季和连绵秋雨所带来的灾害性天气。

交通

※**航空**：广元机场2000年投入运营，现已开通至成都、广州、北京、西安等地的航线。

※**铁路**：广元是宝成线上重要的交通枢纽，由成都至广元可乘坐K932次或K936次列车。

※**公路**：广元公路发达，有线路通达省内成都、绵阳、德阳、江油等邻近城市。

::明月峡古栈道

风景名胜

◆明月峡古栈道

位于广元以北约30千米处的朝天镇南2000米处的嘉陵江上，峡谷全长约4千米，宽约100米，两岸石崖壁立，东岸是有名的朝天岭。因朝天子而得名朝天，因诗仙诗句而得名明月。

门票：80元。

交通：广元至朝天镇有班车。

◆剑门蜀道风景名胜区

在秦岭、巴山、岷山之间，以“蜀道”为纽带的风景名胜区。“蜀道”从陕西汉中、宁强入川，至广元、剑阁、梓撞，绵亘150千米余。沿线地势险要，风光峻丽。“蜀道”中分布有朝天关栈道、三国古战场遗迹、武则天庙皇泽寺、唐末石刻千佛岩、剑门关、古驿道翠云廊、七曲山大庙、李白故居等。自然风景与人文历史胜迹并茂。

门票：剑门关100元。

◆翠云廊

翠云廊位于剑阁县境内，古称“黄柏大道”，参天蔽日的古柏分布在300余里的古驿道上。这里有许多著名的三国遗迹，如张飞井、张飞柏等。

门票：50元。

交通：在广元汽车站有直接到剑门关景区的班车。成都昭觉寺汽车站也有到剑门关景区的班车。到剑门关景区有前往翠云廊的班车。

◆鼓城山七里峡景区

位于四川广元市旺苍县北部鼓城乡境内，距县城63千米，由鼓城山、七里峡、白龙宫三大景区组成，面积100平方千米。鼓城山属米仓山系西段，为构造侵蚀、溶蚀中的地貌，最高点东鼓城海拔2073米，最低点关口垭河谷海拔880米。

门票：50元。

交通：在广元南河车站坐车到旺苍九十二队车站，之后转车前往鼓城山。

◆昭化古城

位于广元城之西南30千米的嘉陵江与白龙江汇合处。两千多前是苴国都邑，宋代改名昭化。《三国演义》中张飞挑灯夜战马超；老将黄忠、严颜勇退曹兵；姜维兵败牛头山发生于此。三国时期，刘备入蜀夺取的西川第一关。

门票：58元。

交通：在南和汽车站乘车直达昭化古城。

◆皇泽寺

位于广元市城西1千米的嘉陵江边乌龙山脚下，现为全国重点文物保护单位，是中国历史上唯一的女皇帝——武则天的祀庙。

门票：50元。

交通：乘1路、15路车或观光巴士可达。

◆苍溪红军渡·西武当山景区

位于四川省的苍溪县境内，苍溪城东南3千米处的塔山湾嘉陵江畔有一古渡口。依山傍水，地势险绝，山岩陡峭，林木葱笼。嘉陵江由北而南，景色宜人，是红四方面军长征出发地、强渡嘉陵江战役纪念地，属于全国百个红色旅游经典景区之一。

文化游

➔市区游线

千佛崖—凤凰楼—皇泽寺

➔郊县游线

筹笔古驿—昭化古城—明十四陵华严庵—云台景区—剑门蜀道—剑门孤魂姜维墓—翠云廊（剑阁）—剑溪桥—鹤鸣山—觉苑寺—柏林沟—平乐寺—狮岭村—木门寺会议会址—红军城

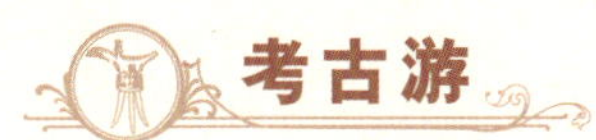

考古游

※遗址※

◆剑门蜀道

1000多年前诗仙李白写到“蜀道难，难于上青天”。古代川北有三条蜀道：金牛道、阴平

::剑门蜀道

道和米仓道，其中最重要的金牛道就是剑门蜀道。这条蜀道北起陕西汉中宁强县，南到四川成都，全长450千米，入川经广元、剑阁、梓潼、绵阳、德阳等地。

地址：剑阁县城北30千米处

交通：乘宝成铁路广元站下车，然后沿川陕公路进行游览。在广元市游览一天后，乘车至剑门关，约57千米，游览剑门关后，乘车过“翠云廊”，车行30千米到达剑阁。

古城

◆剑门关

蜀道上最重要的关隘。两山绝险，独路如门，故称“剑门”。长约500米的关城中，可见前人留下的“天下雄关”、“第一关”、“剑阁七十二峰”等碑刻。当年魏军镇西将军钟会率领10万精兵进取汉中，直逼剑门关欲夺取蜀国，蜀军大将姜维领3万兵马退守剑门关，抵挡钟会10万大军于剑门关外。

门票：100元

地址：广元市剑阁县剑门蜀道景区内。

交通：在剑阁县城可乘小巴到达山下。

◆昭化古城

古称葭萌，是蜀道上一座具有悠久历史的古城，尤以三国遗迹最多，西门有蜀汉大将军费祎之墓；城北有蜀将关索之妻鲍三娘之墓；牛头山上有“襟剑阁而带葭萌，踞嘉陵而枕清水，诚天设之险”的天雄关，而今关门犹存，雄姿不减当年。

费祎墓　费祎死后葬于昭化西门外，其墓历代有培修，现存土墓一座及石碑两块供人凭吊，当地的老百姓亲切地称他为费大将军。

地址：广元城西南30千米的嘉陵江与白龙江汇合处

交通：昭化古城距广元仅30余千米，如果走高速公路，在昭化镇下路沿宽广的水泥路前行6千米就到。如果走老川陕路，在宝轮镇改道约10千米就可到达昭化古城。

昭化古城

◆**筹笔古驿**

筹笔古驿，是金牛道上的主要驿站。有公路直通筹笔乡。嘉陵江从北向南，饮马溪从东至西，恰好在筹笔驿与嘉陵江主流构成了“丁”字形。由一江一溪划出三山鼎立，东山名汉王寨，西山叫安家山，北山称八庙山。

汉王寨：山的顶端平坦，面积200余亩，刘备在此建过营盘，有校场、旗杆坪地名流传于世。现在的村名叫军师村，汉王寨就在军师村三组。据说诸葛亮北伐来到筹笔，爬上汉王寨，看到这险峻的山势，也在汉王寨扎了兵。

地址：广元市朝天镇北5千米的筹笔乡

交通：有公路直通筹笔乡。宝成铁路从筹笔驿对岸通过。

※名人祀庙※

◆**皇泽寺**

中国唯一的女皇帝武则天的祀庙。建于唐开元年间。寺内有全国唯一的武则天尊容和蚕桑十二图，武则天父母所凿石窟和起于北魏、经盛唐至五代的石刻造像珍品以及宋代石刻精品。现为全国重点文物保护单位。

皇泽寺建筑群包括三重大殿、武氏家庙、楼台水榭。已经恢复武则天陈列馆、则天雕塑群、唐文化长廊、则天书画院、唐文化一条街等。寺依山崖，下瞰江流，掩映在一派苍翠之中。祀庙内建筑雕梁画栋，气势不凡，颇有巴山蜀水之秀丽巍峨。

门票：50元。

地址：广元市西郊嘉陵江西岸，背倚乌尤山。

交通：乘1路、15路车或观光巴士可达景区。也可乘出租车或包车前往景区。

※雕刻※

◆**千佛崖**

是四川境内规模最大、最宏伟的石窟群，亦

∷千佛崖

被称为古蜀道金牛道上的“石柜阁”，始于北魏时期，在高45米、南北长约417米的峭壁上布满了造像龛窟，重重叠叠13层，密如蜂房。现存龛窟400多个及大小造像7000余躯，堪称古代石刻艺术宝库。除石窟造像外，周边石壁上另有唐、宋、元、明等历代碑刻一百余通。

门票：50元。

地址：广元市北郊嘉陵江东岸。

交通：距离市区约5千米，可坐公交车或者面包车或者打的前往，从广元北门车站出发大约5分钟。

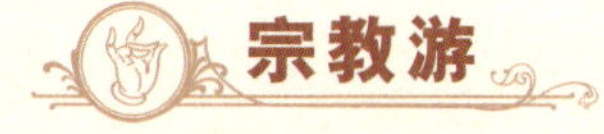

※佛教※

◆**觉苑寺**

觉苑寺殿内塑像采用彩生漆打底、石色粉绘与贴金相结合的手法，根据不同人物的性格、气质、身份赋彩，使各个塑像衣着华美。因为采用了大面积刷漆贴金，虽经几百年历史，仍璀璨夺目，金碧辉煌。精美的壁画，内容广博，是研究我国绘画艺术的珍品。

吃喝玩乐购

广元美食

广元美食既具有正宗的川菜特色，又将神秘的古蜀文化和浓郁的民俗风情孕育其中，可谓独具风格，尤以剑门豆腐最有特色，现在更是花样繁多，有菱角豆腐、怀胎豆腐、熊掌豆腐、雪花豆腐、麻辣豆腐等，食客可以根据自己的口味随意选择。

在川菜之名的笼罩下，广元好似没有什么特色大餐，但小吃却独具特色。到广元，女皇蒸凉面和千层核桃饼这两种小吃是一定要吃的。女皇蒸凉面很多店都有得卖，而千层核桃饼一定要到上河街清真寺旁的马家核桃饼店去买，据说这里的千层核桃饼是广元最好吃的。

街头吃过小吃，进酒店别忘了来份当地的特色菜，广元境内盛产竹荪和黑木耳，所以随便走进哪家酒楼，番茄竹荪、竹荪山菌汤、泡椒黑木耳、木耳炒肉等菜品都吃得到。

广元城市不大，美食店散布市区，相对而言，东坝、上河街、步行街餐饮店相对集中一些，广元的特色菜在这里基本都能觅到。

※广元酒吧推荐※

◆四方街音乐酒吧

四方街音乐酒馆那种中西文化的交融，别具一格的装修风格无不体现了经营者的匠心独具。走进四方街，让人宛若置身异域，那种高端的音响设备与精致西式酒水营造出一种独特的时尚生活享受。

地址：广元市市中区富康花园内

电话：0839-3220016、3226667

营业时间：16：30-2：00

交通：3路到邮政局下。

◆乌托邦音乐酒吧

乌托邦音乐酒吧秉承了原SOHO酒吧的个性与自由、张扬艺术健康与阳光等特点，酒吧内增加的榆木雕花与精致的铁艺，让你感受到后工业时代的韵味。

地址：广元东坝紫薇苑大门口

电话：13158758888

◆广元美卡音乐酒吧

美卡音乐酒吧是一个古典音乐酒吧，风格独特，同时又是中外文化与时尚完美结合的酒吧。美卡音乐酒吧秉承了个性、自由等特点，呈现出浓厚的后现代工业时代的装修风格，是充满个性、崇尚艺术、追求自由生活方式的一方乐土。

地址：老城摩尔天成清水广场

电话：0839-6199919

广元娱乐

广元是一座历史文化名城，地势平坦，街道宽阔，整洁干净，嘉陵江缓缓地穿城而过。广元城区不大，市区内没有比较具规模的公园，但天台山森林公园和凤凰山公园都离市区不远。

广元购物

广元物产丰富，名土特产众多。民间工艺品有麻柳刺绣、白花石刻、剑阁手杖，山珍类有广元杜仲、青川竹荪、青川木耳，水果类有苍溪雪梨和苍溪猕猴桃，当地的核桃饼和剑门火腿也十分出名。这些特产在广元的市场街基本都能够买到，如果在景区购买的话会稍微贵一些。

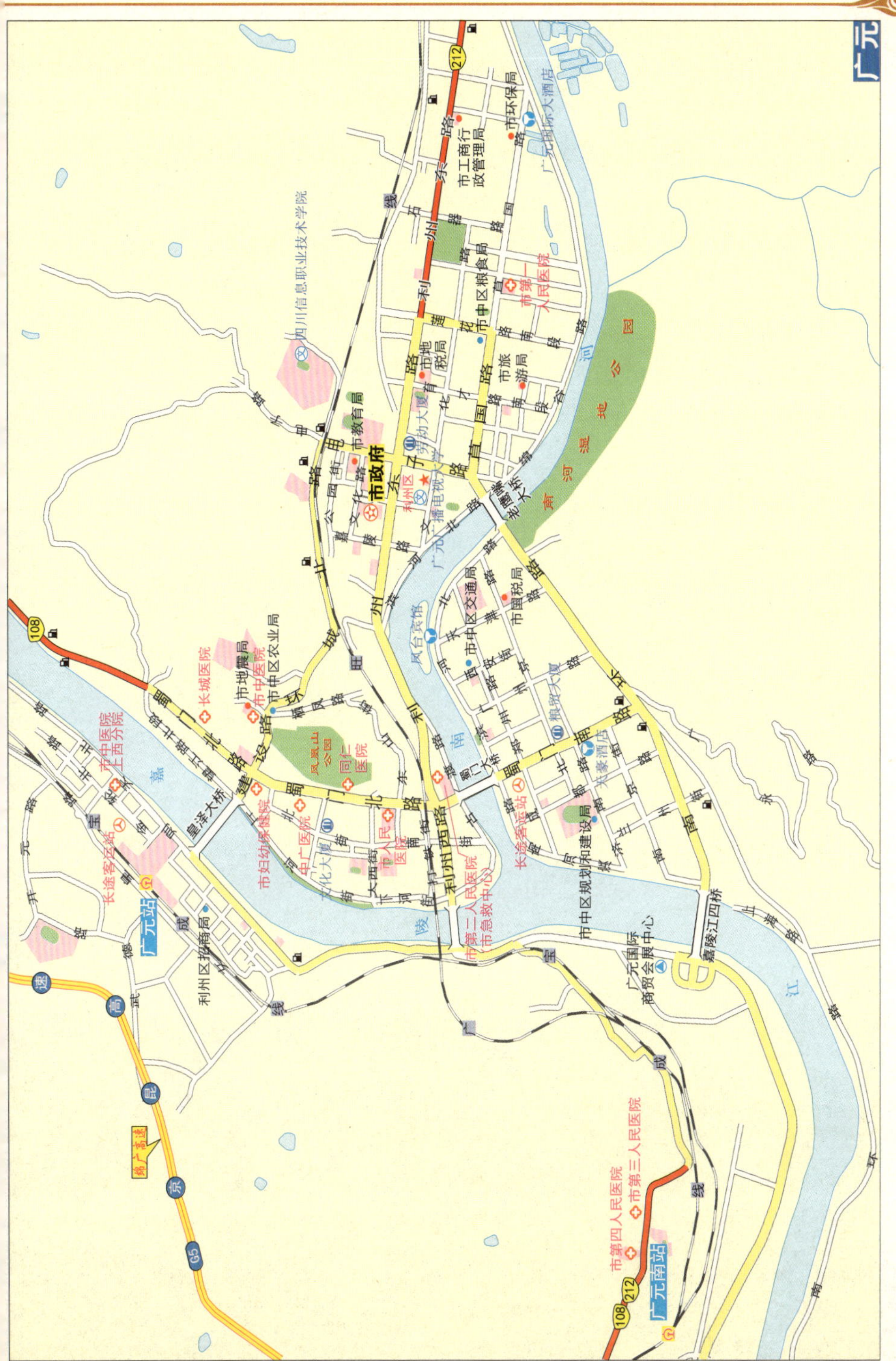
广元
市政府
利州区
南河湿地公园
凤凰山公园
皇泽大桥
嘉陵江四桥
广元站
广元南站
长途客运站
四川信息职业技术学院
广元国际大酒店
市环保局
市工商行政管理局
市中区粮食局
市第一人民医院
市地税局
市旅游局
市教育局
劳动大厦
凤台宾馆
市中区交通局
市国税局
粮贸大厦
太豪酒店
市中区规划和建设局
广元国际商贸会展中心
市第二人民医院（市急救中心）
市第三人民医院
市第四人民医院
市中医院上西分院
长城医院
市地震局
市中医院
市中区农业局
同仁医院
市妇幼保健院
中广医院
市人民医院
文化大厦
利州区规划局
利州东路
利州西路
蜀门北路
蜀门南路
建设路
南河
嘉陵江
宝成线
绵广高速
京昆高速
G5
108
212

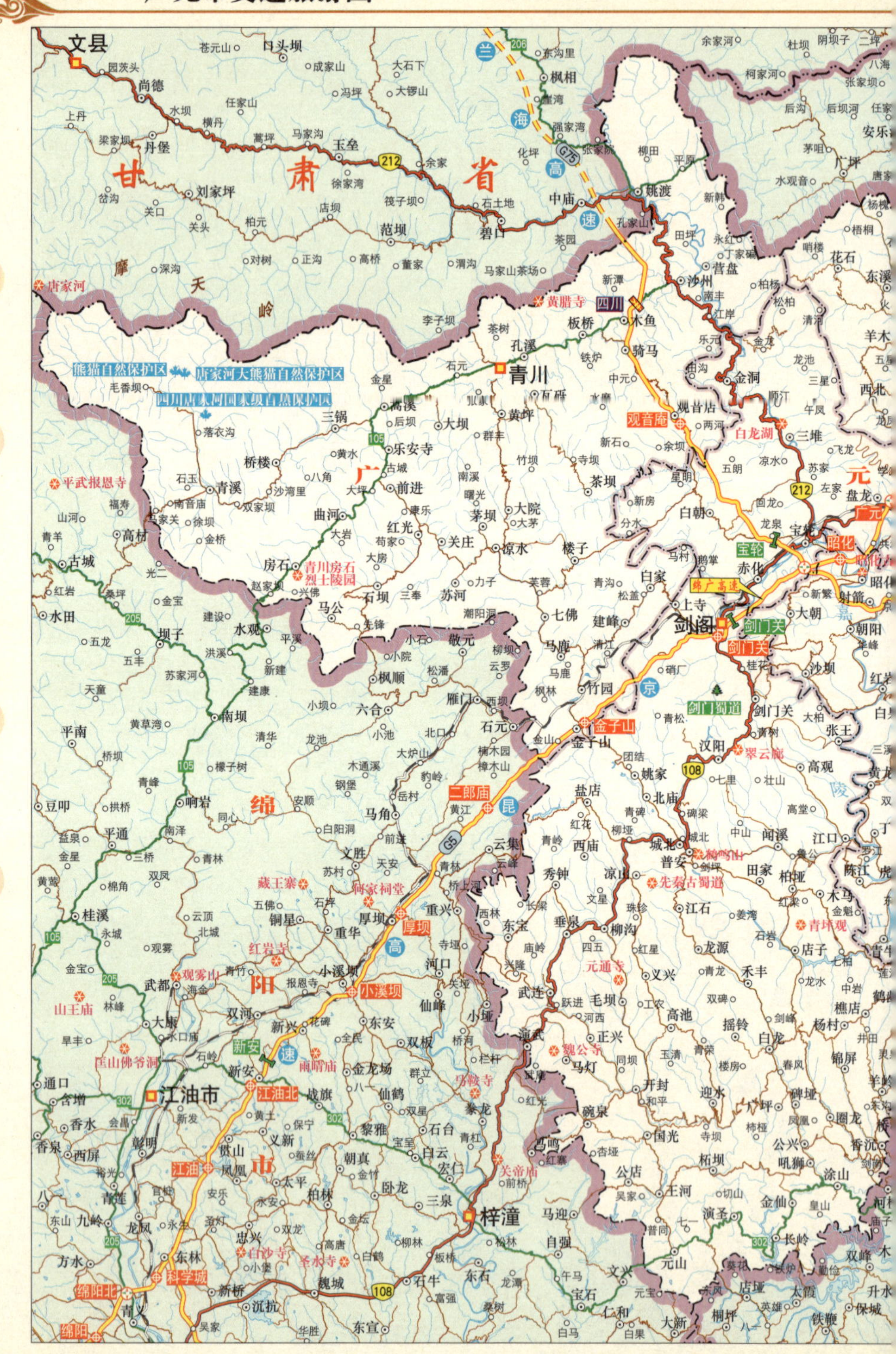

文县
甘
肃
省
摩
天
岭
青川
剑阁
江油市
梓潼
绵
阳
市
广
元
唐家河
黄腊寺
熊猫自然保护区
唐家河大熊猫自然保护区
四川唐家河国家级自然保护区
平武报恩寺
青川房石烈士陵园
观音庵
白龙湖
剑门关
剑门蜀道
翠云廊
金子山
二郎庙
鹤鸣山
先秦古蜀道
青坪观
元通寺
观雾山
山王庙
匡山佛爷洞
江油北
江油
雨帽庙
马鞍寺
关帝庙
白沙寺
圣水寺
科学城
绵阳北
绵阳
魏公寺
藏王寨
何家祠堂
厚坝
小溪坝
红岩寺
新安
宝轮
昭化
绵广高速
兰
海
高
速
京
昆

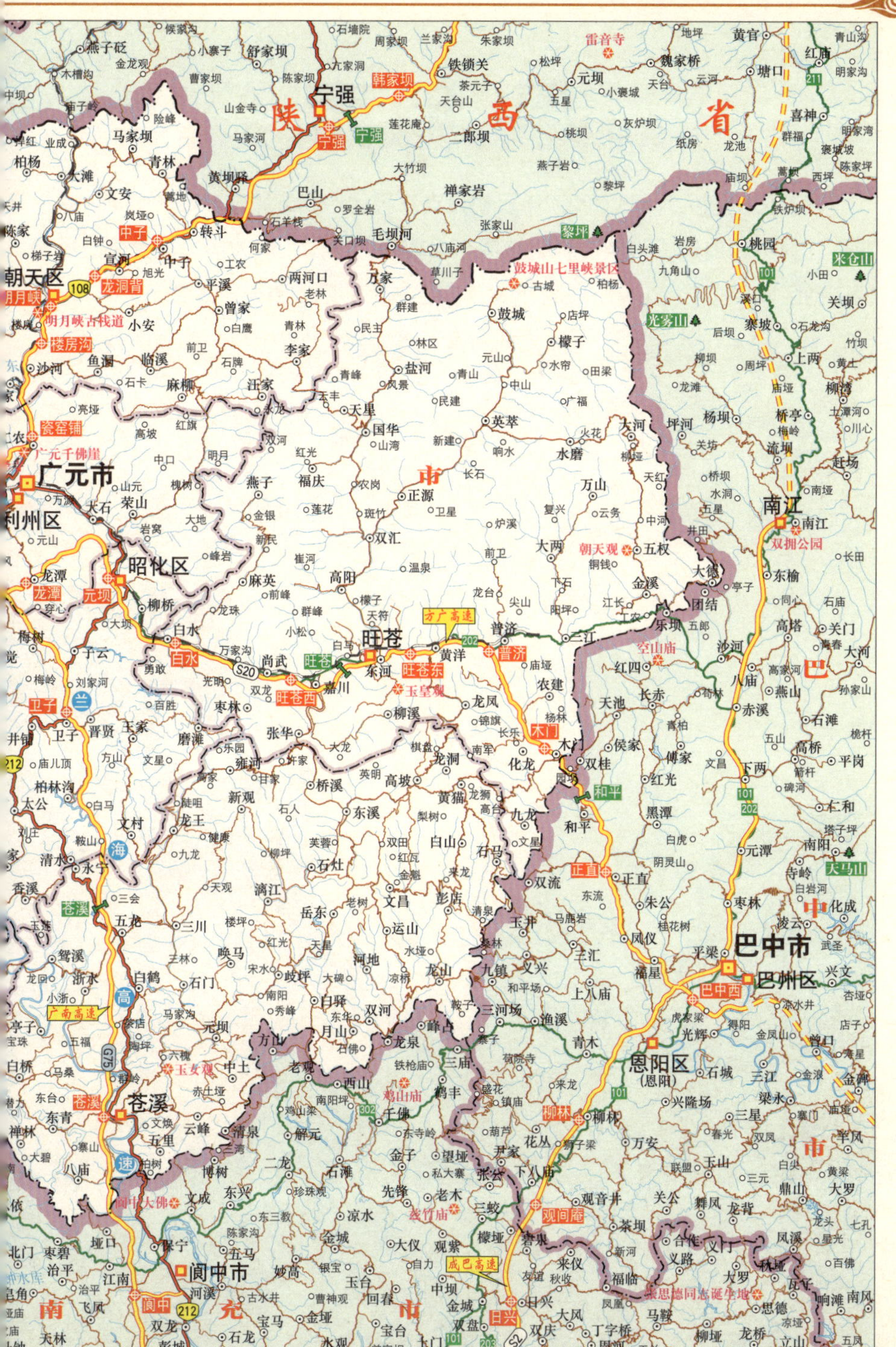
陕
西
省
宁强
韩家坝
铁锁关
雷音寺
黄官
魏家桥
阳平关
朝天区
明月峡
明月峡古栈道
龙洞背
中子
宣河
转斗
巴山
毛坝河
黎坪
鼓城山七里峡景区
光雾山
米仓山
广元市
利州区
广元千佛崖
瓷窑铺
昭化区
龙潭
元坝
旺苍
旺苍东
旺苍西
东河
嘉川
尚武
白水
方广高速
普济
黄洋
玉皇观
正源
米仓山
南江
双拥公园
朝天观
空山庙
木门
和平
正直
巴中市
巴州区
巴中西
恩阳区
(恩阳)
柳林
观阁
剑阁
苍溪
广南高速
玉女观
阆中大佛
阆中市
阆中
鸡山庙
戎竹庙
成巴高速
张思德同志诞生地
南
充
市
巴
中
市
天马山
化成
高
速
海
兰
G75
S20
S2
101
202
212
108
302
203
211

南充市

南充历史悠久，自公元202年汉朝设安汉县伊始，建城已有2200多年，是古老嘉陵江畔一颗璀璨的明珠，素以丝绸与水果闻名全国。现为中国优秀旅游城市，四川省区域中心城市、川东北经济文化中心城市、四川省第三大城市。

行政区类别：地级市
行政区划：辖3个区、1个市、5个县
电话区号：0817
面积：12514平方千米
人口：756万
邮政编码：637000

交通资讯
南充火车站
电话：0817-2313331
南充滨江客运站
电话：0817-2224670

∷阆中古城

∷阆中滕王阁

气候与游季

南充市位于典型的中亚热带湿润季风气候区，具有四川盆地底部共同的气候特征：四季分明，冬暖、春早、夏热、秋雨、多云雾。但若和盆底南部长江河谷地带相比，又有气温偏低、暴雨较多的差异。若和川西平原相比，又有气温偏高，春雨比重大的区别。南充全市年降水量980～1150毫米，大致由西南向东北递减。降水季节分配不均，夏季约占全年的45%，秋季约占25%，冬季约占5%，春季约占25%，降水变率较大。

交通

※航空：南充高坪机场位于高坪区青松乡，距市中心10千米，距小平故里70千米，距阆中古城120千米。目前已开通至北京、广州、深圳的航线，还将陆续开通南充飞往上海（虹桥）、攀枝花、九寨黄龙、武汉、西安等地的航线。机场有免费大巴到市区，市内免费接送点有人民北路120号新华饭店旁、人民花园原综合剧场门口、滨江路滨江车站旁。

※铁路：达成铁路横贯东西，兰渝铁路纵穿南北，以及正在拟建的南汉铁路，南绵铁路，南泸铁路，遂巴（西昆）铁路和成南、南渝两条城际高铁以及南充轻轨一号线。

※公路：目前南充已有沪蓉高速成南段（成都—南充），南广段（南充—广安）；兰海高速南渝段（南充—重庆）；南充绕城高速等高速公路。G212线纵穿南北，G318线横贯东西，G212线和G318交会于南充主城。南充的公路网已经基本形成，公路交通便利快捷。

※水运：嘉陵江穿南充市区而过，由水路北上可至广元、南下可至重庆。南充港位于下中坝南面的江中路一侧，也开通了至青居港的游船，价格30~80元。

∷朱德故里

风景名胜

◆朱德故里

朱德纪念园位于南充仪陇县城中心，占地7000平方米，1991年11月落成竣工。距仪陇县城30余千米的马鞍镇有朱德旧居，是一代开国元帅的故乡。

交通：在南充汽车客运站（嘉陵）坐车，不用转车，可直接到朱德故里。

◆阆中古城

阆中古城据说是中国远古帝王伏羲出生之地。自商周时代起，便是巴国重镇，战国中期为巴国都城。从秦朝置阆中县以来，至今已有2300余年的历史。阆中风景优美，名胜古迹众多，是中国历史文化名城。

◆西山十二峰

位于南充市郊新建乡境内，全长6千米，面积30平方千米。山上林木葱郁，山下西河蜿蜒流过，著名的景观有“金泉夜月”、“果山秋色”、“栖乐灵池”。既有十二峰的自然美景，也是一处人文胜地。

交通：市内乘坐2路或6路公共汽车到西山风景区脚下。

∷西山

◆凌云山

位于南充市高坪区老君镇，以凌云山道教城、白山佛教城、图山儒家文化中心为主体，方圆近20平方千米。

门票：50元。

交通：市内乘坐19路公交车即可。

文化游

➔市区游线

宋代白塔—万卷楼—张澜纪念室—汉将军王平墓

➔郊县游线

阆中古城—滕王阁—巴巴寺—朱德故居纪念馆—罗瑞卿故居

考古游

※古城※

◆阆中古城

阆中古城和同为第二批国家历史文化名城的山西平遥、云南丽江、安徽歙县并称为“保存最为完好的四大古城”。分布在古城内的历史遗迹有汉桓侯祠（张飞庙）、华光楼、贡院、文庙、清真寺、净圣庵、天主堂、火神楼、道台衙门等。

地址：南充市阆中市城区南侧

交通：在南充城北汽车站乘车到阆中汽车站，票价25元，每30分钟一班，行程2小时10分钟。从成都出发，可在高笋塘车站和北门汽车站乘车。

※遗迹※

◆宋代白塔

又名“无量宝塔”，坐落在南充市高坪区城西鹤鸣山风景区，建于北宋建隆年间（公元960年），距今已逾千年，为“充城八景”之一——白塔晨钟。白塔塔基由条石砌成，四周雕龙麟图案。塔顶生铁铸成，外圆中空，既可防止雷击，又可使人们从空间登上塔顶，眺览南充城区风光。“登临环顾千峰秀，钟声散入五云端”，为南充又添一景观。

门票：免费

交通：公交车27路可到。

寻根游

※名人故居纪念馆※

◆罗瑞卿故居

坐落于城郊舞凤镇清泉坝村，从顺庆区城内出发，驱车向北10分钟即可到达。

1906年5月31日，罗瑞卿大将就诞生在这里，在此生活了整整20年。故居为清光绪

∷罗瑞卿故居

年间修建的一座三合院式木结构穿斗青瓦房，面积约300平方米。故居正中是堂屋，两侧是正房和厢房。西侧为将军及其父母的卧室、厨房及杂物间。故居前的院坝正中屹立着罗瑞卿将军半身铜像。东侧正房、厢房里，陈列着200多幅裱装精美、风格各异的书法和绘画作品，其中既有党和国家领导人的题词，也有著名画家的字画，还有家乡人民的敬书。故居西边的陈列室，向人们展示了将军的戎马生涯。展品包括将军生前的珍贵实物及文史资料十件，文史照片及绘画百余件。

◆朱德故居纪念馆

纪念馆位于仪陇县马鞍镇琳琅山下，整体建筑坐北朝南，陈列朱德元帅在辛亥革命、云南起义、北伐战争、南昌起义、土地革命、抗日战争、解放战争和社会主义时期的生平事迹及文物。丰富的照片，翔实的史料，展示了朱德元帅伟大的一生。

门票：景区暂无联票，按景点分别售票。价格分别为：朱德故居纪念馆30元；朱德故居15元；朱德诞生地15元；丁氏庄园10元；朱德父母故居15元。

※陵园※

◆汉将军王平墓

位于高坪区永安乡临江村凤凰山，为长方形土冢墓，原有一碑，上书“汉将军王平之墓”，是南充三国遗迹旅游线上的一个重要景点。

宗教游

◆巴巴寺

又名“久照亭”，是伊斯兰教嘎德耶教门穆斯林的圣地，位于阆中市城区东北郊盘龙山南麓。巴巴，即阿拉伯语“祖先”之意。

康熙年间，沙特阿拉伯麦加城穆斯林华哲•阿卜杜拉希在阆中传授伊斯兰教时去世，安葬于此并建寺，至今已有300多年的历史。巴巴寺由山门、照壁、牌坊、大殿、花厅、井亭和园林组成，是国内少有的伊斯兰建筑群，

巴巴寺

以其清幽雅秀、小巧奇绝、精工富丽的建筑艺术，吸引着四方游客。经教民协定，巴巴寺由河州、汉中等地派阿訇轮流守护，已历300余年。每逢开斋节、古尔邦节和圣纪，常有川、陕、甘、青、宁等地的穆斯林前来朝拜。

民俗游

◆张澜纪念室

张澜纪念室位于南充建华职业中学内，纪念室正门前左侧塑有张澜先生半身像，正门门楣上方悬挂着胡耀邦亲笔题写的“张澜纪念室”匾额。生活卧室基本按原样布置。其他展室展出了近百件展品和200余幅全国书画名家纪念张澜先生的作品，其中包括张澜先生八十高寿时毛泽东、朱德的祝词和张澜生前的照片、部分著作等。

建筑游

※古代建筑※

◆滕王阁

是一座唐代风格的歇山式双垂檐屋顶建筑，同时建筑的还有玉台观，清代以来合称滕王阁。登楼南眺，锦屏之秀、蟠龙之奇、伞盖之丽，远山近水，尽收眼底。唐代“诗圣”杜甫在两次旅居阆中时，多次登临滕王阁赋诗抒怀，在《滕王亭子》、《玉台山》等名篇中，留下了令人难忘的佳句。

地址：阆中市城北玉台山腰

::谯公祠

◆万卷楼

位于四川省南充市西山风景区，景区由安汉城楼、谯公祠、紫云阁、陈寿读书台、陈寿旧居、万卷楼等主体建筑构成。景区内绿树成荫，人文建筑和自然景观浑然天成。

谯公祠：为纪念三国时期蜀汉名臣、蜀中大儒、著名史学家陈寿的老师谯周而修建。为汉魏建筑，正殿中央有谯公巨幅画像，四周壁画绘其生平事迹，祠后有墓，布局如初，是凭吊先贤和游览的胜迹。

陈寿旧居：旧居内模拟了魏晋时期耕读型家庭的室内陈设，展现了陈寿的家世，陈寿在家乡27年中勤学敬业、笃志修身的

::陈寿

◎土特产◎

仪陇酱瓜

仪陇酱瓜是久负盛名的土特产品，它是以菜瓜和酱为主要原料，采用特殊工艺精制加工而成，其色泽晶莹，有透明感，通体一色。切成细丝或薄片，煎炒网丝、网片、光滑鲜嫩，宛若鱿鱼，脆而不腻，细嚼慢咽，清香回甜，酒后佐饭，可释腻腥，使人口齿生香，食欲顿起。

仪陇黄酒

仪陇黄酒取料糯米、大糯米和当地古泉水，运用黄酒之酿造技艺，经十道工序酿制而成。有糯米陈酒、封缸酒、杜仲糯米酒、天麻糯米酒、当归糯米酒等品种。仪陇黄酒香气浓郁，芬芳沁心，质地甘醇，味甜爽口，色棕红悦目，风味独特，营养丰富，男女老少皆宜，四季可饮。

西充狮王糕

西充狮王糕，以香甜酥脆、入口化渣、色泽金黄的特色，享誉海内外，多年来畅销不衰，给西充人民创造了财富，带来了骄傲。狮子糕原名“寿王糕”。出自清光绪二年（1876）秋，杭州西湖“寿春坊”斯仁谷之手。

张飞牛肉

张飞牛肉产于四川阆中市，境内回民聚居，张飞牛肉是具有浓厚的回民风味的特产。张飞牛肉表面为棕红色，切开后肉质纹丝紧密，不干、不燥、不软、不硬。食之咸淡适口，宴席配餐，伴酒佐餐均宜。

生活情景，刻录了历代帝王和历代文史学家对陈寿的评价，是三国文化寻踪探源的必览之所。

万卷楼：始建于三国蜀汉建兴年间（公元222~237年），是陈寿治学之地。万卷楼分三大展馆，保存了汉晋以来大量的珍贵史料、文物，景区内的浮雕、壁画以三国的历史和故事为背景，栩栩如生。万卷楼是西晋历史学家、《三国志》作者陈寿青少年时代读书治学的地方，被誉为“三国之源，智慧之旅”的目的地。

吃喝玩乐购

南充美食

南充当地的风味小吃有营山油豆腐、营山板鸭、顺庆卤鸭子、顺庆羊肉粉、马癞子牛肉、花士林蒸饺、保宁蒸馍、石梁沱江团、金丝鲤鱼、大通热凉粉、油茶馓子、武胜猪肝面、川北凉粉等，可以说当地美食遍地开花。

南充美食便宜又好吃。其中香辣蟹是最贵的，但也贵不到哪里去。推荐大北街的乌江鱼，味道很正宗，算是半自助式的，价格大概10元/人。小吃推荐五星花园的李凉粉，仪凤街的川北凉粉，模范街上的顺庆粉馆；再推荐北湖附近一家卖田螺和爆炒鸭肠的，也颇具特色。

南充娱乐

南充作为四川省第三大枢纽城市，都市娱乐项目自然少不了，近年来音乐酒吧、歌城、影院、茶楼、棋社等娱乐场所不断冒出。在南充领航的歌城酒吧有王子娱乐城、高乐高歌城、泰升歌城、快乐平方KTV娱乐会所、天马歌城、万福酒店KTV歌城、当歌大世界歌城、百老汇歌城、玫瑰之约音乐酒吧。比较知名的茶楼棋社有香格里拉会所、新世纪绿色生态茶楼、新世纪茶坊、海洋之星休闲会所、桃园茶坊、挪威森林休闲会所、东方鑫休闲会所、西南休闲会所、水之榭茶馆、和景茶楼。

另外，南充作为历史文化名城，民间文艺表演丰富，川北大木偶、川北皮影、川北灯戏、巴渝舞更是不可错过的娱乐活动。

南充购物

南充的丝绸、锦缎在全中国乃至全世界都是十分闻名的。其他还有万家腊肉、仪陇酱瓜、仪陇黄酒、西充狮王糕、南充柑橘等，南充柑橘栽培历史悠久，南充市被誉之“果城”也因柑橘的质优而得名。其他还有张飞牛肉，产于阆中市，是具有浓厚的回民风味的特产，具有浓郁的山野味。

作为川东北最大的商品集散地，南充拥有丝绸大世界、西门综合批发市场、川北粮油批发市场等一批规模大、辐射力强的商品交易市场。

◎南充商场一览表◎

商场名称	电话	地址
南充百货大楼	0817–2253016	五星花园附近
南充五星大厦	0817–2259391	五星花园附近
得益时代广场	0817–2247777	文化路北湖公园对面
南充大都会	0817–2232881	五星花园附近
南充诺玛特广场	0817–2234022(传真)	五星花园附近
南充天赐名店	0817–2260111	文化路
友合四季来商场	0817–2259638	人民中路

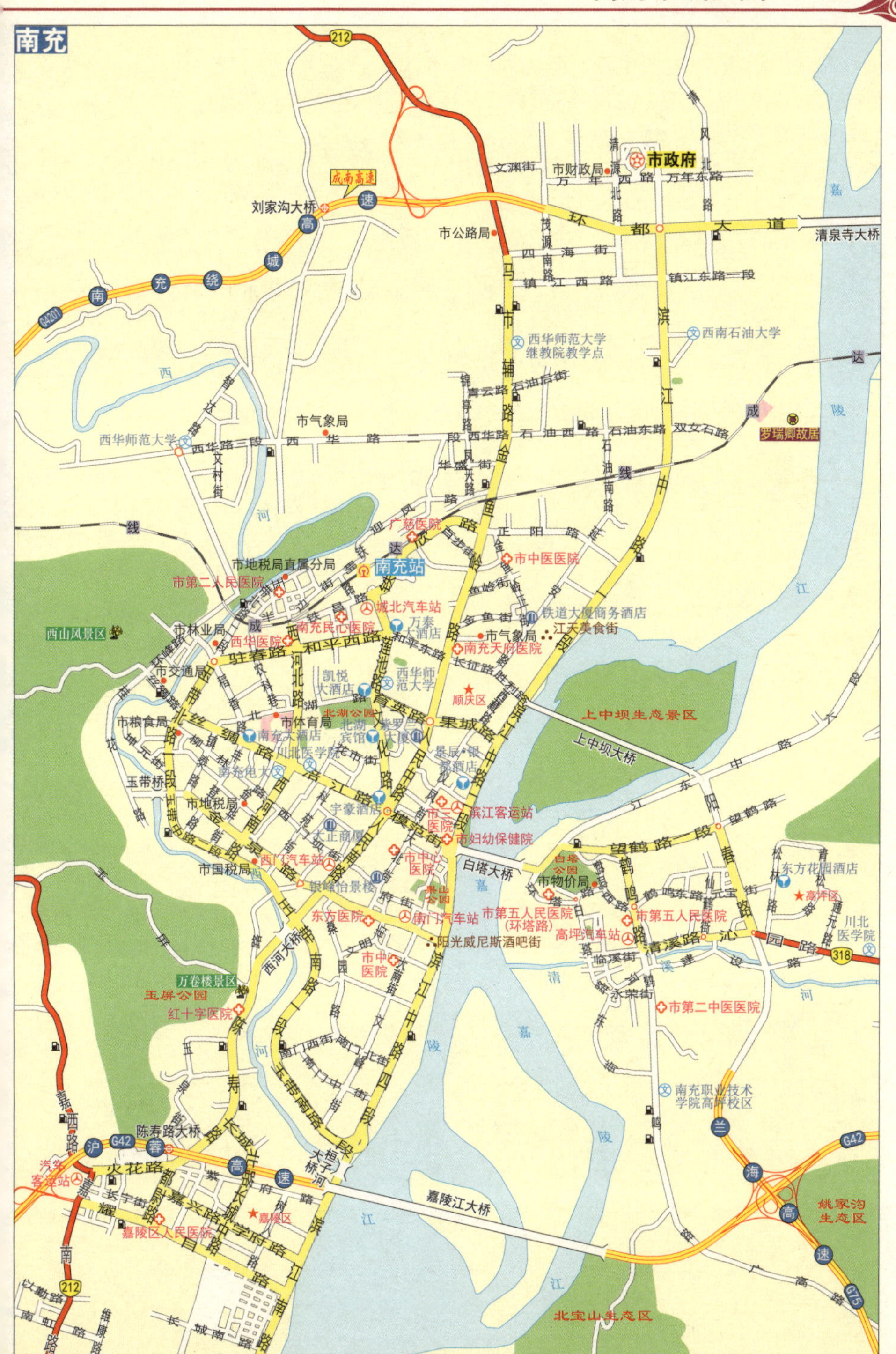
南充
212
成南高速
刘家沟大桥
南充绕城高速
G4201
文澜街
市财政局
市政府
万年西路
万年东路
环都大道
清泉寺大桥
市公路局
四海街
镇江西路
镇江东路一段
马市铺路
滨江中路
西华师范大学继教院教学点
西南石油大学
锦亭路
青云路
石油后街
达成线
罗瑞卿故居
嘉陵江
市气象局
西华师范大学
西华路三段
西华路二段
西华路
石油西路
石油东路
双女石路
文村街
华盛大路
西河
正阳路
广慈医院
市中医医院
市地税局直属分局
南充站
市第二人民医院
城北汽车站
铁道大厦商务酒店
江天美食街
西山风景区
市林业局
南充民心医院
万泰大酒店
市气象局
西华医院
驻春路
和平西路
和平东路
南充天府医院
市交通局
长征路
凯悦大酒店
西华师范大学
顺庆区
上中坝生态景区
上中坝大桥
市粮食局
市体育局
北湖公园
北湖宾馆
紫罗兰大厦
果城路
丝绸路
南充大酒店
川北医学院
南充电大
景辰银都酒店
玉带桥
市地税局
宇豪酒店
模范街
滨江客运站
市三医院
大正商厦
市妇幼保健院
望鹤路一段
望鹤路
白塔公园
白塔大桥
市国税局
西门汽车站
市中心医院
市物价局
东方花园酒店
银峰怡景楼
果山公园
高坪区
东方医院
南门汽车站
市第五人民医院（环塔路）
市第五人民医院
高坪汽车站
阳光威尼斯酒吧街
清溪路
川北医学院
西河大桥
市中医院
临溪街
永荣街
318
万卷楼景区
玉屏公园
红十字医院
市第二中医医院
南门中街
南充职业技术学院高坪校区
陈寿路大桥
沪蓉高速
G42
兰海高速
汽车客运站
火花路
嘉陵区
嘉兴路
学府路
嘉陵江大桥
姚家沟生态区
嘉陵区人民医院
212
G75
北宝山生态区
长城南路

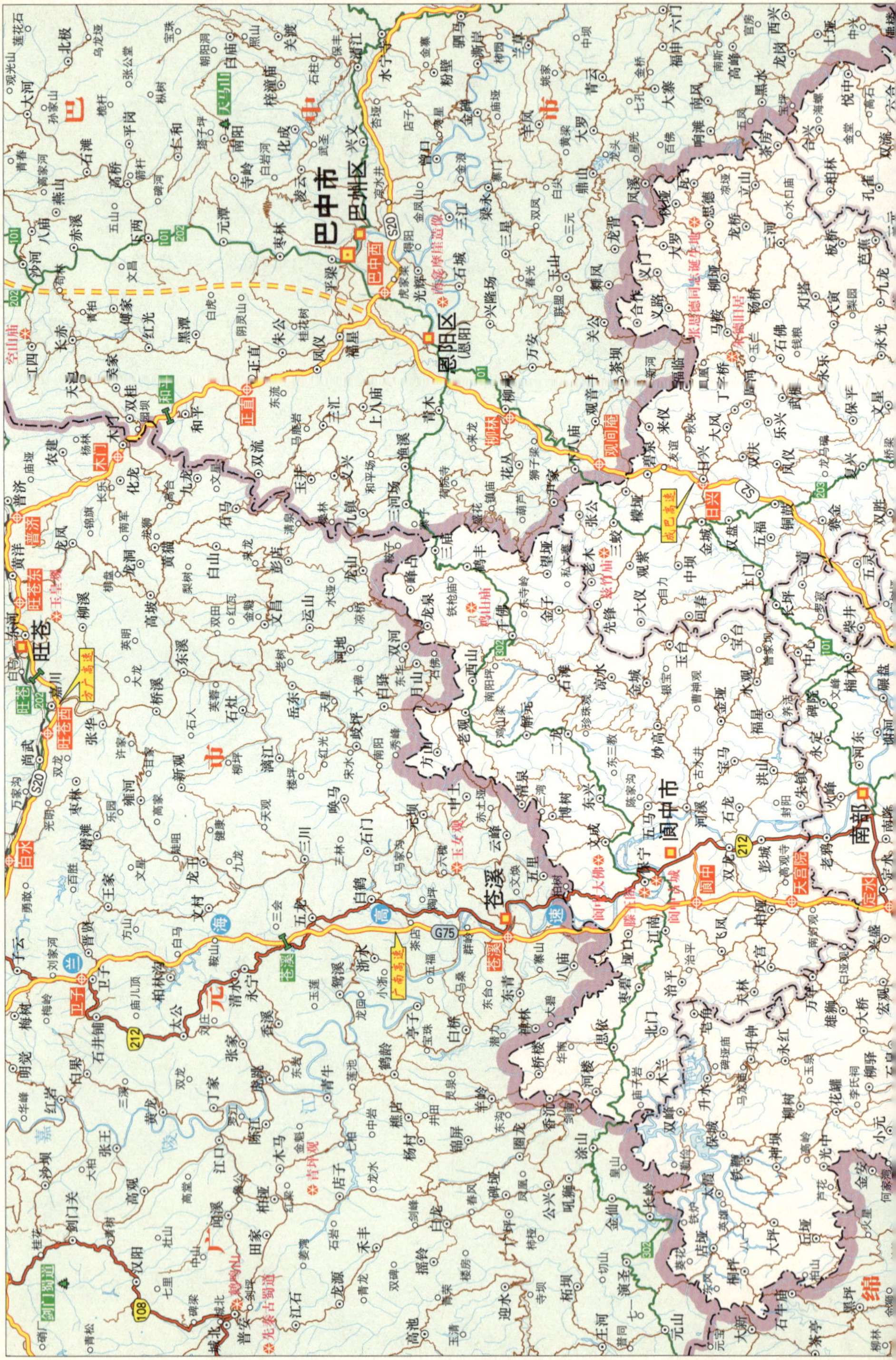

仪陇
营山
蓬安
南充市
顺庆区
高坪区
嘉陵区
西充
渠县
射洪
蓬溪
遂宁市
市中区
船山区
盐亭
岳池
广安区
广安市
华蓥市
邻水
重庆市
成南高速
南广高速
G42
G75
G93
G5515
S2
318
212
210
204
203

遂宁市

遂宁市位于四川盆地中部，涪江中游，南距重庆146千米，西距成都147千米，有“东川巨邑”、“川中重镇”和“小成都”之称。遂宁英才辈出，人文荟萃。初唐诗人陈子昂、明代著名女诗人黄峨、清代廉吏名臣张鹏翮、清代著名诗人张船山皆为遂宁人士。遂宁钟灵毓秀、山清水秀，自然资源丰富。境内华美的金华山，清波浩渺的赤城湖，千年古刹灵泉寺，被誉为“东方仙画”的宝梵壁画等风景名胜，吸引了国内外众多游客。发端于北宋庆历年间，已有近千年历史的大英卓筒井采盐卤技术，开创世界钻探之先河，被誉为世界石油钻井之父。此技术至今还有“大顺灶”等18眼井保存，以见证古老的历史。

行政区类别：地级市
电话区号：0825
面积：5325平方千米
人口：382万
邮政编码：629000

交通资讯

遂宁火车站
电话：0825-2330733
遂宁汽车南站
电话：0825-2620662
遂宁汽车客运总站
电话：0825-2620662
遂宁汽车中心站
电话：0825-5870090

广德风景区

风景名胜

◆大英死海

位于遂宁市大英县，距遂宁市12千米，这是一个形成于1.5亿年前的地下古盐湖，据说是以享誉中外的“卓筒井”技术将深藏地下3千米的盐卤水汲取上来后建成的，是与中东的死海遥相对应的“中国死海”。

门票：230元。

交通：在大英东站乘坐5路公交车，在梨园桥下车。然后在梨园桥打出租车直接到死海门口。

∷大英死海

◆观音故里

称为广德寺，坐落在遂宁城西2千米处的卧龙山间，是皇帝赐封的中国观音的著名道场。寺园森林330余亩，庙宇建设规模之大名冠全川，明代原始建筑居于全省之首。始建于唐代开元年间，距今已有1280多年历史。唐大历十三年（788年）敕封为“禅林寺”，明朝正德年间（1506-1521）敕名“广德寺”。

∷广德寺

门票：灵泉风景区，门票：40元；广德风景名胜区，门票：40元。

◆灵泉寺

位于遂宁城东灵泉山，与广德寺隔涪江相望。寺庙依山而建，苍松古柏，绿树成荫，建筑宏伟壮观，历来为川中名胜。灵泉寺分上、下两寺：下寺建在灵泉山麓，建有大雄殿、天王殿、文昌殿、古佛殿等十二殿堂；上寺建于灵泉山顶，有观音殿、祖师殿、眼光殿等九个殿堂，还有新建的观音阁。

∷灵泉寺观音阁

◆龙凤古镇

在遂宁文化旅游迅速崛起的背景下，龙凤这片土地下沉睡的古老文明又一次奇迹“复活”。距今已有2000多年历史的龙凤古镇，拥有独特的水系景观资源和观音文化资源。游客在此不仅能领略川中少见的水乡风景，更能充分感受观音文化的深厚洗礼。

◆陈子昂故里文化旅游区

位于射洪县城北20千米处的古镇——金华镇，是一个“半城山水半城诗”的千年古镇。因“一代文宗”陈子昂生于斯长于斯，加之此地山明水秀，故名闻遐迩，享誉中外。素有“川中小蓬莱”之誉的金华山，就坐落在古镇以北，前山崇道，后峰尚儒。前山有1500年历史的金华山道观（蜀中四大名观之一），后山是陈子昂学成之地——读书台。

◆赤城湖

位于蓬溪县城西1.5千米处，因蓬溪县城别称“赤城镇”而得名。赤城湖是蓬溪人民在20世纪70年代截断文井河、南充马桑河的水源汇集而成的人工湖。湖面330多万平方米，湖中岛屿清幽，白鹤翔空，锦鳞戏水，山光水色，分外秀丽。

◆高峰山

位于蓬溪县北25千米处，又名高凤山，是得天独厚的灵岳福池，有“蜀北第一名山”、“川中第一峰”之称。高峰山坐西面东，灵秀宜人，山上寺庙全部建筑均为木结构，整个建筑群按《周易》八卦设计修建，国内罕有。

::高峰山

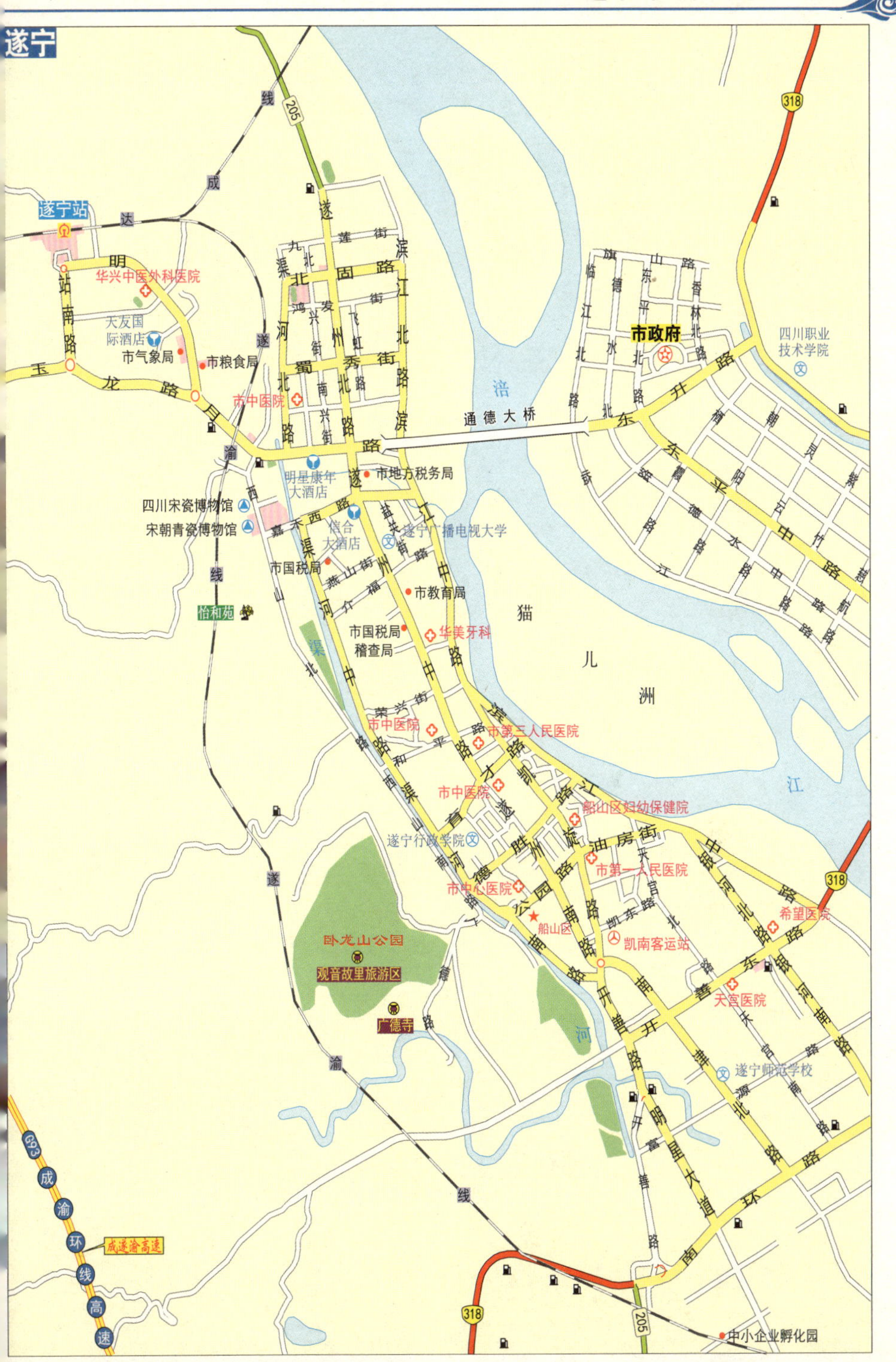
遂宁
遂宁站
市政府
四川职业技术学院
通德大桥
涪江
猫儿洲
华兴中医外科医院
天友国际酒店
市气象局
市粮食局
市中医院
明星康年大酒店
市地方税务局
四川宋瓷博物馆
宋朝青瓷博物馆
信合大酒店
遂宁广播电视大学
市国税局
市教育局
市国税局稽查局
华美牙科
怡和苑
市中医院
市第三人民医院
市中医院
船山区妇幼保健院
遂宁行政学院
市第一人民医院
市中心医院
船山区
凯南客运站
希望医院
卧龙山公园
观音故里旅游区
广德寺
天宫医院
遂宁师范学校
中小企业孵化园
成遂渝高速
G93 成渝环线高速
达成线
遂渝线
205
318

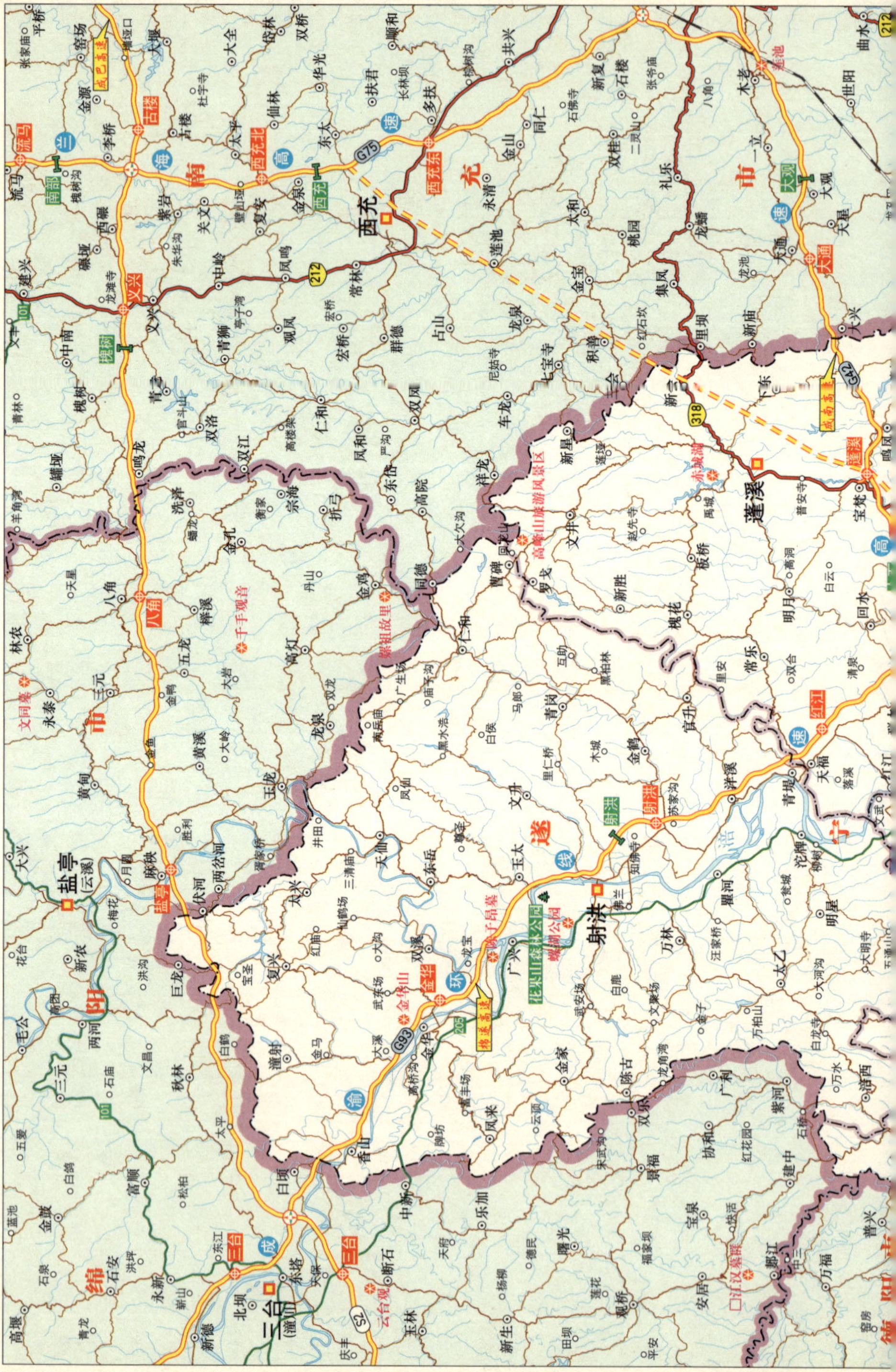

遂宁市
船山区
安居区
大英
乐至
安岳
潼南
重庆市
广安市
资阳市
遂宁东
遂宁南
遂宁西
蓬南
米心
横山
白马
保石
龙门
仓山
隆盛
桂花
永兴
金桥
西眉
磨溪
双江
四方
长河
通贤
安岳石刻
灵泉寺
广德寺
龙凤古镇
吴家祠堂
观音寺
净宗寺
九龙寺
遂资高速
遂内高速

广安市

广安是我国改革开放总设计师——邓小平同志的故里。这里有丰富多彩的人文景观。邓小平故居淳朴庄严，吸引着中外游客；华蓥山游击队及双枪老太婆、江姐、许云峰等人的事迹有口皆碑、有踪可觅；华蓥宝鼎是我国八大佛教圣地之一，曾有庙宇30余座，极盛时僧众达千余人，素有“东朝宝鼎，西朝峨眉”之称。

行政区类别：地级市
电话区号：0826
面积：6344平方千米
人口：470万
邮政编码：638000

交通资讯

广安汽车总站
电话：0826-2222461
广安中心客运站
电话：0826-2349200
华蓥汽车站
电话：0826-4821155

::广安

华蓥山

风景名胜

◆华蓥山旅游区

位于四川盆地东部，由北向南纵跨四川、重庆15个县、市，延绵300余千米。华蓥山最高峰高登山，海拔1740.1米，也是四川盆地低部最高峰；次高峰宝鼎，为华蓥山主峰，海拔1590.8米，是全国八大佛教圣地之一。华蓥山从唐代起就是川东北佛教圣地，有“小峨眉”之称。主要景点有华蓥山石林、华蓥山大峡谷、华蓥山宝鼎等。

门票：107元。

交通：先坐车到华蓥，华蓥有专车直达华蓥山石林。

◆宝箴塞

宝箴塞依山而建，闽南团城建筑风格，有江南民居特色，房屋设计精巧，重叠有序，古色古香，独具特色。由唯一塞门登上塞顶的瞭望楼（共三楼一底），放眼四周，山清水秀，潺潺流水的迷人景色依稀可见。行至塞墙上，通道四通八达，墙上均有枪口垛眼，成斜式，可以相互照应打击任何一个目标，为保护塞内安全而设置，有极其重要的军事价值。

天井：现存的8个天井，大小各异，皆具特色，各成体系，密不可分，且井井相连，道道相通，使居住十分便达，是古塞建筑的奇葩。形状有方形、棱形、圆形、三角形等，是根据塞内的方位八卦设置，建造精细，雕塑典雅。

宝箴寨：又名方家沟古寨，地处川东丘陵地带，因“艰难缔造而成，保世滋大，遗泽长留子孙，世当宝贵之，作为家箴用垂久远”得名。宝箴寨始建于清朝宣统二年（1910年）秋，为当时段氏家族集体修建的族寨，是集军事防御、生活起居于一体的全封闭式川东民居建筑群。

段家大院：是宝箴塞的重要组成部分，当时建有朝门三道，戏楼、看台、花园座，天井、水井、饭堂、仓储、厕所等生活设施十分完备，院坝由1.5米的条石铺成，数十米的回廊使整个大院连成一体，构成了天然壁回的四合院落，是古院建筑中的典范，有极高的古院建筑研究考察价值。

门票：25元

电话：0826-6492303

地址：武胜县农林乡方家沟村

交通：宝箴塞距广安城区70千米，武胜县汽车站有公交车通往景区。

◆邓小平故里

建于2001年，其核心区为邓小平纪念园。园内按文物维修原则修缮了邓小平故居、蚕房院子、翰林院子、德政坊、神道碑、放牛坪、清水塘、邓家老井、洗砚池、邓绍昌墓等近20处邓小平同志青少年时期的活动场所，并修建了邓小平铜像广场和邓小平故居陈列馆。

邓小平铜像广场：三面环山，绿树环绕，翠竹葱葱，形似座椅，邓小平铜像矗立在广场中央，坐北朝南，既庄重肃穆又幽静亲切。

翰林院子：坐西朝东，是一个大而气派的四合院。整个院子共有大小房屋36间，由朝门、戏楼、厅堂和厢房组成，建筑十分精美，雕刻颇具特色。邓小平5岁入翰林院子读书，学名邓先圣。

邓家老井：是明朝时邓家先祖迁入广安时挖掘的，距今已有500多年。井水常年充沛，水面始终高出地平面60厘米，溢出井沿，涓涓流淌，终年不断。

神道碑：清朝嘉庆年间朝廷为表彰邓小平先祖邓时敏的功德赐造的。碑高约5米，碑石上竖正书“诰授通奉大夫大理寺正卿邓公神道”。遗憾的是，原碑在“文革”中被毁。此碑于2000年重建，2003年3月修复完善。

德政坊：离神道碑约100米处的牌坊叫德政坊，它与神道碑一样，是当时朝廷为表彰邓小平先祖邓时敏的功德赐造的。牌坊村正是由于有了这座牌坊而得名。原牌坊在“文革”期

∷德政坊

∷邓小平故居陈列馆

间被毁，此牌坊于2002年8月在原址按原牌坊形制复建。

邓小平故居陈列馆：由江泽民同志题写馆名。陈列馆坐西向东，一字排开，三个青瓦坡形屋面，三叠三起，一起比一起高，最后耸立起一座丰碑，蕴寓着邓小平“三落三起”的传奇人生和丰功伟绩。陈列馆主要包括有一个序厅、一个珍藏厅、三个陈列布展厅、一个多功能影视厅、一个机动展厅以及相关的辅助用房。邓小平故居陈列馆的又一个亮点是先进的电影厅和精彩的电影短片《您好，小平》。邓小平故居陈列馆影视厅位于陈列馆序厅左侧，可容128人同时观看电影。

邓小平故居:位于广安市广安区协兴镇牌坊村，距广安市区7千米，占地833.4平方米，建筑面积620平方米。邓小平故居建于清末，为悬山式穿斗木结构三合院农家平房建筑，坐东朝西，青瓦粉壁，共17间。

交通：成都城北客运中心、新南门车站、梁家巷车站有车发往广安。广安市有公交直达邓小平故居。

◆肖溪镇

位于广安县境内。肖溪曾是客商云集之地，街道两旁的廊檐非常独特，是一个古朴而安静的小镇。肖溪古代称为“龙凤洲”，传说有龙凤飞翔而得名。明末清初湖广填四川时，有肖姓移民于此，故称“肖家溪”，肖溪镇因此得名。肖溪古镇是极具明清特色的水运码头。小街的街面因为是用青石板铺成，显得参差不齐，凸凹不平，但错落有致，古朴淳厚，韵味独特。而明清的建筑风格，更是古色古香，淳厚雅致。堪称巴蜀保存较为完好的一座古场镇。

电话：0826-2595603

地址：广安市广安区东北部

交通：肖溪古镇距广安城区65千米，广安汽车总站有通往肖溪古镇的旅游专线车。

◆神龙山巴人古堡

因其山势突兀险要，蜿蜒欲飞呈腾龙之状而得名。这里曾经是古代巴国的要塞和朝圣、祈福、观天会合的场所。古堡由数万块重以吨计的条石构建而成，所以又称巴人石头城。这座城堡始建于2000多年前的战国末期，是古代巴人为保护当时的国都江州（重庆）和后来的阆中而设立的军事要塞。它的建筑特色鲜明，是“用石头在石头上建起来的石头城”，有“东方特洛伊城”的美称。

门票：30元，儿童1.1～1.4米半票，1.1米以下免票。

开放时间：7：00～19：00

地址：位于广安市区南郊，距市中心仅1.5千米。

◆广安白塔

又名“舍利宝塔”，南宋淳熙至嘉定年间（公元1174~1224年）安丙所建，位于广安城南2千米渠江聋子滩侧。塔与对面奎星塔遥遥相对，“仰视远观，秀出云表”，即“白塔凌云”，名列广安旧志十六景之首，明代吴中龙赞道：“浮图高耸接天幽，素影层层映碧流。竹径斜穿通古寺，柳丝轻曳拂渔舟。遥瞻雉堞重云合，俯瞰渠江一线收。雅倩人工扶地脉，巍巍文笔壮千秋。”

建筑特色：塔为四方形，塔身为砖石结构仿木楼阁式建筑。塔中空，层与层之间有阶梯，可登至塔顶。无塔刹，顶部四方相通。第二层临江一面有“如来须相，舍利宝塔”八字。

门票：5元

◆安丙家族墓地

是南宋（公元1127~1279年）资政大学士、少师安丙及其家族墓地。墓地规模宏大，墓内结构反映了宋代古建筑的独特风格，尤其是浮雕、动植物、器乐等图案情态自然，形象逼真，堪称一绝。墓内石刻内容广泛，涉及人物、动物、植物、建筑、神兽、兵器、乐器等。墓中出土了许多文物精品，包括金、银、铜币，金、银、铜、玉、陶等不同质地的器物，以及大量的三彩俑。还有一方墓志，铭文长达5000余字，详记安丙生平事迹。墓地地面建筑遗址内则保存有水沟、石象、阶梯、雕刻等。安丙家族墓地保存十分完好，是迄今为止国内保存最好、规模最大、级别最高、最具艺术价值的一处宋代家族墓地。墓内发现的大量精美石刻和珍贵文物，堪称13世纪文物的精粹。

门票：免费

开放时间：淡季每天9：00～16：30；旺季每天9：00～17：00；每周一闭馆。

地址：华蓥市双河镇昭勋村

◆仙鹤洞风景区

位于广安华蓥市溪口镇六池堡，为喀斯特自然地貌造就的溶洞。据传，仙鹤洞的“仙鹤”，是武汉黄鹤楼的黄鹤飞临至此，见此处风光秀丽，洞景壮观，就在该洞长久地住了下来，故名仙鹤洞。仙鹤洞风景区自然景观独特，主要景点有一山、五洞、二峡谷，即双狮山、仙鹤洞、曹家洞、双狮洞、观音洞、尤家洞、五岔沟峡谷和逍遥峡谷，是集山高、岩危、水急、峡险、林深、洞奇于一体的旅游风景区。

门票：20元。

◆沿口古镇

地处武胜县城，古称封山镇。始建于宋代，现多为明清建筑。沿口古镇是嘉陵江流域第二大回民聚居地，极具伊斯兰特色。到沿口古镇，半边街是不能不看的。它始建于明末清初，完整地保存了明清时代的石砌街面特色。令不少古建筑和旅游文化专家称奇的那一条条石板街道，那丰富多彩的特色文化，那数千间木结构、青瓦屋面的传统民居形成的规模宏大的古建筑群，也给享受惯了都市风情的人们以莫大的怀古幽情。

◆思源广场

广安市城南具有现代气息的综合性城市广场，是纪念邓小平同志百年诞辰的重点工程之一。整个广场由迎宾广场、中心广场、水景广场、宝鼎广场和四季花海五部分组成，集纪念、观景、集会、文化交流、娱乐休闲等功能于一体。广场内有世界上最大的青铜宝鼎——“实事求是”宝鼎，宝鼎正面铸有鼎名“实事求是”四字，背面铸“解放思想”四字。思源广场的构思是“饮水思源”，以水为主题，以宝鼎为中心。

交通：乘3、5、7、9路公交车可达。

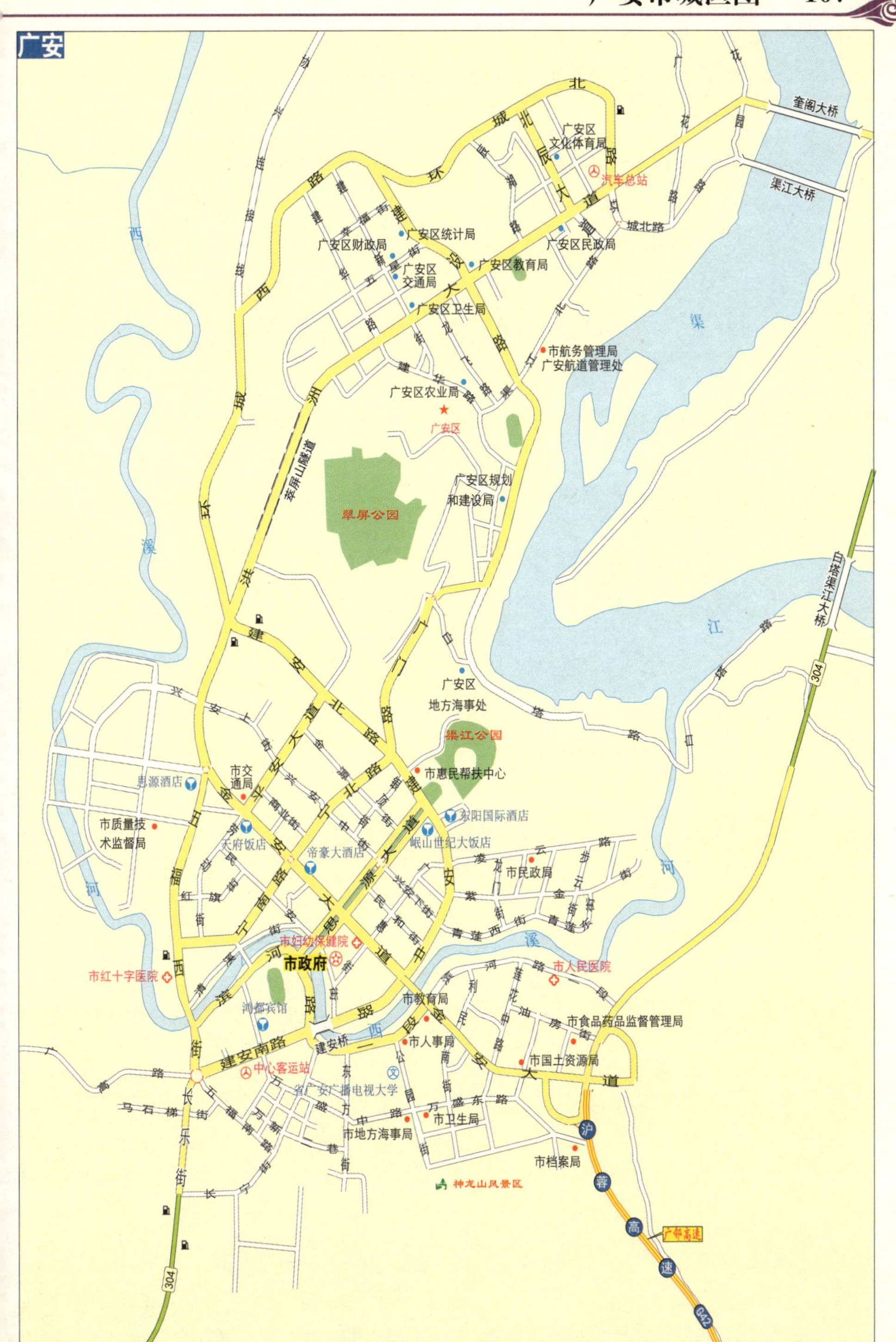
广安
奎阁大桥
渠江大桥
广安区文化体育局
汽车总站
城北路
广安区统计局
广安区财政局
广安区交通局
广安区教育局
广安区民政局
广安区卫生局
市航务管理局
广安航道管理处
广安区农业局
广安区
翠屏公园
翠屏山隧道
广安区规划和建设局
白塔渠江大桥
广安区地方海事处
渠江公园
市交通局
思源酒店
市惠民帮扶中心
东阳国际酒店
市质量技术监督局
天府饭店
帝豪大酒店
岷山世纪大饭店
市民政局
市妇幼保健院
市政府
市红十字医院
市人民医院
鸿都宾馆
市教育局
市食品药品监督管理局
建安桥
市人事局
市国土资源局
建安南路
中心客运站
省广安广播电视大学
市卫生局
市地方海事局
市档案局
神龙山风景区
广邻高速
沪蓉高速
G42
304
渠江
西溪河
北城环路
北辰大道
城西环路
建安北路
兴安大道
宁南路
洪洲大道
白塔路

共兴
大林
搬罾
龙蚕
麻杨河
中华
金山
同仁
潆溪
龙门
御史
凤凰
会龙
海田
石佛寺
荆溪
凤凰
天成
罗家
新复
小龙
板桥
学堂沟
双桂
南充市
嘉
小龙
充
喻家
兴旺
济渡
市
二灵山
石楼
舞凤
螺溪
马家
柏树林
长乐
隆兴
花厂
张爷庙
青松
走马
礼乐
顺庆区
高坪区
老君
东观
南江
西林沟
凤石
吕厂
银汉
八角
青莲
沪
斑竹
南充
南江
胜观
长生
一立
木老
嘉陵区
梯子坎
蓉
鱼峰
郑山
莲池
都京
永安
万家
凌云山
罐子垭
五圣庙
大观
文峰
黄溪
东板
天平
猫儿山
黄龙
郪家
长田
世阳
青居
团结
南广高速
付家坳
曲水
阙家
观音寺
顾县
顾县
兴平
南充南
秦溪
观音寺
兴隆
双鄢
悦来
陵
高
苟角
河西
同兴
新建
百家店
中和庙
巨石
长虹
大石
移山
溪头
全民水库
古佛
火星
药铺
响水滩
锌堂沟
向家祠堂
高穴寺
三教寺
石圭
恐龙
北城
彭家
龙岭
李渡
新场
西溪
花园
岳池
观音寺
金凤
兰
平安
水竹林
风火墙
粽粑
岳池
玉皇观
土门
西板
速
龙安
浓溪
岳池
石鼓
罕民桥
杨柳铺
白庙
华兴
临江
镇裕
经三场
高垭口
大石
班竹
吉安
糖坝
龙孔
回龙沟
八一
坪滩
坪滩
曙光
新场
广
朝阳
石垭
红庙
广门
五桐庙
关坝
烈面
建设
石亭
东山
乔家
嘉陵
排楼
三溪
广罗
高石
赛马
礼安
麻柳
鼓匠
花板
遂
陈家岭
双堰
华严
向家庙
宁
南峰
白石岩
金牛
金光
青松
石盘
海
飞龙
文昌寨
齐福
东原
武胜
钟鸣
胜利
212
白坪
普安
市
群利
天台
中和场
龙女
304
304
宝箴寨
屈家坝
罗渡
万善
武胜
猛山
宝箴寨
新建
石佛寺摩崖造像
大佛
二郎
千佛岩
方滩
武胜
宝龙
华封
香山寺
裕民
赛龙
香山
金盆
半月寺
燕窝
万隆
新学
旧县
渝武高速
乐善
玉家
常青
大中坝
书房
肖家
四碑
龙滩
罗湾
永胜
赵沟
朗山庙
长乐沟
龙庭
中心
街子
中山
香龙
龙凤
云集寺
清平
街子
龙形
高
沙鱼
育婴
吊脚楼
东角
白鹤
三庙
鹅形
南溪
真静书岩
龙市
真静
兴山
团山
中心
二庙
板墟
渭溪
隆兴
钱塘
涞滩
玉河
古楼
玉觉
上游
龙堡
钱塘
白云
永兴
上和
高坪
槐花
兴胜
水寺
小沔
白玉
高岩
佛阁
白阳
新寺庙
沙坨
石门
石窝
阜陵
云门
老庙
别口
太和
川主庙
大石
308
三汇
玻仑
云门
官渡
广口
狮滩
报恩
安全
重
小河
马鞍
庆
市
黄花
蒿河
转角
速
自生
沙溪
维新
合阳
110
高楼
渭沱
大岚
双凤
G93
油桥
利川
小塔
草街
田坝
曹基

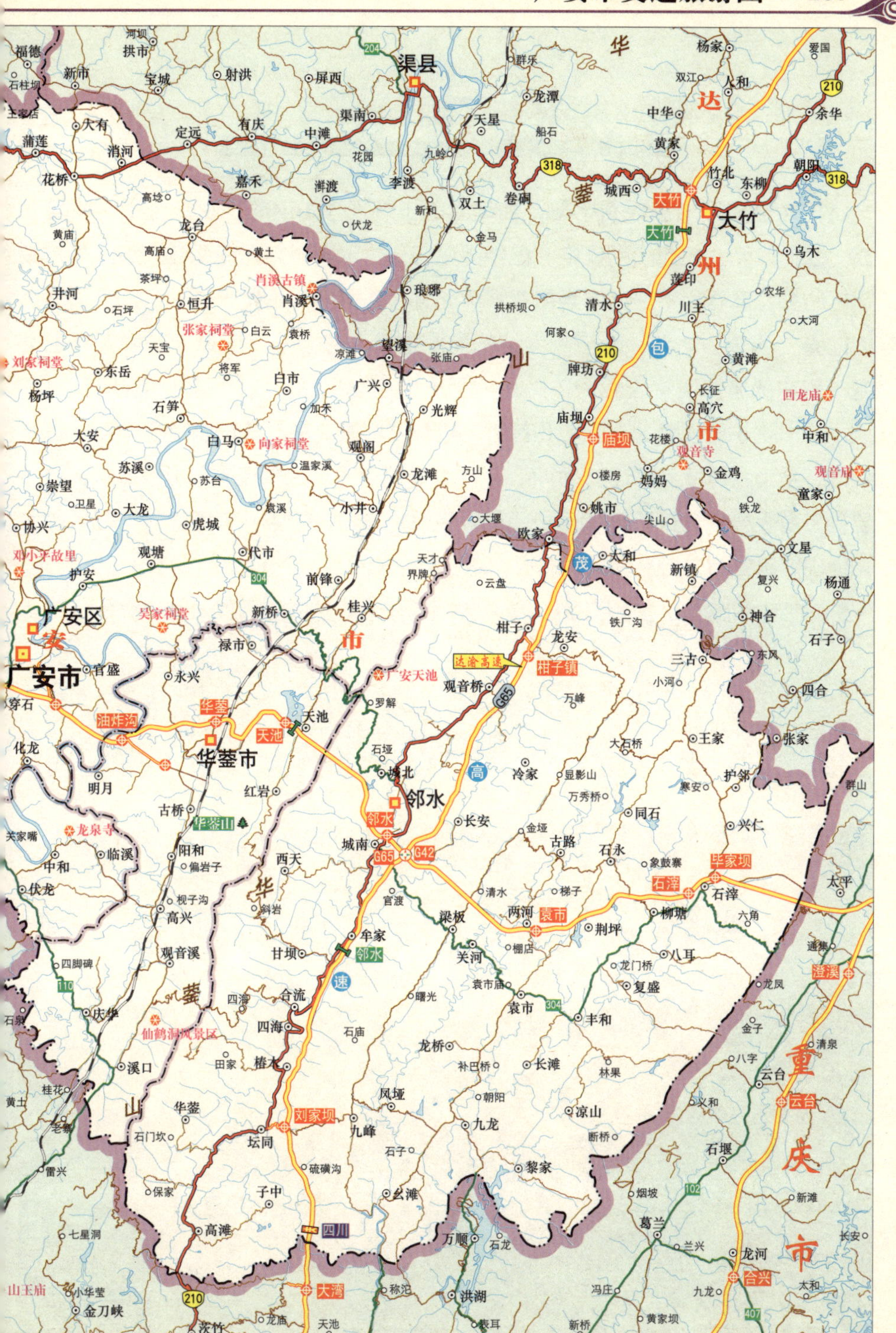
渠县
大竹
广安区
广安市
华蓥市
邻水
华
蓥
山
达
州
市
重
庆
市
安
市
包
茂
高
速
达渝高速
柑子镇
大竹
庙坝
邻水
天池
华蓥
油炸沟
石滓
华家坝
袁市
刘家坝
大湾
澄溪
云台
合兴
四川
肖溪古镇
张家祠堂
刘家祠堂
向家祠堂
邓小平故里
吴家祠堂
广安天池
龙泉寺
华蓥山
仙鹤洞风景区
回龙庙
观音寺
观音庙
山王庙
318
210
204
304
110
102
407
G65
G42

巴中市

巴中位于四川盆地东北部，地处大巴山系米仓山南麓，东起达州、南接南充、西抵广元、北连陕西汉中。巴中历史悠久，汉高祖刘邦在南江大坝建牟阳城筑巴峪关，萧何月下追韩信至截贤岭。此外，境内拥有始建于梁魏、盛镌于唐代的南龛、西龛、北龛、水宁寺等地的摩崖造像。这些石窟造像被国内外专家誉为“巴中盛唐彩雕全国第一”，是全国十大石窟之一。巴中还是全国第二大苏区——川陕革命根据地的中心和首府，素有“红军之乡”的美誉。巴中自然资源丰富，全市森林覆盖率达35.91%，堪称“绿色宝库”。南江北部山区浩翰的林海里栖息着黑熊、金钱豹等20多种国家野生保护动物，被中外专家称为“四川盆地北缘山地重要的生物基因库”。

行政区类别：地级市
电话区号：0827
面积：12301平方千米
人口：389万
邮政编码：636000

交通资讯
巴中东城客运站
电话：0827-2266278
巴中江北客运中心站
电话：0827-5262565

::光雾山

::南龛石窟

风景名胜

◆南龛摩崖造像

位于巴中市的南龛公园内，南龛摩崖造像共2400余尊，集聚了佛教里的显宗、密宗、净土宗等各派的造像，手法以平民化的写实为主，且全都保存完好，堪称一绝。

门票：10元。

交通：成都城北客运中心、新南门旅游客运中心有车发往巴中。

◆川陕苏区将帅碑林

位于巴中市南郊南龛山顶，是中国目前最大的红军碑林。现已建有：红四方面军主要将领纪念像园、刘伯坚烈士纪念像园、碑林长廊、红军将士英名纪念碑、吴瑞林将军纪念碑、标志碑、红军纪念碑、红军陵园、楹联长廊、将帅碑林纪念馆、观景台、思源湖。将帅碑林的建造，旨在纪念和缅怀中国工农红军第四方面军将士的丰功伟绩。

::红军将士英名纪念碑

◆川陕革命根据地博物馆

巴中，是革命的摇篮、红军的故乡，具有厚重的红军文化底蕴。1932年，徐向前、李先念等老一辈无产阶级革命家，领导人民在这里建立了全国第二大苏区——川陕革命根据地。川陕革命根据地博物馆坐落在巴中市巴州区城南南龛山半坡上，是收藏、研究、宣传川陕革命苏区革命文物和历史的专题博物馆。

◆南阳森林公园

南阳森林公园以其古朴的原始风貌、众多的旅游景点、奇异的珍禽兽类，吸引了国内外游客，被誉为川东北旅游线上的一朵奇葩。南阳森林公园景观独特，春夏秋冬，或春风轻拂，或骄阳似火，或云雾缭绕，或烟雨蒙蒙，景色各异，气象万千，美不胜收。

◆米仓山森林公园

位于四川盆地东北边缘的南江县北部，由牟阳故城、十八月潭、万字格三大景区组成。米仓山森林公园兼有平原气势和水乡风貌，其山秀如峨眉，林幽似青城，水清如九寨，十八月潭被誉为川东北的九寨沟。

◆光雾山

光雾山是一方神奇秀丽的自然山水，峰林俊美，洞穴幽深，山泉密布，林海浩荡，云蒸雾绕，有“中国红叶第一山”之称，也是电视剧《远山的红叶》的拍摄地。光雾山有桃园、大坝、大江口、神门、小巫峡五大景区，主要景观360多处，集秀峰怪石、峭壁幽谷、溪流瀑潭、原始山林于一体。

◆诺水河景区

迷人的风光，神奇的洞天，奥妙的大自然以其精美绝伦的艺术技巧，雕琢了一处令人陶醉的世外桃源。这，就是坐落在大巴山下的诺水河风景名胜区。诺水河主要景点集中在诺水河畔、临江峡谷、空山天盆、麻坝石林四大片区。诺水河还是通江银耳的发祥地，“九湾十八包”，数万亩耳林、耳山将诺水河景区装点得分外美丽壮观。

∷光雾山秋色

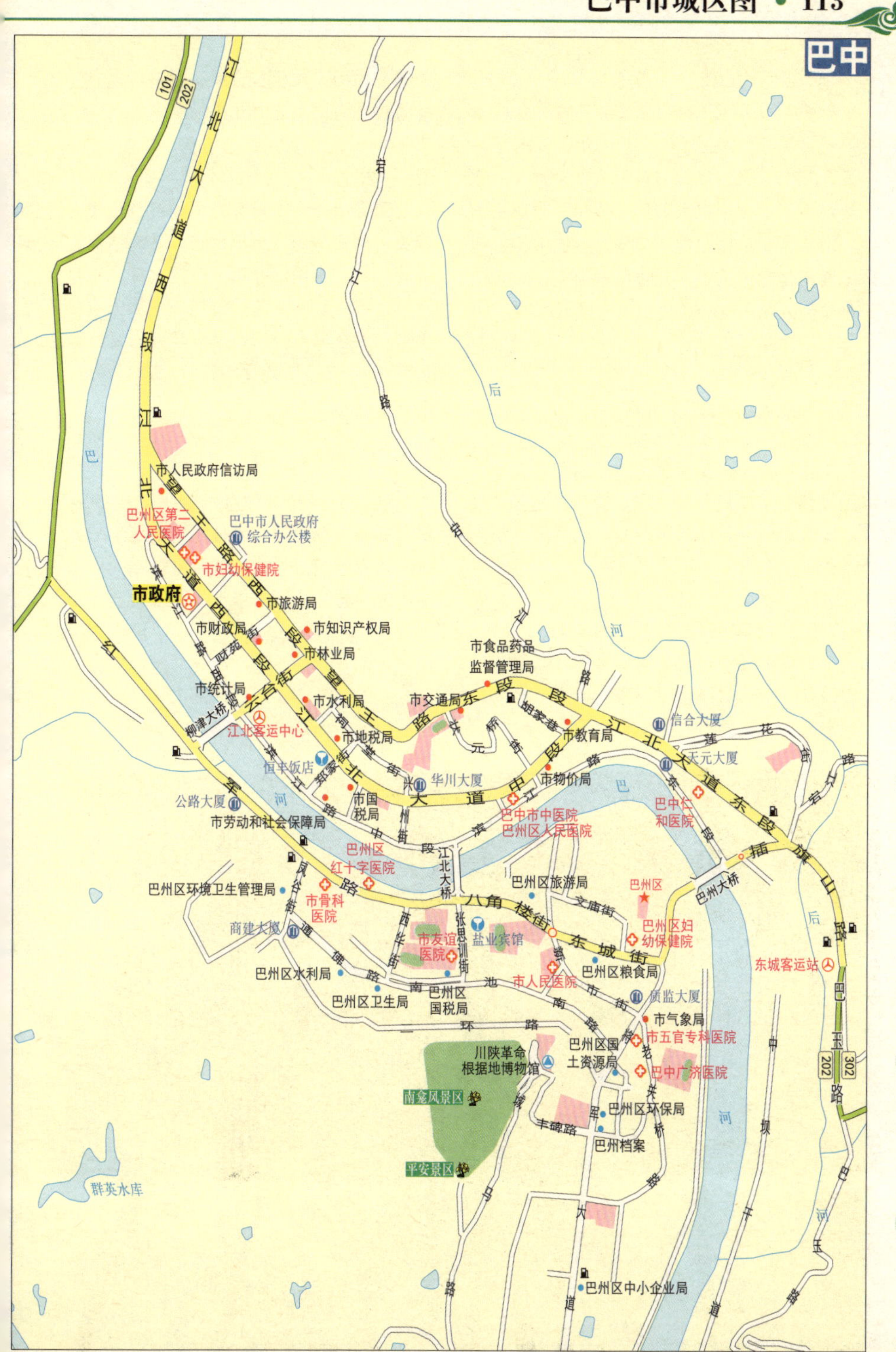
巴中
市政府
市人民政府信访局
巴州区第二人民医院
巴中市人民政府综合办公楼
市妇幼保健院
市旅游局
市财政局
市知识产权局
市林业局
市统计局
市水利局
柳津大桥
江北客运中心
市地税局
恒丰饭店
市国税局
公路大厦
市劳动和社会保障局
巴州区红十字医院
巴州区环境卫生管理局
市骨科医院
商建大厦
巴州区水利局
巴州区卫生局
巴州区国税局
市友谊医院
盐业宾馆
市人民医院
巴州区粮食局
质监大厦
市气象局
市五官专科医院
巴州区国土资源局
巴中广济医院
川陕革命根据地博物馆
南龛风景区
平安景区
巴州区环保局
巴州档案
巴州区中小企业局
群英水库
市食品药品监督管理局
市交通局
华川大厦
市教育局
市物价局
巴中市中医院
巴州区人民医院
巴州区旅游局
巴州区
巴州区妇幼保健院
信合大厦
天元大厦
巴中仁和医院
巴州大桥
东城客运站
江北大桥
八角楼街
东城街
文庙街
丰碑路
101
202
302

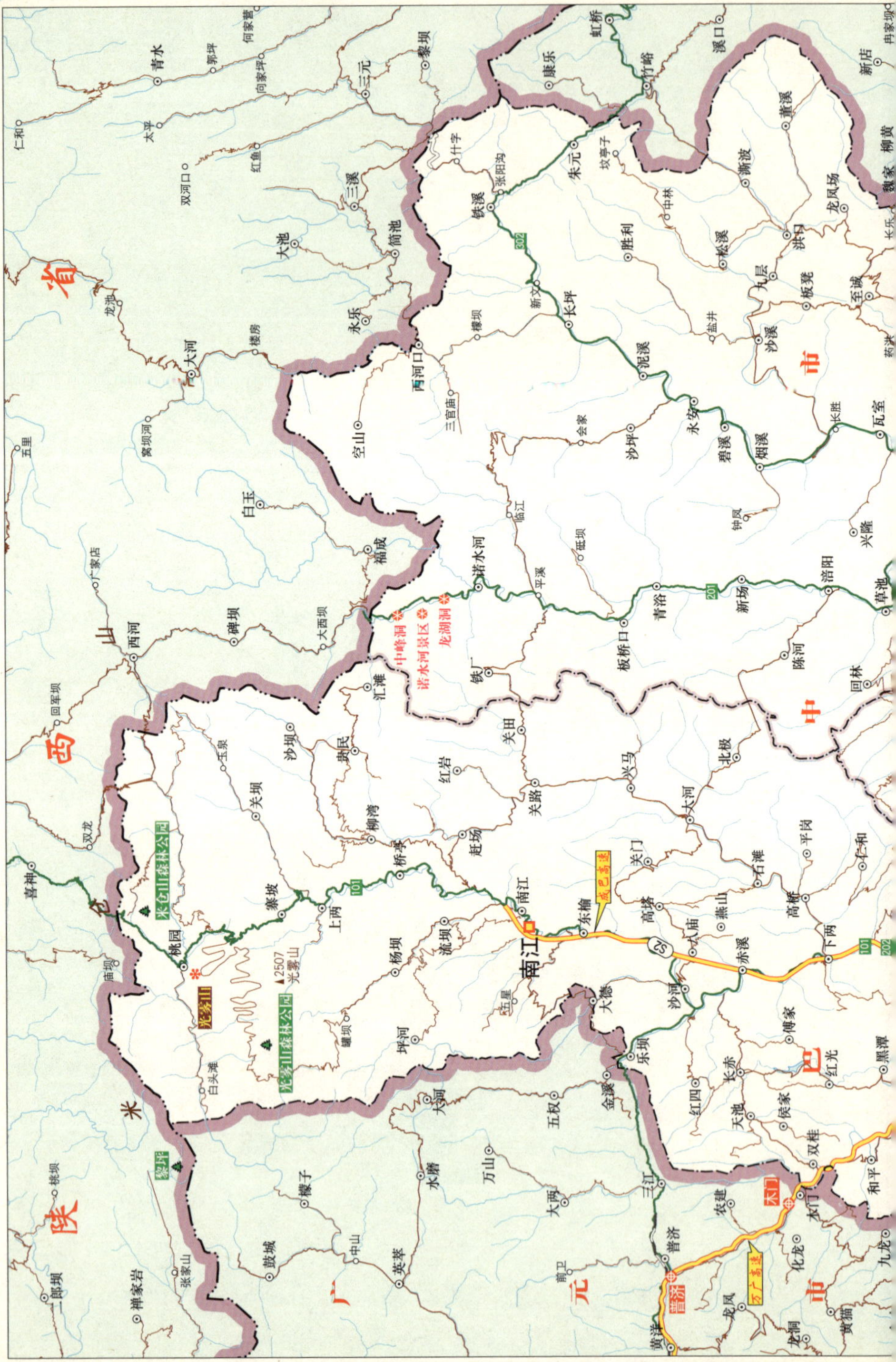
陕
西
省
广
元
市
巴
中
市
南江
光雾山
2507
米仓山森林公园
光雾山森林公园
光雾山
诺水河景区
中峰洞
龙湖洞
成巴高速
桃园
西河
大河
福成
空山
西河口
长坪
泥溪
永安
铁溪
朱元
竹峪
康乐
官渡
汇滩
沙坝
贵民
红岩
关田
关路
兴马
北极
大河
赶场
桥亭
柳湾
关坝
上两
寨坡
杨坝
流坝
坪河
东榆
高塔
燕山
赤溪
下两
沙河
大德
乐坝
长赤
傅家
红光
黑潭
红四
天池
侯家
双桂
和平
木门
九龙
普济
龙凤
黄洋
化龙
三江
金溪
五权
万山
大两
水磨
樟子
英萃
鼓城
碑坝
青水
三元
黎坝
三溪
大池
筒池
永乐
胜利
松溪
洪口
板凳
沙溪
烟溪
碧溪
沙坪
青浴
新场
涪阳
草池
板桥口
陈河
回林
兴隆
瓦室
龙凤场
九层
至诚
溪口
虹桥
新店
魏家
柳黄
喜神
双龙
回军坝
广家店
白玉
碾坝
诺水河
临江
铁厂
二郎坝
禅家岩

巴中市
巴州区
恩阳区
(恩阳)
通江
平昌
达州市
通川区
达川区
宣汉
南龛摩崖造像
成巴高速
万广高速
巴中西
巴中南
兴文
柳林
观音庵
日兴
正直
平昌
碑庙
安云
宣汉
罗江
徐家坝
达州
七里
普光
达州北
达州南
仰天湾
铁山
达
州
市
南
充
市

达州市

达州位于四川东北部，大巴山南麓，地处川渝鄂陕接合部，是四川省的人口大市、农业大市、工业重镇、交通枢纽和全国闻名的革命老区，素有“中国气都、巴人故里”之称，亦有“川东明珠”之誉。达州历史悠久，人文厚重。自东汉建县至今已有1900多年的历史，而距今约4000年的全国重点文物保护单位宣汉罗家坝巴人文化遗址，堪称我国古代文化瑰宝。在“川陕革命根据地”时期，达州人民为中国革命作出过无私奉献，徐向前、李先念等老一辈无产阶级革命家在这块赤色土地上留下了动人事迹。达州物产丰饶，资源富集，享有“中国苎麻之乡”、“中国黄花之乡”、“中国油橄榄之都”、“中国富硒茶之都”、“中国香椿第一县”的美称。自然景色绚丽多姿，森林覆盖率达到39.9%，拥有国家级风景名胜区、地质公园、森林公园10余处。

行政区类别：地级市
电话区号：0818
面积：16599平方千米
人口：690万
邮政编码：635000

交通资讯

河市坝机场
电话：0818—5950220
达州火车站
电话：0818—5315422
达州汽车北站
电话：0818—2371720

达州红旗大桥

∷达州体育馆

风景名胜

◆达州体育馆

位于达州市西外新区，塔石路以西，东西干道以北，占地面积9000平方米，建筑面积13984平方米。体育馆为三层框架结构，分底层、二层（中间为夹层）和三层，有3050 个座位。

交通：乘10路、14路、17路可达。

◆凤凰山公园

位于达州城北，因山形如凤凰而得名，是达州市面积最大的城市公园。四季林木葱郁，满山百鸟争鸣。凤凰山公园是“元九登高节”的主要场所，在这里举目远眺，州河像银色巨龙穿越而过，城市沉浸在茫茫烟云之中，天宽地广，美不胜收。

交通：乘2路、5路车在中心广场或文轩书店下车即可到达。

◆罗家坝巴人文化遗址

位于宣汉县普光乡进化村，全国重点文物保护单位。罗家坝遗址文化堆积丰富，与成都商业街古蜀大型船棺独木棺葬遗址、金沙遗址一道，被誉为“继三星堆遗址之后古巴蜀文化的三颗璀璨明珠”。

◆真佛山

位于达州七里峡山脉中段，佛教胜地。古庙、石塔、林海、秀峰、溶洞、湖水浑然一体，具有悠久的历史文化背景和淳朴深厚的民情风俗内涵。整个风景区主要由德化寺、玉佛寺、金刚寺、凌云寨等人文景观，以及胭脂湖、三仙石、海螺洞、莲花庵、云华山、刀脊梁等自然景观构成。与核心景区德化寺遥遥相对的一佛寺双塔，造形别致，工艺精湛，塔高21层，可谓全国之最。

门票：38元。

◆雷音铺森林公园

总面积3000余亩，公园内奇花异草、枯藤老树、小桥流水、珍禽异兽和成片的风景林让人心旷神怡。这里春日溢彩流香，夏日林海清凉，秋日层林尽染，冬日银妆素裹。既有名胜古迹的神奇，又有大自然的质朴。

◆百里峡

位于宣汉县东北边缘，以雄、奇、险、秀、幽著称。百里峡景区属喀斯特地貌，六大山脉托出十大主峰，平均海拔2200多米，常年云遮雾绕，婉若仙山。

◆賨人谷风景区

位于达州渠县城东26公里处。以奇山、秀水、幽洞、丽峡、飞瀑、湖泊、涌泉、怪石、古栈、茂林而著称，被誉为川东“小九寨”。

门票：55元。賨人穴居体验25元，老龙洞游船35元。

交通：渠县中心汽车站有到賨人谷的专车，车程2小时左右。

购物资讯

米城贡米

达州特产，因其最初原产米城乡，故而得名。米城贡米具有米粒油亮光泽、米饭滋和糯实等特点，同时还具有较浓的清香和甜味。

大竹醪糟

达州著名特产。四川的醪糟有很多种，以大竹醪糟颇为著名，又称“东汉醪糟，东柳醪糟”。成品具有色白汁清、甜浓爽口、酒香四溢的特点。

开江豆笋

豆笋，又名豆筋。开江豆笋属于绿色食品，采用优质大豆为原料，经过特殊加工而成。营养丰富，食用简单，味道鲜美，口感嫩滑，香嫩绵软。

达州脆李

口感爽脆，风味独特，深受广大消费者的喜爱，是达州市独具地方特色的水果，享誉川东及重庆地区。

达州脐橙

该品果皮深橙色或橙红色，较光滑；脐小、多为闭脐；囊瓣肾形，果肉脆嫩，多汁化渣，酸甜适中，风味较浓，高糖低酸、香甜可口，品质上乘，鲜食极佳。

达州苎麻

达州苎麻色泽均匀，有光泽，手感柔软，斑疵少，锈脚短，市场行情很好。

灯影牛肉

达州传统名食。牛肉片薄如纸，色红亮，味麻辣鲜脆，细嚼之，回味无穷。灯影，即皮影戏，用灯光把兽皮或纸板做成的人物剪影投射到幕布上。用“灯影”来称这种牛肉，足见其肉片之薄，薄到在灯光下可透出物象，如同皮影戏中的幕布。

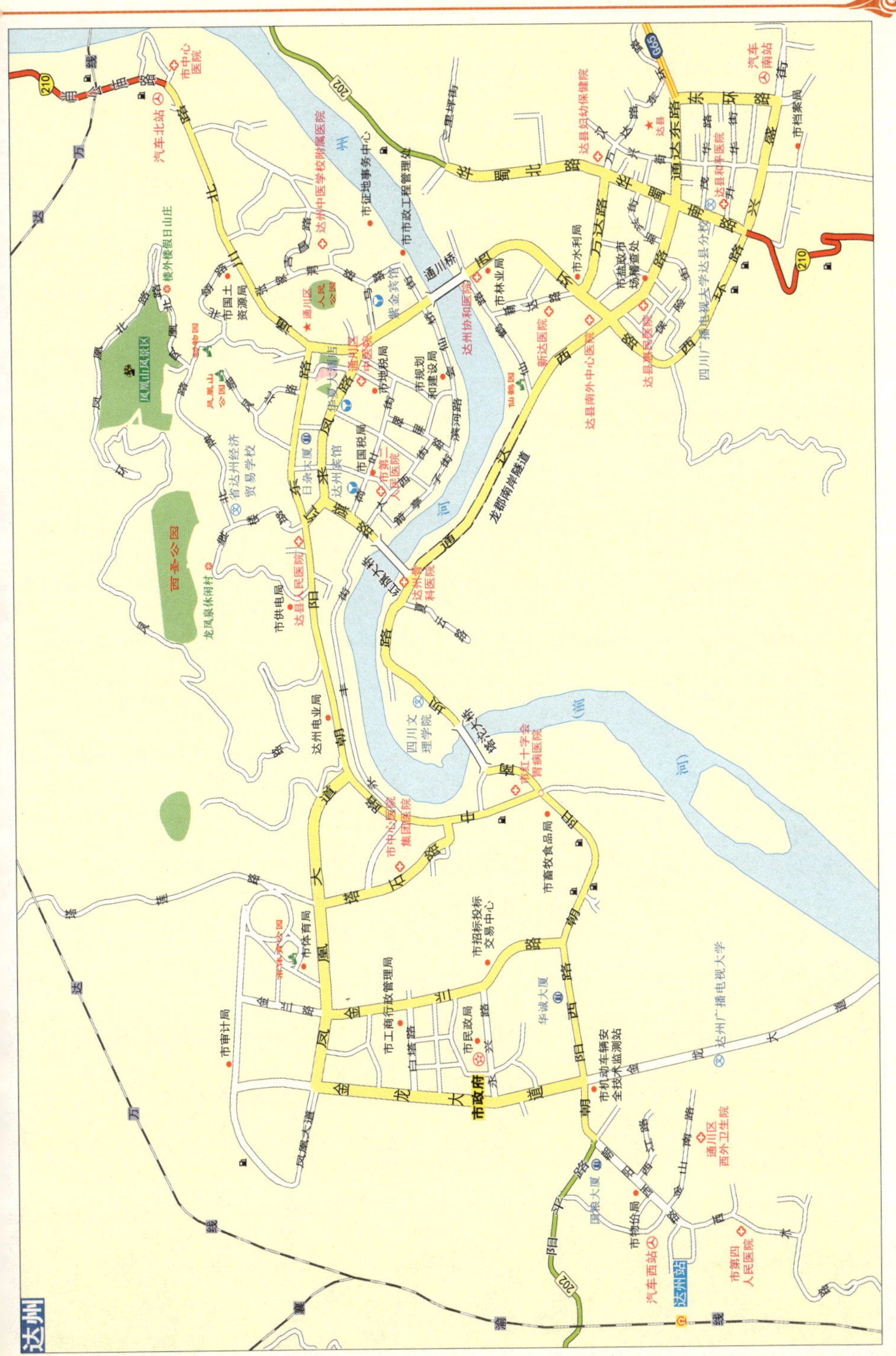
达州
汽车北站
市中心医院
达州中医学校附属医院
市征地事务中心
市市政工程管理处
通川桥
达州协和医院
市林业局
市水利局
达县妇幼保健院
达县
汽车南站
市档案局
达县和平医院
四川广播电视大学达县分校
达县南外中心医院
新达医院
达县惠民医院
龙都南岸隧道
凤凰山风景区
西圣公园
楼外楼度假山庄
市国土资源局
通川区
人民公园
紫金宾馆
市地税局
市规划和建设局
市国税局
达州宾馆
日杂大厦
市第二人民医院
省达州经济贸易学校
龙凤泉休闲村
市供电局
达县人民医院
达州骨科医院
四川文理学院
达州电业局
市红十字会胃病医院
市中心医院集团医院
市畜牧食品局
市体育局
市招标投标交易中心
市工商行政管理局
市民政局
华诚大厦
市审计局
市政府
市机动车辆安全技术监测站
四川广播电视大学
通川区西外卫生院
市物价局
汽车西站
达州站
市第四人民医院
州河
前河
210
202
G65

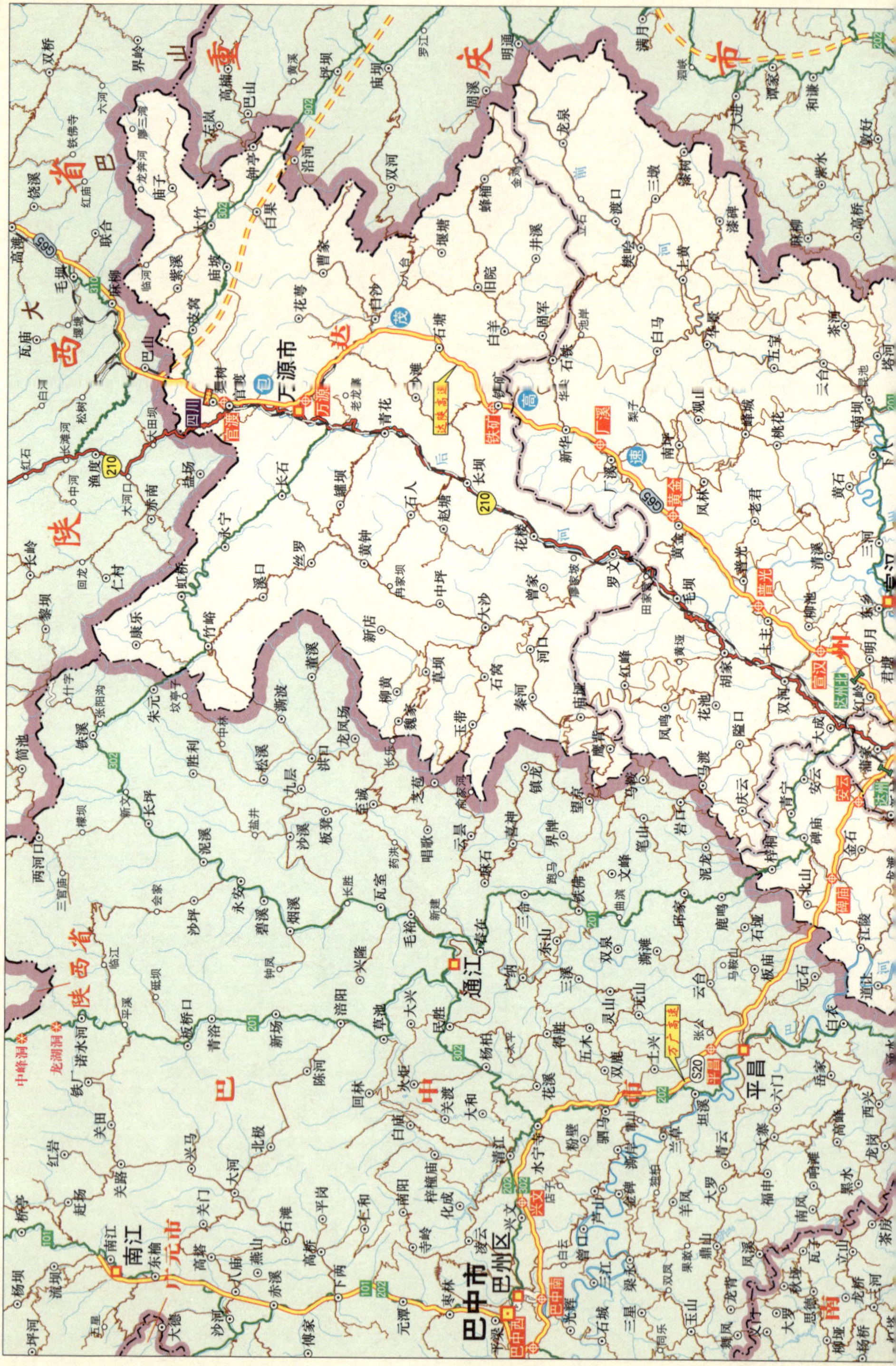

湖北省
重庆市
开江
达州市
通川区
达川区
大竹
渠县
广安市
广安区
华蓥市
邻水

资阳市

资阳人文古迹较为丰富，特别是始于南北朝、盛于唐宋的安岳石刻。此外还有资阳半月山大佛、河东大佛，简阳石景山“人头石”、“张飞营”，乐至陈毅故居、报国寺等名胜古迹。更有秀色可餐的简阳三岔湖、景色宜人的龙泉湖。古往今来，资阳地区哺育和造就了东周天文学家、孔子之师苌弘，西汉谏议大夫、辞赋家王褒，东汉中郎将、经学家董钧等古代“三贤”。

行政区类别：地级市
电话区号：028
面积：7971平方千米
人口：505万
邮政编码：641300

交通资讯
资阳火车站
电话：028-86488612
资阳汽车总站
电话：028-26122076

∷安岳石刻

圆觉洞

风景名胜

◆华严洞

此洞宽敞明亮，内有石刻造像159尊，主要是五代和宋朝之作，距今也有千年以上历史。华严洞正壁凿有华严三圣坐像。中间禅坐的是释迦牟尼，左为骑青狮的文殊，右为骑白象的普贤。洞的两边凿有十位弟子，他们坐姿颇为别致，或两脚分开盘坐，或双腿曲向一方而盘坐，以此掩护坐台。在弟子坐像上端，刻有佛家的“极乐世界”图案，以“众妙香国”、“剪云补衣”等10组浮雕构成。再缀以琼楼玉阁、奇花异草、甘露珠河、缥缈云彩等，烘托出“极乐国中无昼夜、花开花合伴朝昏”的极乐景象。

◆圆觉洞

位于安岳县城东南1千米处的云居山上，集石刻文化、自然景观、科普教育于一体。全国重点文物保护单位，国家AAAA级旅游景区。圆觉洞以造有十二圆觉而得名。佛家所谓“圆觉”，即“觉你、觉我、觉他、觉行圆满者”，意思是不分你我，人人都可以觉醒成佛。

门票：25元。

◆安岳石刻

在成都市东南约170多千米、安岳县境内。现存唐宋石刻造像140多处，10万余尊精美的摩崖造像，素有“中国石刻艺术之乡”之称。其中最著名的有卧佛院造像、毗卢洞造像、华严洞造像。

交通：这些地方有公路连接，交通车一般为摩托车和小面的。

◆卧佛沟藏经洞

卧佛沟南北两岩约800米长的悬崖峭壁上开凿有55个藏经龛窟，其中已具雏形或竣工的43窟，空经洞1个。

◆**弥陀寺**

弥陀寺原名东岳庙，始建于明代，废于1950年，1990年经县政府批准，在简城近郊升阳洞原莲池寺旧址重建，系钢筋混凝土古典造型。由山门、四殿、一洞和钟鼓楼、客堂、僧房、塔林院、放生池等组成。占地20余亩，工程浩大，气势恢弘，为当今简阳第一禅林，是中外宾客和佛教信徒汇集的一方净土。

◆**龙泉湖**

位于简阳西部龙尔山上，龙泉湖东西长12千米，南北宽4千米，水域内有孤岛14个，半岛14个。湖周山丘与湖内岛屿，花果成林，水质清澈，野鸭成群，游鱼粼粼。每到春夏，鸟语花香，山清水秀；秋冬时节，雾气茫茫，山水朦胧，倍感清幽。

◆**三岔湖**

位于沱江一级支流绛溪河上游的简阳三岔镇，有“天府明珠”、“成都后花园”之称。三岔湖于1993年列入《世界名湖录》，2001年被评为国家AA级旅游区。三岔湖景区内有“牛角大佛”、“凌烟雨阁”、“水上迷宫”、“水天一色”、“金桥映翠”、“古镇凭吊”、“柳暗花明”等20多个景点，是旅游、度假、疗养、水上运动的理想去处。

◆**半月山大佛**

位于资阳市雁江区碑记镇，因坐落于山形似下弦月的半月山而得名，为全省第三大坐佛。半月山大佛属摩崖造像，大佛端坐于长方形石龛中，坐南朝北，身高22.24米，胸宽11.2米，佛像面部丰润，双耳垂肩，表情恬静安详。

◆**报国寺**

位于乐至县城东北20千米的龙门乡金龟山。报国寺布局雅致，建有天王殿、大雄宝殿、观音殿、地藏殿、祖师殿五重殿堂。四围青山环抱，背山临水，环境清幽，林木葱郁，怪石嶙峋。千年古树、唐季残碑、宋明石棺，将殿、堂、池、桥、亭、洞及摩崖造像融为一体。拾级揽胜，高低错落，迂回曲折，蔚为奇观。

◆**陈毅故居**

陈毅故居是一座具有浓厚的川中村民居特色的三重堂四合院木质结构瓦房，综观整座庭院，松柏挺秀，竹径幽深，显示出一派幽静肃穆的气氛。

∷三岔湖

资阳
资阳站
市政府
松涛汽车站
世纪城中央公园
凤岭公园
滨河公园
资阳师范学校
沱江大桥
金迪大酒店
天缘大楼
光华汽贸大厦
市中医院
市第四人民医院
市第一人民医院
雁江区人民医院
雁江区妇幼保健院
资阳妇产医院
市红十字会医院
市第一人民医院中桥院区
雁江区
市国土资源局
市政管理处
市林业局
市物价局
市财政局
市地方税务局
市房地产管理局
市规划和建设局
国家电网市区供电局
市盐政市场稽查处
雁江区林业局
雁江区商务局
雁江区社保局
雁江区教育局
雁江区粮食局
雁江区规划和建设局
雁江区财政局
雁江区地税局
雁江区地方税务局办税厅
市水利局
市国家税务局
市烟草专卖局
省水利电力工程局
成渝线
沱江
九曲河
321
106

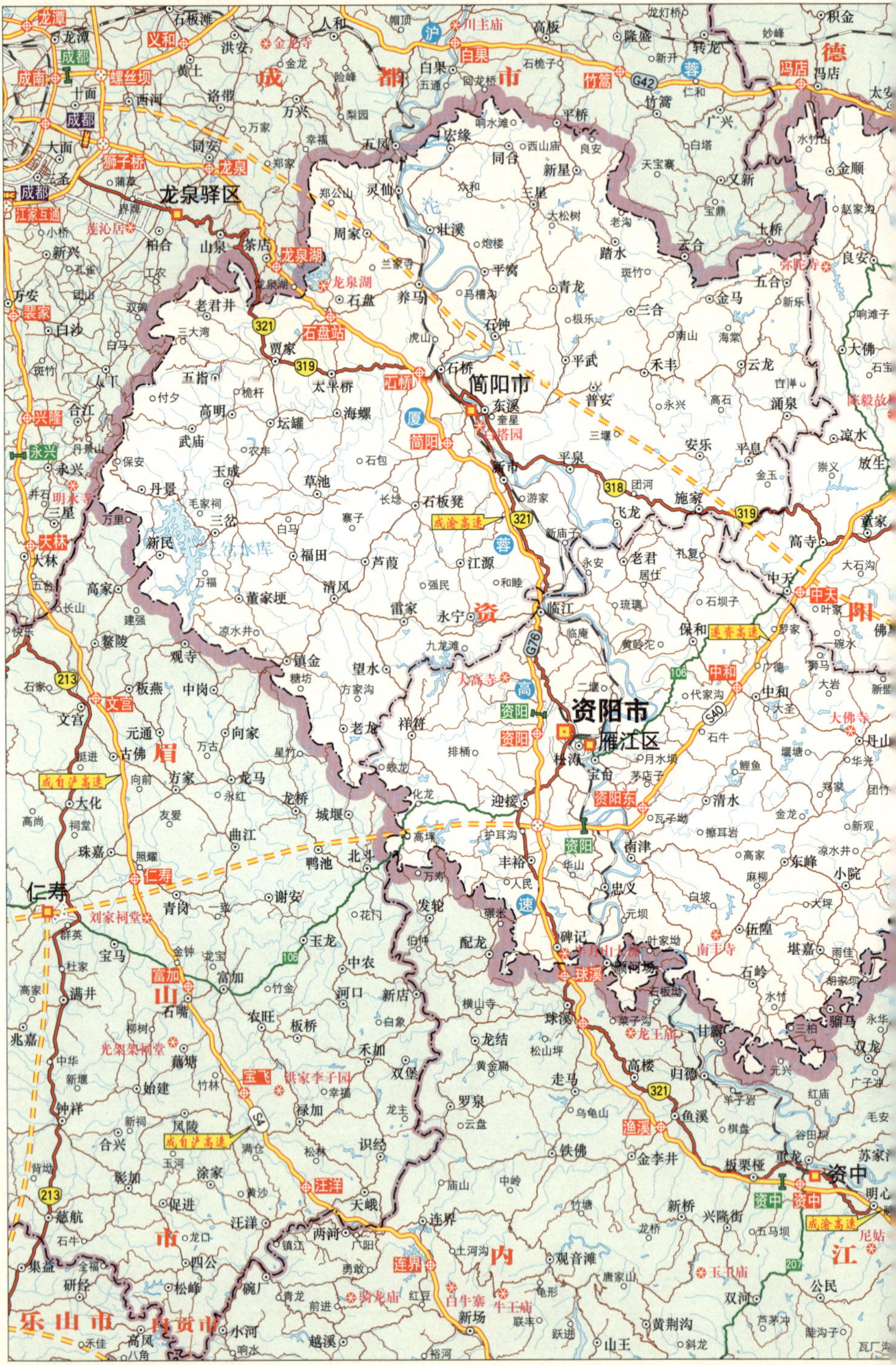

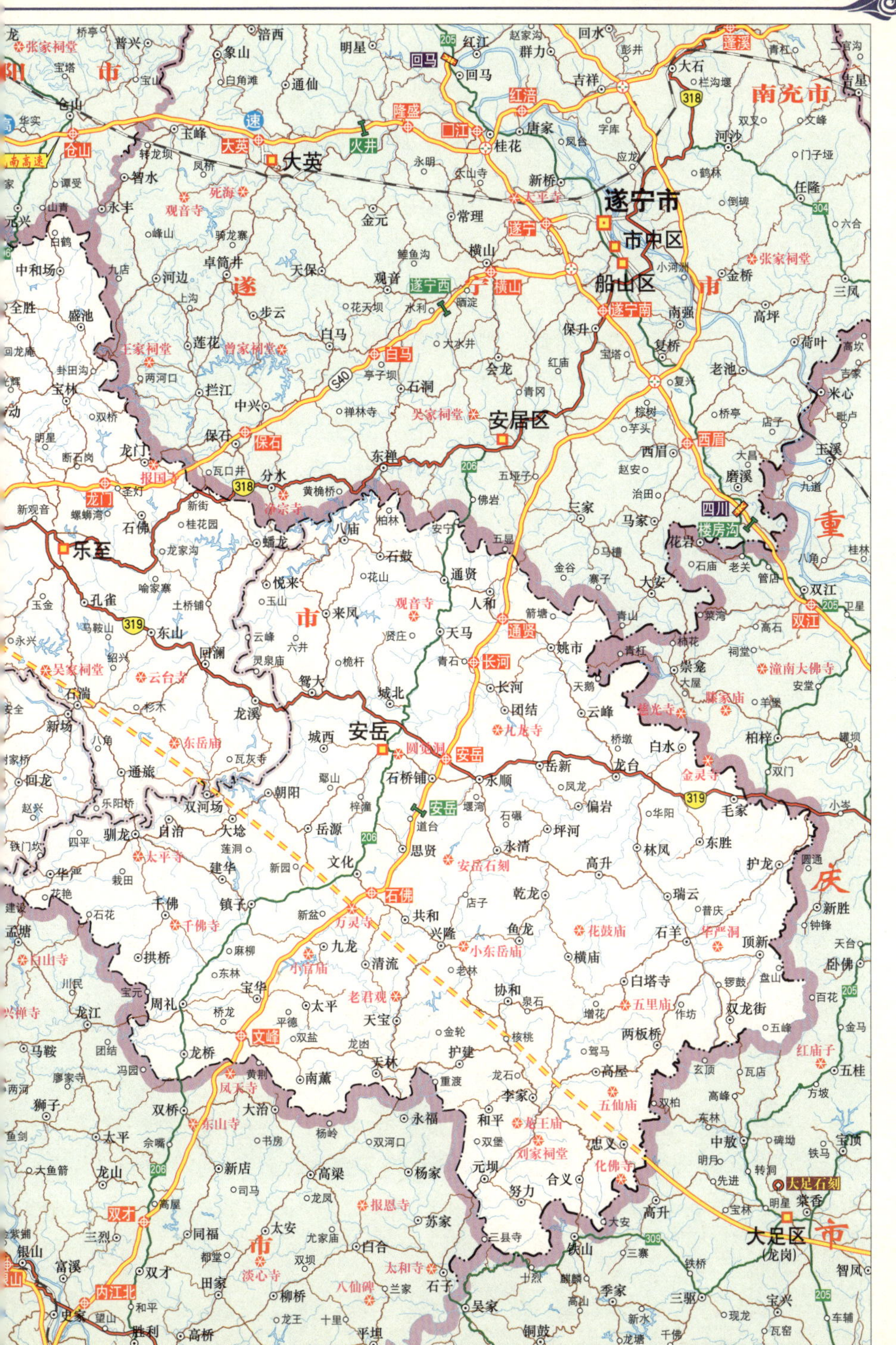

遂宁市
市中区
船山区
安居区
大英
乐至
安岳
大足区
(龙岗)
南充市
重
庆
市
遂
宁
市
蓬溪
回马
隆盛
门江
红江
桂花
大英
火井
遂宁西
横山
遂宁南
白马
保石
西眉
楼房沟
四川
通贤
长河
安岳
石佛
文峰
双江
龙门
内江北
双才
大足石刻
张家祠堂
观音寺
死海
王家祠堂
曾家祠堂
吴家祠堂
报国寺
净宗寺
观音寺
云台寺
东岳庙
太平寺
千佛寺
白山寺
九龙寺
圆觉洞
安岳石刻
万灵寺
小岳庙
老君观
小东岳庙
花鼓庙
华严洞
五里庙
五仙庙
龙王庙
刘家祠堂
化佛寺
报恩寺
太和寺
八仙碑
淡心寺
凤天寺
东山寺
慈光寺
金灵寺
潼南大佛寺
红庙子
卧佛
天平寺
孔雀
东山
回澜
龙溪
悦来
来凤
天马
人和
姚市
岳新
水顺
龙台
毛家
林凤
东胜
护龙
瑞云
高升
乾龙
鱼龙
兴隆
共和
九龙
清流
宝华
周礼
龙桥
南薰
天林
护建
李家
和平
忠义
合义
元坝
努力
高升
铁山
石羊
顶新
双龙街
白塔寺
两板桥
高屋
高梁
永福
杨家
苏家
新店
同福
太安
双才
石子
吴家
季家
三驱
宝兴
智凤
棠香
城北
城西
朝阳
岳源
文化
思贤
道贤
镇子
建华
双河场
通旅
石湍
新场
驯龙
白沿
千佛
拱桥
龙江
宝元
狮子
龙山
太平
大治
双桥
九店
河边
卓筒井
天保
步云
莲花
拦江
中兴
白马
石洞
会龙
保升
东禅
分水
石佛
八庙
石鼓
通贤
花岩
大安
金谷
马家
三家
西眉
磨溪
玉溪
米心
三凤
金桥
老池
复桥
南强
高坪
荷叶
任隆
河沙
大石
吉祥
群力
红江
回马
明星
通仙
象山
涪西
普兴
张家祠堂
仓山
玉峰
智水
永丰
金元
常理
观音
永明
新桥
唐家
中和场
全胜
盛池
宝林
龙门
石佛
玉金
孔雀
318
319
S40
205
206
209
304

内江市

内江位于四川盆地的腹心地带，成渝两个特大城市之间，南邻自贡、宜宾、泸州，北通成都，东接重庆。自南宋绍兴十六年(公元1146年)市区筑土城、明中叶筑石城以来，市井日趋繁荣，成为成渝两大城市间的交通要道和沱江流域农副土特产品集散地，尤以盛产蔗糖、蜜饯著称于世，古有“甜城”之称。内江文化底蕴深厚，素有“大千故里”、“文化之乡”的美誉，是川中文化发达地区之一。同时，内江还拥有相当丰富的旅游资源，除了张大千纪念馆、静宁寺等文化景观外，也拥有重龙山、圣灵山地质公园等自然旅游景点。

行政区类别：地级市
电话区号：0832
面积：5386平方千米
人口：426万
邮政编码：641000

交通资讯

内江火车站
电话：0832-8312614

内江汽车站
电话：0832-2103275

东兴区汽车站
电话：0832-2271331

∷张大千纪念馆

风景名胜

◆重龙山

位于城东北一里处，有明代所建永庆寺等古殿宇及隋、唐刻摩崖造像达160龛、1648尊。造像旁还有许多自唐以来的名人题记、题词。

交通：内江火车站坐火车到资中，下车之后搭三轮就可以到重龙山。

◆圣灵山地质公园

位于资中城西，圣灵山地质公园由圣灵山大溶洞、天坑、恐龙脚印遗址和圣灵寺组成。大溶洞内胜景甚多，形成各异的钟乳石琳琅满目，绚丽多姿，是亚洲最长的溶洞。

交通：乘坐到资中的车，在渔溪口下，再转车到圣灵山。

◆张大千纪念馆

位于内江市东桐路圆顶山，为纪念一代国画大师张大千而建。纪念馆的五个展区，以数百件照片、实物、诗笺、书信、画稿、画集、书籍及书画作品，分别展示了张大千的生平事迹、艺术进程、艺术特色、艺术成就以及他在世界艺坛的地位和影响。

门票：10元。

交通：105、111、118、206、219、319路公交可达。

◆白云山风景区

位于资中县城西南20千米处，由白云山、白云峡两个主要景区组成。白云山有“川中小青城”之称，108个大小山峦，峰峦叠翠，山连山，林连林，巍峨苍翠，人称“川中林海”。白云峡位于“川中林海”的最南端，有“川中小三峡”之誉，终年郁郁葱葱，景色宜人，是避暑的理想之地。

交通：成都城北客运站、荷花池客运站、五桂桥客运站、金沙客运站等均有到资中的车。到资中后再乘坐大巴到白云山。

隆昌县古牌坊群

◆隆昌县古牌坊群

石牌坊现存17座，牌坊与牌坊之间的距离很近，最近处仅10米左右。远远望去，鳞次栉比，俨然成群。隆昌石牌坊群多为四柱三门五楼石质木牌楼式建筑，造型端庄，雕刻细腻，是清代牌坊建筑鼎盛时期的典型作品，有着极高的科学艺术价值和观赏价值。

◆静宁寺

位于威远县向义镇境内，坐南朝北，依山而筑。静宁寺建筑精巧，布局奇特，在建筑结构上既保持了中国古庙宇的对称性和古建筑的风格，又体现了西方园林式的建筑特色，融寺庙和园林艺术于一身，堪称中国古建筑的一座博物馆。静宁寺设有儒、释、道三大教派，是川南最大儒、释、道寺庙，在全省乃至西南地区均属罕见。

自贡市

“牛头对马岭，不出贵人出盐井”，这是古人对自贡的最初印象。他们或许没有想到，多少年后，这座城市又以恐龙和灯会闻名于海内外。除了“千年盐都”、“恐龙之乡”和“南国灯城”这些响当当的名头，荣县大佛、镇南塔、富顺文庙、荣县军政府旧址等人文古迹也在极力证明自贡的历史如同其所拥有的“三绝”一样灿烂辉煌。

行政区类别：地级市
行政区划：辖4个区、2个县
电话区号：0813
面积：4382平方千米
人口：328万
邮政编码：643000

交通资讯

自贡火车站
电话：0813-8705321
自贡汽车客运总站
电话：0813-8205549
自贡旅游汽车客运站
电话：0813-8205701

∷富顺西湖

自贡恐龙博物馆

气候与游季

属于亚热带湿润季风气候，气候温暖，雨量充沛，日照时间较短，四季分明，阴雨天气较为常见。到自贡旅游，有两个节庆不能错过，那就是每年春节期间的迎春灯会和国际恐龙灯会。

交通

航空：自贡虽无自己的空港，但在近200千米的范围内就有三个机场，分别是成都双流国际机场、重庆江北国际机场和宜宾国内机场。这也是省外、国外游客进出自贡的主要交通工具之一。从设在沙湾饭店的航空售票处，游客可以买到国内各大航空公司的机票。自贡汽车客运总站每天都有专门开往成都双流国际机场、重庆江北国际机场的豪华大巴。

※**铁路**：自贡地近成渝铁路中部，内昆铁路穿越市境，有通达成都、重庆、宜宾的旅游列车。

※**公路**：自贡为川云中路、内峨路、207省道、305省道等公路交会处，高速公路北接成渝高速公路，南可下川南重镇宜宾。已开通直通隆昌、泸州的高速路汽车，交通十分方便。

※**公交车**：燊海井、烈士陵园、自贡恐龙博物馆——3、11、31、35路；釜溪河娱乐观光带、炎帝宫、路边井、火沱井盐场老街、盐史馆、西秦会馆、彩灯公园、王爷庙、法藏寺、同心路美食一条街、东方广场、五星店购物一条街——1、2、3、9、11、31、34、35、36路；西山公园、贡井天池寺、平桥瀑布、贡井公园——11路。

∷恐龙博物馆

风景名胜

◆自贡恐龙博物馆

位于距自贡市中心11千米的大山铺，国内建于发掘现场的唯一一座以恐龙化石为主的自然科学博物馆。世界三大恐龙博物馆之一。

门票：42元。

交通：在火车站广场坐7路车。

◆富顺西湖

位于富顺县城西北隅，是一座人工修饰的天然湖，南大北小，形似平放的葫芦。湖面逶迤，亭榭呼应，曲桥钩连，荷花映日，莲叶接天，垂柳列岸。湖中仿杭州西湖画舫造就的舫船，可在其中摆宴设席，宴请佳宾。

门票：25元。

◆西秦会馆

又名“关帝庙”，位于自贡市自流井区解放路东段，前临繁华热闹区，后倚风景秀丽的龙凤山。殿阁巍峨，造型奇特，设计精巧，融明清两代的宫廷建筑与民间建筑风格为一体。另外，自贡盐业历史博物馆也设在馆内。

门票：20元。

交通：市区内搭乘11路公交可到。

◆仙市古镇

自贡具有1400多年历史的千年古镇，依偎在釜溪河畔，是釜溪河当年重要码头之一。这千年古镇历经无数的风风雨雨却风韵犹存。仙市镇曾是自贡井盐出川的必经之地，被誉为古盐道上的明珠，又因“四街、四栈、五庙三码头、一鲤三牌坊、九碑、十土地”，以及精美的古典建筑群和佛教文化而名闻遐迩。

◆荣县镇南塔

俗称白塔，建于宋代，塔为砖石仿宋结构，塔体通高21.6米。登临塔顶可俯瞰全城，远山近水，尽收眼底。在文人墨客的眼里，镇南塔形似一支挥洒长空、飞舞夺魁的“文笔”，故此塔又成为科甲功名兴隆的兆头。

◆荣县军政府旧址

荣县军政府旧址，是辛亥革命首义荣县独立后吴玉章等革命者处理军政事务的地方。属于清代三合院式古建筑，于1991年被四川省政府公布为省级文物保护单位。

门票：20元。

文化游

➔市区游线

盐业历史博物馆—彩灯公园—桓侯宫—燊海古盐井—恐龙博物馆

➔郊区游线

镇南塔—荣县大佛—二佛寺

※博物馆※

◆盐业历史博物馆

建成于1959年，馆藏盐史文物中包括了完整的一套凿钻井的传统工具90种，共282件。其中，那个用来提取地下2000米盐水的木架建于宋代，到现在还能使用。

门票：成人20元；未成年人（18周岁以下）10元。

地址：自贡市解放东路107号

交通：在市区内，乘2、3、8、11路公交可到。

∷自贡盐业博物馆

◆恐龙博物馆

曾经被美国《国家地理杂志》评为“世界上最好的恐龙博物馆”。为博物馆争得荣誉的是那些侏罗纪时期的恐龙化石，不仅数量众多，而且种类齐全。

地址：自贡市大山铺238号

开放时间：9：00～17：30

交通：乘3、15、35路公交直达。

◆中国彩灯博物馆

整个建筑造型呈一组巨大的宫灯形。馆内包括了旧石器时期至民国年间的灯史文化和灯史文献，但最值得一看的还是那些各式各样的彩灯。

门票：40元。

地址：自贡市自流井区公园路6号，彩灯公园内

交通：乘1、6、8、9、31、35路公交车可达。

※遗址※

◆燊海古盐井

世界上第一口最早由人工钻凿的超千米深的盐井。盐井是一口以天然气为主兼产黑卤的生产井，井深1001.42米，曾日产天然气8500立方米。井边还保存着天车（井架）、大车（绞车）、碓架、盐灶等设备。

门票：20元，讲解费30元。

交通：乘3、11、31、35路公交车可到。

宗教游

※佛教※

◆荣县大佛

本来传说是全国第二、世界第三大石刻佛像，随着阿富汗的巴米扬大佛惨遭塔利班炸毁，也就升级为世界第二大佛了。佛像开凿于唐代。佛像刻在高约40米、宽16米、深14米的敞口敞顶大龛内，头盘螺髻，脸面略方而丰腴，双眉间有白毫，鼻高唇厚，两耳力长，双手平放膝上，右手抚膝，左手手心向上，掌中有摩尼珠。结跏趺（又为端坐）在金刚座上。造型优美，衣纹施彩。

门票：10元

地址：荣县城区大佛街大佛寺1号

交通：乘自贡到荣县的班车到达荣县后，徒步可达。

◆荣县二佛寺

唐宋时名“开元寺”，亦称千佛崖。沿崖林立造像上千尊，因其众多佛像装金饰彩，阳光照射下金碧辉煌，故又称“金碧崖”。

地址：位于荣县城郊南山浮图岩

交通：到自贡后乘坐荣县的班车到荣县西门站下车，再步行5分钟即可。

※民间宗教※

◆桓侯宫

俗称张爷庙，又叫张飞庙。桓侯宫是一座封闭式环状建筑，建在一处小山坡的路坎边上，因此人们进去后必须登坡仰视，再加之大门门板上的线刻张飞像怒发横眉，使人肃然起敬。

地址：自贡市区中华路口

交通：乘11、32、34、37路公交车在温州商城站下车即可看到。

◆富顺文庙

始建于北宋时期，现存万仞宫墙、泮池、棂星门、大成殿、崇圣祠等建筑为清代重建。庙后最高处的敬一亭内有一座刻于南宋的孔子全身阴刻坐像，飘逸传神。

门票：15元

地址：在富顺县城中心

交通：自贡乘105路公交车由贡井出发到达大安区，即可到达富顺文庙。

：富顺文庙

吃喝玩乐购

自贡美食

自贡菜在川菜派系中被称为“小河帮菜”，又称为“盐帮菜”、“盐商菜”。与以成都为代表的“上河帮系”、以重庆为代表的“下河帮系”并称为川菜的三大菜系。其主要特点为香辣，这一风格落实在了朝天海椒和嫩姜上。小米辣椒煸兔丁、麻辣凉粉都是盐帮菜的经典之作。

从北宋开始，井盐采卤是用牛作为牵车动力，故当地时有役牛淘汰。牛的大量使用，使得自贡成为一个把牛肉做菜发挥到极致的地方，其中的水煮牛肉，上了中国名菜菜谱；火边子牛肉，堪称中国一绝。

※美食街※

◆同兴路美食一条街

形成于20世纪90年代，是餐饮业最为集中的区域。集合了重庆孔亮火锅、重庆大河黄辣丁、南国宴等自贡餐饮名店。每当夜幕降临，华灯初上，同兴路上便呈现出一派车水马龙的景象。各种串串香、冷啖杯、烧烤等夜宵大排档构成的摊区延绵数百米。

◆广华路美食一条街

这里应该算是汤锅一条街。在这条街上，除去“天地”、“蜀江春”两家旗舰型餐饮企业外，其他餐馆多为“小餐馆”。他们经营的品种集中在牛肉汤、羊肉汤、鱼火锅等，因其价廉味美，也吸引了众多市民光顾。

◆汇兴路美食一条街

地处汇东新城的汇兴路，散落着稀饭村、老鸭汤、羊肉汤、火锅店等各式餐馆。这里餐饮企业主要是从重庆来的居多，餐饮风味主要也是以重庆风味为主。所以又称“重庆风味街”。

◆汇东路美食一条街

是从汇东大酒店建成以后，逐渐形成的一条餐饮商业街，这条街的餐饮企业主要集中在从汇东酒店到久大盐业集团这一条几百米路段上，最先来到这里开店的是重庆的“齐鳝鱼火锅”，接着川菜、天府鱼庄、丁月玉免王、武陵山珍等10余家大大小小的餐馆也陆续搬来。

◎风味菜肴◎

水煮牛肉

本菜源于四川盐都自贡。盐工们将牛肉切片后，放在盐水中加花椒、辣椒煮沸，因其肉嫩味鲜，因而成为民间一道传统名菜。后来经过厨师们反复改良，成为川菜代表菜式之一。

现在做水煮牛肉，一般是先用郫县豆瓣和辣椒切碎煸至深红，然后加入各种汤料，把切得很薄的牛肉片散入汤中，旺火烧沸后，略加翻搅马上起锅。盆内用嫩豌豆尖垫底，撒些花椒，淋上沸油。上桌时细油沫还在口兹口兹地响，香气扑鼻。

该菜以麻、辣、烫、嫩、鲜、香为特点，具有火锅风味。若以猪肉做原料，便叫水煮肉片。

牛佛烘肘

是川南古镇富顺县牛佛镇的传统民间菜品。在川味烘肉的基础之上研制而成。曾作为宫廷贡菜。具有色泽棕红、味鲜回甜、咸淡适度、肉质粑嫩、香气浓郁、肥而不腻的独特风味。

火边子牛肉

由古代自贡盐工发明，即用刀片出极薄的肉片在火上烤（烤“火边子牛肉”最好的材料为牛屎粑），烤好后蘸配好调料的盐水吃。据说达县、重庆等地久负盛名的灯影牛肉，就是由自贡的“火边子牛肉”发展、改良而来。

火爆黄喉

黄喉，即牛的喉管。或许正是自贡人把它最早列入食材。

其做法是：锅内加热油，下干辣椒稍煸，下黄喉和切好的青椒、韭菜等，按喜好加盐，花椒粉，旺火翻炒一会儿即成。

◎特色小吃◎

富顺豆花

四川豆花远近驰名，其中的"富顺豆花"更是名播中外，其豆花白里带黄，入口即化；蘸水麻辣鲜香，味道浓烈，令人百吃不厌。

凉皮卷

这个小吃在自贡可谓无人不知，无人不晓。卖凉皮的摊位位于自贡汇东英祥门口，目前独此一家，别无分店。卖凉皮的是父子俩、动作娴熟地为你制作——用凉皮裹着凉粉、凉面，再加入各种好吃的作料，裹成卷。看着都让人流口水。待递到你手上后，一口咬下去，就能体会到一种全新的"三凉一体"的味道。是男女老少的最爱！

豆腐脑水粉

清光绪年间，陈庆荣在自贡自流井正街开设小食店，取名庆荣森，主营豆腐脑水粉。因为物美价廉，逐渐流传开来，有了多家不同名字的老店。豆腐脑水粉也成为自贡代表性小吃之一。

豆腐脑水粉的主料为粉丝、豆腐脑、酥黄豆，再配点葱花、辣椒，吃起来爽滑吸溜，味美爽口。

麻辣凉粉

同担担面一样，过去也是挑担经营的。作为自贡的传统小

※美食老号※

◆灯杆坝豆腐脑水粉

➲自贡市东方广场下段

原先在灯杆坝街，现已搬到东方广场，因为是自贡老字号，名字沿用了下来。这家的豆腐脑水粉洁白柔软，豆腐脑细嫩、清香，酥黄豆为画龙点睛之作，再辅之别的调味品，堪称人间美味。

交通：1、5、9、36路公交车。

提示：除东方广场这家外，龙都广场也有一家较大的。

◆富顺刘氏豆花（自贡店）

➲自贡市丹桂大街

刘氏豆花的创办人刘锡禄早在新中国成立前就开始做豆花了，"富顺豆花"现已成为享誉大江南北的美食品牌。总店位于自贡富顺县西湖边上，刘氏豆花（自贡店）与自贡市政府相邻，这里的"蘸水"之麻、辣、香，豆花之鲜、嫩、爽，令人叫绝。

电话：0813-8115912

交通：观光巴士

◆留芬酒家

➲自贡市汇东新区东段中油大厦2楼

始建于1932年，已有近百年历史，集中餐与茶楼于一体。总店设在富顺，其就餐环境优美，古色古香。特色菜品有富顺豆花、鸡丝豆花、翡翠蝴蝶虾、过桥二黄汤鱼及小吃脆皮拉糕、煎饼、波饺、玉米松糕等30余种。

电话：0813-8102399

交通：1、10、18、33路公交车。

※饕餮食肆※

◆盐府人家

➲自贡市同兴路华苑小区二栋2楼

自贡餐饮名店，经营"盐商菜"、"盐帮菜"和"私家菜"三大菜系。菜品讲究选料，入味独特，特别对各种辣椒的运用，盐泡椒、油泡椒、泥椒、酱椒、贡椒泥、杂椒泥等独步省内。同时各类调味盐闻名于世，由此而诞生的全盐系列泡菜无所不能其泡：油泡、水泡、酱泡……

电话：0813-2105568

交通：2、6、8、37路公交车。

◆蜀江春

➲自贡市大安区人民路68号

该店创办于1989年，是蜀江春餐饮的发源地。特色菜肴有紫荆扣鸭、豆豉嫩排、活鹿花莲、脆炸牛奶等。

电话：0813-2208385

交通：1、103、105等路公交车。

提示：饭店营业面积2000多平方米，有50多张餐桌，能容纳500多人同时就餐，有大、小雅间30多间，有茶房、娱乐等配套设施。

◆大安烧牛肉

➲自贡市大安五星街旁

自贡有名的菜馆，以经营特色牛肉菜肴为主。特色菜包括烧牛肉、牛肉圆子汤等。

交通：1、5、31、302路公交车。

◆水上渔家

➲自贡市汇西鹰大花苑对面

水上渔家是自贡最早推出的特色风味的各类涮鱼系列汤锅的饭店。一人一锅，既卫生，且各类鱼涮出来后十分鲜嫩脆滑，入口回味无穷。

电话：0813-8908877

交通：2、5、16、31路公交车。

提示：主要涮锅有：涮鳜鱼、涮鲟鱼、涮鲈鱼、涮乌鱼、涮彩虹鱼、涮红酒牛肉、涮牛奶牛肉和各类涮鱼系列。主要凉菜有：兰花鱼丸、传说鱼豆花、鲇年有鱼、秘制口袋鱼、板栗香酥鸭、渔家口口脆和各类家常菜。

◆兔码头

➲同兴路小桥井旁

坐落于自贡市中心美食一条街，以首创兔子汤锅系列菜品而闻名本地。特色菜品：嬉水兔汤煲、麻辣跑得快、窝边草滚锅兔、香卤鬼子头等。

电话：0813-5531088

交通：11路公交车。

提示：兔码头堂内有30多张台面，并伴有雅间。

◆三把伞牛肉汤

➲五星街龙都广场后面联通珍珠寺营业厅旁

这里号称是自贡最老的牛肉汤锅，名气很大，虽然地点有点儿偏，但生意很好。这里的牛肉汤味道很正宗，汤鲜肉美，再佐上各种各样的料，真是太享受了。卫生比较不错，而且物美价廉。推荐：牛肉汤、牛脊髓、牛肉、牛筋、素菜等。

◆打渔人家

➲自贡新桥头

自贡不是很时兴吃梭边鱼的，但是打渔人家的梭边鱼味道非常好，肉质很嫩，使得很多自贡人对这里趋之若鹜。除了梭边鱼，还有好几种鱼的品种可选，做出来的味道都很地道。一般梭边鱼的价格在16元/斤，真的是物美价廉。吃完鱼，还可以点很多其他菜煮着一起吃，就像火锅一样，而且味道一点都不比一般火锅差。推荐：火锅、菠萝卷、红糖糍粑、梭边鱼。

吃，既有冰凉粉，亦有热凉粉，这里的凉粉细嫩绵实，滑润爽口，以麻辣鲜香为风味特色。最有名的当数以谢焕青的姓氏命名的“谢凉粉”。

郑抄手

始于自流井人郑义发，至今已有近半个世纪的历史。特色是皮薄馅多、质滑爽口，味微辣，鲜香，在自贡一直是人们乐道喜食的传统风味小吃。

油糕

适合热吃，外酥内嫩，其内还可包上红糖等各种馅心。吃起来爽口舒胃，价廉物美，是当地的小吃佳品。

◎传统节庆◎

自贡灯会

自贡被称为“南国灯城”，灯会历史悠久，至今盛行不衰，每年春节期间，家家户户悬挂各式彩灯，还要点漂河灯、牛儿灯、孔明灯等，还伴以耍龙灯。一般在正月初一“开灯”，正月十六“倒灯”（结束）。

◎地方曲艺◎

自贡川剧

自贡是川剧“资阳河流派”的中心，有“戏窝子”之称，尤以川剧高腔独占鳌头，是川剧的一个重要流派。

◎自贡泡茶馆攻略◎

整个市里三步一茶楼，五步一茶室。有一处叫“酒&茶”，还有一处“粗茶淡饭”，挺特别的名字。一般的茶楼价钱都不贵，而且部分茶馆可以无限续杯的。也正是因为这一点，茶馆成了自贡人消磨时光的场所。

围绕着自贡城区有一条护城河。自贡是有名的井盐产地，旧时商家用船载满井盐由护城河运往外地，为祈祷路途顺利，在河堤上雕有跟制造、运输井盐有关的生动彩色浮雕，很有欣赏价值。在护城河两岸撑起的一朵朵遮阳伞，形成一片露天茶座，花四五元要一杯菊花茶或者柠檬茶，可以无限续杯，坐一下午也绝不会有人撵你。

自贡娱乐

每年春节前后，以自贡市人民公园、恐龙公园为中心，在占地几十公顷的区域内，展出数以万计的各类彩灯。灯会期间，自贡市常举行各种游玩活动，如扎龙舟、搭彩桥、举办展销等，吸引着众多市民与游人。

∷自贡灯会

自贡本身的城市规模虽不是很大，却也不乏茶楼、剧场等娱乐休闲设施。汇东路和同兴路等地是自贡夜生活最旺盛的地带，酒吧、咖啡屋、KTV以及夜总会里聚集了一大批年轻人。

※茶馆※

◆河府园茶楼

➲自贡市同兴路中段(同兴大酒店斜对面)

自贡第一家自助餐形式的茶餐厅，茶楼规模大，内部环境幽雅，价格比较实惠，服务也很周到，基本做到了那句“高档享受、工薪消费”的口号。

电话：0813-2100891

交通：39路公交车。

提示：除了独具特色的露天花园外，茶楼还拥有一个设有10张国际标准球台的乒乓球俱乐部。

◆大戏台茶楼

➲自贡市东方广场步行街

一家集露天茶座与室内茶社于一身的“两栖型”茶楼。在室内品尝和在露天茶座中品尝是两种完全不同的氛围。前者更为清雅和安静，后者更为随意而安逸。

电话：0813-2105783

交通：1、2、5、35、37、302路公交车。

提示：大戏台茶楼偶尔还会有川剧和其他艺术表演。

※酒吧※

◆晓城故事(自贡店)

➲自贡市五星街龙都广场C座3楼

酒吧四面都是透明玻璃，每间包间均有外阳台可观街景。每天

酒吧

21：00～23：00，这里都会有歌手在唱歌，而且唱得都还可以。如果想约几个朋友聚一下，晓城故事是个不错的选择，一边听着歌，一边和朋友谈论今天的大城小事……

电话：0813-8302889

交通：1、5、9、16、31、33、37路公交车。

◆汇东啤酒馆

➲自贡市自流井区汇东大酒店内

自贡最有名的BAR之一，可边喝啤酒，边唱歌。人气比较旺，所以爱唱歌的你总是不缺观众。酒店正门前放着许多恐龙化石的模型，通往啤酒馆的楼梯设计得很有意思。

电话：0813-8288699

交通：1、8、10、16、35路公交车。

提示：酒馆斜对面，坐落着本市另一家知名酒吧“第五元素”。

迪厅

※迪厅、夜总会※

◆橄榄树KTV音乐城

➲位于富台山隧道对面

自贡第一家大型歌城，那座200余平方米的超豪华多功能厅堪称全城之“最”。当然，这里还设有小型吧台、主桌区及小舞台，并另辟有喝茶聊天区，供人们唱歌之余交友谈心。

交通：36（上行）、38（上行）路公交车。

◆英豪国际会所

➲自贡市自流井区假日广场

这里算得上是当地顶级夜总会了。因为位于较高的7、8楼，因此主人特意配备了两部观光电梯供“上帝”们上下。

电话：0813-2110990

交通：1、2、11、35、40路公交车。

提示：所有包房全部采用进口音响设备、全自动点歌系统。

※影剧院※

◆自贡市川剧艺术中心

➲自流井区新街自由路

曾经是首演魏明伦剧作的剧场，现在是自贡川剧团的主要演出场所，也是川南地区最大的戏剧中心。这里是“川剧资阳河流派的根”，当年那出《中国公主图兰朵》甚至影响到了万里之外的意大利。

电话：0813-2105538、2202116

交通：1、2、8、11、31、33、35路公交车。

自贡购物

自贡历史悠久、物产丰富，地方特色旅游商品众多。它包含了有大三绝之称的恐龙系列、盐文化系列、彩灯系列和有小三绝之称的扎染系列、龚扇系列、剪纸系列，以及特色农产品系列。

自贡市的汇东路、五星街、解放路是自贡最繁华的三条商业街，集中了包括九鼎商场、帝豪广场、新世纪假日广场、东方广场、温州商城等在内的多个大型购物场所，能够满足顾客的各种需要。

※商业街※

◆东方广场步行街

集旅游、休闲、购物、城市交通网络于一体的彩灯文化中心和独具特色的商业步行街。

◆五星街

是由九鼎超市、帝豪广场、各种服装品牌店、各种快餐店组成的现代购物中心。

◆丹桂大道

聚集着由九鼎购物中心、英祥摩尔玛、人人乐购物广场、苏宁电器超市、名牌服装专卖迅速发展起来的购物新贵。

※购物中心※

◆帝豪广场

➲自贡市自流井区五星街

地处北城五星商圈，是一座集购物、休闲、餐饮于一身的现代都市型购物中心。在那些经过精心打造、个性化十足的主题卖场里，你可以见到来自世界各地的品牌。

电话：0813-2300665

交通：5、35路公交车。

◆九鼎广场

➲自贡市自流井区五星街18号

成立于1997年，紧邻帝豪广场。商场分为4层，“平民化”是这家自贡最大连锁超市的特色，你可以花同样甚至更少的价钱买到称心如意的商品。

电话：0813-2200888

交通：1、31路公交车。

◎工艺品◎

自贡龚扇

由清末盐工龚爵五首创的龚扇。龚扇质薄如绢，扇面图案别具一格，花鸟人物栩栩如生。自龚爵五至今，龚扇已传至第五代，编织工艺日益精湛，从而享誉至今。

自贡彩灯

自贡彩灯样式繁多，风格独特，是我国民间彩灯艺术的重要产地之一，当地扎制的彩灯主要有庙会、元宵花灯、宫灯、龙灯、花车灯、仿真恐龙灯等。

自贡扎染

秦汉时即已流行。传统扎染以家织棉布为材料，蓝、白二色，构图对称，图案以花鸟鱼虫、福禄寿禧为主。

自贡剪纸

一种古老的民间传统艺术，作品情趣生动，以独幅、组画、单色、彩色等表现形式，运用动静、阴阳、块线等手法，形成雅俗共赏、拙中带巧的艺术风格。

◎土特产◎

牛肉制品

自贡传统风味与当地先进

提示：1楼主营化妆品、箱包、皮鞋、书刊、碟片、药品、钟表、名烟、名酒、照相器材、品牌香水、饰品等；2楼主营各式国内外知名品牌的男、女装，休闲服等。

◆温州商城

➲自贡市解放中路

川南地区最大的批发、零售市场，占地3.47公顷，经营着从服装鞋帽到纽扣拉链等典型的“温州商品”。另外，这里还是锻炼你砍价能力的最佳场合。

电话：0813-2306698

交通：11、32、34、37路公交车。

◆人人乐购物广场

➲自贡市丹桂大街

位于汇东商圈，2004年9月开业，面积9000平方米，是当地规模较大的超市。共两层，地下和地上各一层，自贡的土特产（不包括工艺品）在此多可买到。

◆新世纪假日广场

➲自贡市解放路

位于自贡最繁华的中央商务区黄金地段十字口，拥有十二个经营楼层，是一座多功能的综合性大型商场。广场外观造型具有新世纪气息的现代抽象风格，整个建筑群体现了走出盐井意识、迈向新世纪的新理念。作为自贡乃至川南地区的标志性建筑，它的建成填补了川南没有大型商城的空白，对自贡的经济发展和城市建设起着不可估量的作用。

∷灯城自贡

的生产与保存技术相结合，不仅可以买到工业化的袋装牛肉制品，而且传统的“火边子牛肉”、“牛佛烘肘”也像“全聚德”烤鸭一样有袋装品，可于超市中选购。

自贡井盐

自贡开采井盐已有2000年的历史，市场上的井盐以“自流井”牌为主。包括调味盐系列、调料系列、精品六味鲜系列、绿色营养盐食品系列、营养保健系泡菜盐系列、洗浴盐等多品种盐产品。

香辣酱

采用富顺名小吃刘氏豆花“蘸水”的传统工艺，结合现代保鲜技术，精选辣椒、花椒、胡椒、芝麻、植物油等配料，成品味道麻辣鲜香，香气扑鼻，富含营养，有着开胃消食的功效，是烹制菜肴、豆花的上好配料。

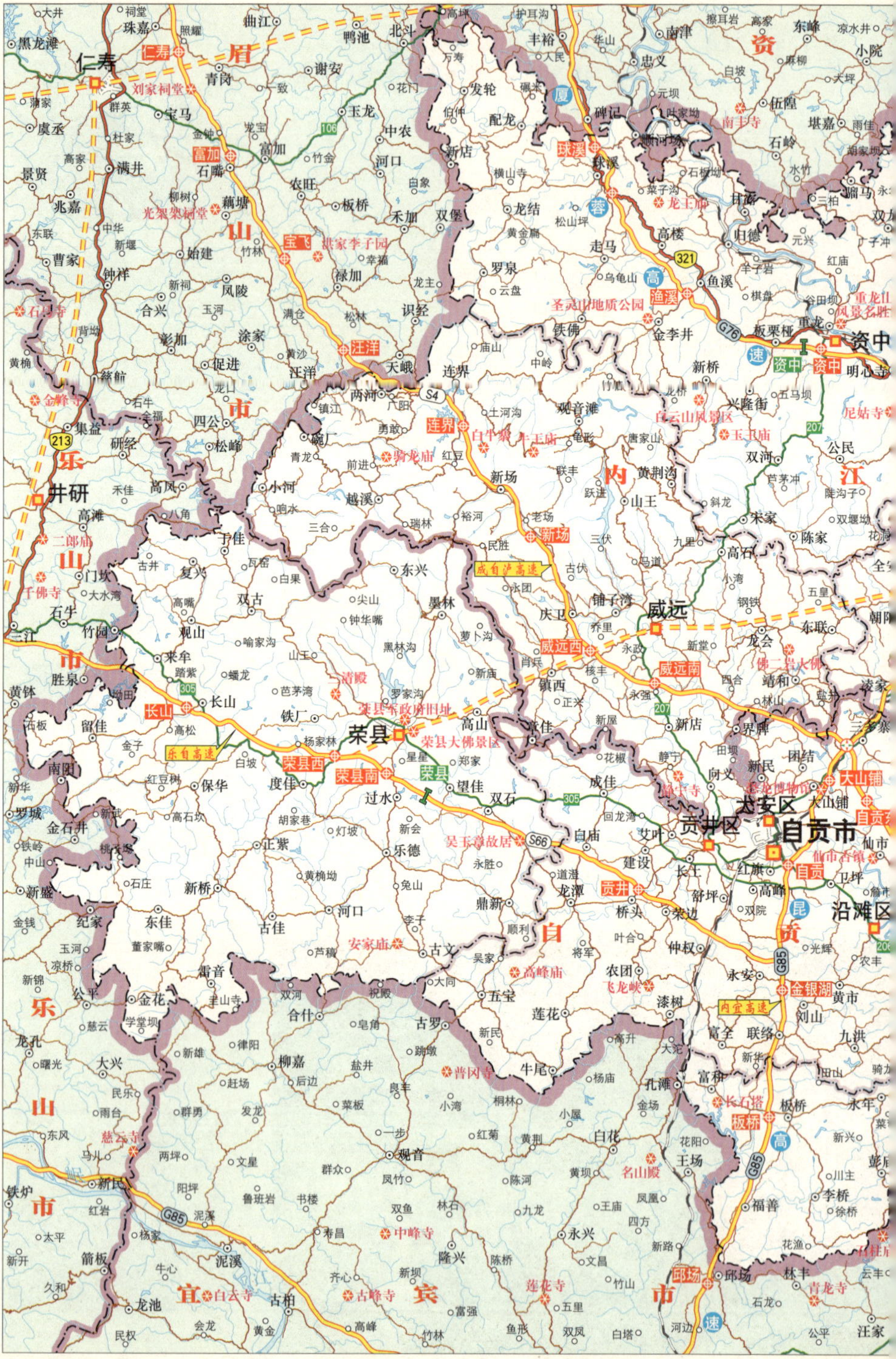

内江市
市中区
东兴区
隆昌
荣昌
荣昌区
大足区
(龙岗)
泸县
富顺
龙马潭区
大足石刻
重
庆
市
泸
州
市
遂内高速
成渝高速
成自泸高速
隆纳高速
G85
G76
S11
321
双才
内江北
白马
椑木
渔箭
桑家坡
石佛
文峰
瓦市
富顺
吊脚楼
童寺
泸县
牛滩
胡市
邮亭
古牌坊群
李家祠堂
黑神庙
太平寺
千佛寺
万灵寺
白山寺
兴禅寺
小东岳庙
花鼓庙
老君观
凤天寺
东山寺
报恩寺
淡心寺
太和寺
八仙碑
龙王庙
刘家祠堂
化佛寺
五仙庙
五里庙
红庙子
赵家祠堂
永灵庙
骑龙寺
牛王庙
海棠寺
玉蟾山
玉文庙
兴隆庙
白象寺
土主庙
开元寺
石佛寺

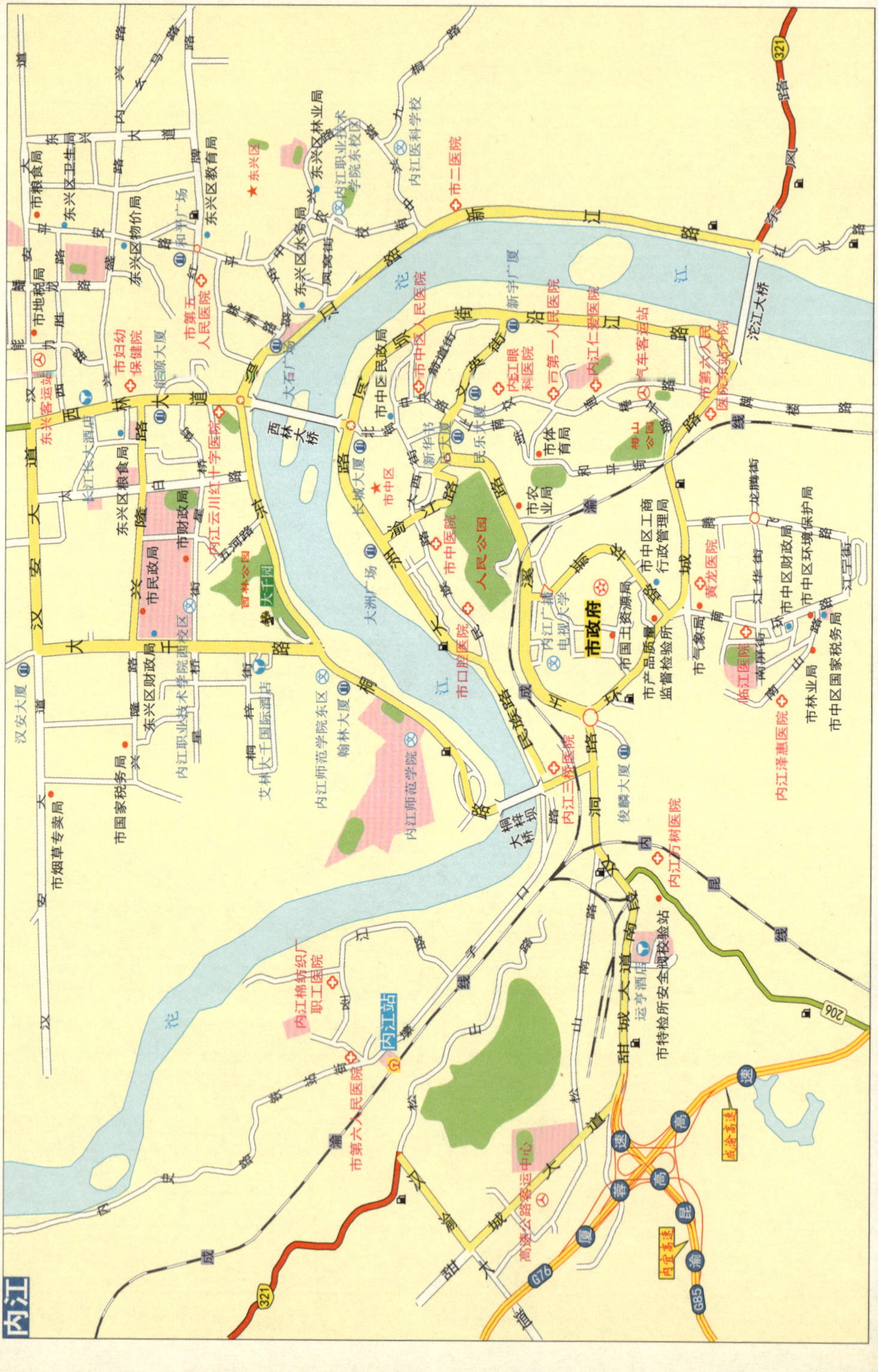

内江

沱江
沱江大桥
西林大桥
桐梓坝大桥
内江站
市政府
东兴区
市中区
人民公园
西林公园
大千园
梅山公园
市第二人民医院
市第一人民医院
市第六人民医院
市中区人民医院
市中医院
市口腔医院
内江三桥医院
内江万树医院
内江泽惠医院
临江医院
黄龙医院
内江仁爱医院
内江眼科医院
市妇幼保健院
内江云川红十字医院
内江棉纺织厂职工医院
市第六人民医院东站分院
内江师范学院
内江师范学院东区
内江医科学校
内江职业技术学院东校区
内江职业技术学院西校区
内江广播电视大学
东兴客运站
汽车客运站
高速公路客运中心
市民政局
市财政局
东兴区粮食局
东兴区财政局
东兴区物价局
东兴区水务局
东兴区林业局
东兴区卫生局
东兴区教育局
市粮食局
市地税局
市国家税务局
市烟草专卖局
市中区民政局
市农业局
市体育局
市国土资源局
市产品质量监督检验所
市中区工商行政管理局
市中区财政局
市中区环境保护局
市中区国家税务局
市林业局
市气象局
市特检所安全阀校验站
汉安大厦
翰林大厦
长城大厦
新华书店
民乐大厦
新宇广厦
俊麟大厦
能源大厦
长江大酒店
太子国际酒店
运亨酒店
大石广场
大洲广场
和平广场
汉安大道
大千路
西林路
新江路
沿江路
北环路
兴隆路
梅林路
和平路
东兴大道
中央路
大洲路
民族路
兴环路
汉渝大道
甜城大道
内昆线
成渝线
成渝高速
内宜高速
321
206
G76
G85

自贡
威远永胜客运站
阮家坟山
元宝山
市第二人民医院
市中医院
桑海井
大安区旅游局
大安区文化体育局
大安区工商局
大安区国家税务局
大安区妇幼保健院
大安区妇幼保健院
大安区乡镇建设管理所
大安区人民医院
和大立交桥
大安区
市第七人民医院
大安区就业服务管理局
大安区地税局
市檫海医院
妇幼保健院
四川理工学院
四川省轻工工程学校
市体育局
市国家税务局
市电业局
市审计局
自贡站
华西友好医院
市气象局
大西洋檀木林宾馆
市房地产管理局
自贡红星医院
市人事局
自贡同心医院
市财政局
市旅游局
市第一人民医院
彩灯公园
市建设局
好吃广场
市第四人民医院
市教育局
市商务局
市盐业历史博物馆
解放桥立交桥
西秦会馆
自流井区妇幼保健院
供电局
龙凤山公园
沙湾饭店
雄飞假日酒店
市第五人民医院
自流井老街
惠康医院
十字口大桥
泰丰大厦
自流井区地税局
富台山隧道
市地方税务局
自流井区中医院
恒博医院
康立医院
市农业局
市地方海事局
谢家松林路
观音阁
旅游客运站
市民政局
市科协
太平大厦
自流井区
自贡五心医院
市政府
西山公园
市卫生局
科技大厦
市畜牧局
市第一人民医院汇东分院
市国土资源局
市中医医院汇东分院
四川理工学院
市地方税务局
稽查局
川西南石油医院
市第四人民医院汇东分院
市大安红十字会济民医院
市交通局
通达支路
客运中心
市林业局
市国税局
网通大厦
公交大厦
内宜高速
206
207
305
G85
渝昆高速

眉山市

眉山山川秀丽，名人文化和长寿文化在这里源远流长，驰名中外的具有四川园林典型建筑特色的三苏祠；全国最大的国家森林公园瓦屋山；长寿文化之乡彭祖山和彭祖长城；有“蜀中名寺”之称的青神中岩寺，东坡文化节、彭祖寿星节等节日盛会，这些都是眉山文化真实味道的体现。

行政区类别：地级市
电话区号：028
面积：7186平方千米
人口：348万
邮政编码：620020

交通资讯
眉山火车站
地址：三苏大道西段
眉山客运中心站
地址：眉山市诗书路北段

瓦屋山

柳江古镇

风景名胜

◆柳江古镇

位于眉山市洪雅县城西南，距县城33千米，地处通往瓦屋山国家森林公园的途中。柳江镇临河而建，依山傍水，是一座具有湘西风韵的川西古镇。四周青山环抱，天气晴朗时还可远眺峨眉群峰。

交通：成都新南门坐车到洪雅，到了洪雅车站直接乘坐到柳江的车即可。

◆瓦屋山

眉山市洪雅县境内，距成都180千米，占地面积104万亩。四季可观日出、云海、佛光、圣灯、三个太阳等奇观。绵延不尽的杜鹃让瓦屋山赢得了“杜鹃王国”的称号。

由于地质作用，瓦屋山形成了向东西两侧略倾的屋脊状地形，从任何角度望去，此山整体上都状若瓦屋，因此得名“瓦屋山”。山顶平台约11平方千米，南北长3375米，东西宽3475米，平均海拔2830米，高出内蒙古“桌子山”681米，被有关地质专家认定为中国最高、最大的“方山”。清代何绍基称之为“坦荡高原”，而在民间则有“人间天台”之说。瓦屋山是中国历史上著名的道教圣地，曾与峨眉山并称“蜀中二绝”，享有“绿海明珠”之美称。

门票：50元

地址：眉山市洪雅县柳江镇

开放时间：9：00～17：00。

交通：乐山客运中心；成都新南门旅游客运中心都有车发往瓦屋山风景区。

◆三苏祠

北宋时期著名文学家苏洵、苏轼、苏辙父子三人的故居。元代改宅为祠，祭祀三苏。祠内有苏洵、苏轼、苏辙和程夫人、任采莲、苏八娘（苏小妹）、王弗、王闰之、王朝云、史夫人及苏家六公子等十余人的塑像；有木假山

∷三苏祠

堂、古井、洗砚池等苏家遗迹；珍藏和陈列着5000余件有关“三苏”的文献和文物，是蜀中最负盛名的人文景观之一。是成（成都）乐（乐山）旅游线上的一处重要景点。

地址：眉山市西南隅纱縠行内。

交通：北至成都60千米，南距乐山、峨眉均60余千米，有多趟旅游专线车可达。

◆青神中岩寺

青神中岩寺系中外佛教圣地之一，有“川南第一山”之称。中岩寺建于唐代，坐落于城南岷江河。这里林壑秀美，古径蜿蜒幽绝，涧道幽深神秘，名胜古迹众多。现为省级风景名胜区。

门票：20元

∷青神中岩寺

眉山
103
106
科工园三路
东坡大道北段
眉山经济开发区
联通路
市气象局
市档案局
眉山心脑血管病医院
科工园一路
大雅街
市政府
市财政局
眉州大道东段
金茂大厦
市国家税务局
市地方税务局
西来堰大桥
成昆线
水碾河
市水务局
市商务局
市农业局
市教育局
文安路西一段
文安路东一段
市卫生局
眉山站
眉州消化病医院
市劳动和社会保障局
客运中心站
眉山三医院
桐花巷
眉山美食一条街
市人民医院
呱呱叫生态园
紫竹中街
市环境工程评估中心
市房地产管理局
旭宝日化
眉山友谊医院
眉山皮肤病医院
市困难职工帮扶中心
劳动保障大楼
眉山交通
交通医院
市第一人民医院
李府
万化大厦
东坡外滩
红十字医院
成都中医药大学眉山教育中心
眉山中铁医院
眉山妇产科医院
环湖西路
世纪夜市
巴黎春天商业街
五圣路
地鑫大厦
眉山宾馆
下西街
东坡区
电信大楼
三苏祠
市人口普查办公室
市中医医院
苏湖医院
市人民医院
东坡湖公园
东坡湖
市园林绿化管理处
东门汽车站
学道街
岷江大桥
岷江

宝兴
芦山
雅安市
雨城区
名山区
荥经
洪雅
丹棱
蒲江
峨眉山市
夹江
沙湾区
成都市
雅安市
眉
乐
大相岭
红军长征纪念馆
龙门洞旅游景区
蒙顶山
天台山
高颐墓阙及石刻
天王庙
云峰寺
武同庙
贡嘎山
谢洞堂
东林寺
金舟寺
金道寺
丹棱烈士陵园
白云寺明代石刻
李家钰将军夫人刘湘云墓
南岳庙
宋塔
共德
承天寺
三王庙
白马庙
柳江古镇
目禅寺
银木寺
洪雅瓦屋山省级地质公园
王银庙
万年寺
接引寺
峨眉山旅游风景区
明月庵
文昌庙
南广庙
丹山寺
凉山彝族自治州
邛名高速
瓦屋山
大渡河
青衣江
成佳
太平
名山
雅安北
雅安东
东岳
木城
峨眉山市

成都市
资阳市
内江市
自贡市
宜宾市
眉山市
东坡区
彭山
青神
仁寿
井研
乐山市
市中区
五通桥区
荣县
新津
青龙场
彭山
眉山
文宫
仁寿
富加
宝飞
汪洋
连界
大林
永兴
简阳
邛崃
成雅高速
成乐高速
成自泸高速
乐自高速
关帝庙
烈士陵园
观音庙
古佛寺
光栗架祠堂
赖家祠堂
骑龙庙
观音寺
大林庙
中岩寺
土主庙
嘉州山
黄龙庵
千佛寺
郑庵寺
乐山大佛
乐山港
三清殿
银行寺
安家庙
大渡河峡谷
盘渡河
夹江
乐山南
井研南
长山
荣县西
荣县南
五通桥
213
S4
S7
106
103
108
305
S66
G93

乐山市

乐山市位于四川省的西南部，古称嘉州，以拥有世界文化遗产和自然遗产峨眉山－乐山大佛而享誉中外。在这里，我们可以看到大自然以其鬼斧神工的创造力，雕刻出乐山睡佛的凝重；佛教文化以其数代人的努力，创造了乐山大佛等浓郁的艺术氛围。无怪乎北宋文人邵博称赞“天下山水之胜曰蜀，蜀之胜曰嘉州”；苏东坡感叹“生不愿封万户侯”，但愿“载酒时作凌云游”。

行政区类别：地级市
行政区划：辖4区、1个县级市、4个县、2个自治县
电话区号：0833
面积：12826平方千米
人口：353万
邮政编码：614000

交通资讯

峨眉火车站
电话：0833－5470699
乐山客运中心站
电话：0833－2450710；
肖坝旅游车站
电话：0833－2182666
乐山联运汽车站
电话：0833－2447114

∷峨眉山秋色

∴乐山大佛

气候与游季

乐山位于东南季风和西南季风影响区域。东北部平原、丘陵地区属亚热带湿润季风气候，气候温和，无霜期长，雨热同季，雨量充沛，四季分明。这里自古就有“鱼米三江金天府，峨山沫水秀嘉州”的美称，年平均气温16.5℃。春秋两季是去乐山旅游的最佳时节。

交通

※**航空：**乐山市中心区距成都双流国际机场仅150千米，全程为高等级公路。市区内设有民航、火车售票处，可购买到成都发往全国各地的飞机票和火车票。

※**铁路：**成昆铁路横贯市属夹江、峨眉山、沙湾、峨边、金口河5个县(市、区)，乘火车到乐山、峨眉山旅游可在成昆线上的峨眉山站下车，该站距峨眉山风景区大门（报国寺）10千米，距乐山市中心31千米。

※**公路：**从成都到乐山走高速公路仅162千米，成都北门站、西门站、新南门车站有定时班车，各旅行社有旅游车。乐山与峨眉山市相距31千米，有高速公路相通，每10分钟就有一班车。除成都和峨眉山外，乐山还有发往重庆、内江、自贡、宜宾和雅安的高速公路客运专线。从市中心区到附近区县均有高等级公路相通。

※**水路：**乐山位于岷江和大渡河交汇处，每天有数十次旅游班船至乐山大佛。乐山港有通达宜宾、泸州、重庆的客轮。

∷峨眉山风景区

风景名胜

◆峨眉山风景名胜区

在峨眉山市城西南7千米。面积15平方千米。主峰金顶海拔3079.3米，自古享有“峨眉天下秀”的美誉。峨眉山为中国四大佛教名山，一生必游之地。全国重点风景名胜区。世界遗产。

门票：185元。

交通：从成都新南门车站出发，两个小时左右到达峨眉客运中心站，在中心站下车后，可以坐公交车或者打的去峨眉山。

◆乐山大佛

位于乐山城东岸岷江与大渡河交汇处，因建于凌云山峭壁，又名凌云大佛，是世界上最大的古代摩崖造像。距今已有1200多年历史。乐山大佛比山西大同云冈石窟最高的大佛要高出3倍，比曾号称世界最大的阿富汗帕米昂大佛高出18米，是名副其实的世界之最。

门票：90元。

交通：乘车到乐山肖坝旅游车站，之后建议乘出租车前往。

◆夹江千佛岩

在夹江县城西北3千米青衣江畔峭壁上。始造于隋，盛于唐。原凿有270余龛窟，2400余躯造像。今存150余龛。其中最著名的被认为是乐山大佛蓝本的弥勒坐像。欣赏江风与渔火中的唐代摩崖石刻造像。

门票：45元。

交通：在成都新南门汽车站乘坐到夹江的班车，在夹江县城到千佛岩有公交车前往。

◆夹江天福观光茶园

位于成都往乐山、峨眉山的成乐高速公路夹江天福服务区。天福茶园主要包含高速公路服务区、茶博物馆、川茶的产销枢纽等三大部份。现为农业部首批全国农业旅游示范点。园区内园林式规划建设，亭台楼阁、流泉飞瀑、绿草如茵、茶香四溢。

交通：在成都新南门坐车，到天福加油站下车即可。

文化游

乐山游线
乐山大佛—佛国天堂—东方佛都—凌云寺—灵宝塔—乌尤寺—崖墓博物馆—金鹰山庄

峨眉山游线
报国寺—峨眉山金顶—清音阁—万年寺—峨眉山大佛禅院—龙江栈道—飞来殿
犍为文庙—夹江手工纸博物馆—夹江千佛崖—船形街

考古游

※博物馆※

◆崖墓博物馆

拥有崖墓出土文物3346件，其中一级藏品33件，二级藏品72件。藏品中尤以陶舞俑（高86.5厘米）、陶马（高111厘米）、陶楼房等最有代表性，石刻造像有“结迦趺坐佛”、“琵琶弹奏乐伎”、画像石“挽马图”、“拥抱接吻图”、“荆轲刺秦王图”等。馆内现有陈列展厅2个，画像石棺亭1座，已清理复原的崖墓5座。分别展出“乐山崖墓概况”、“汉崖墓表现的汉代生活”。

麻浩崖墓：在麻浩河谷纵横500多米的范围内，墓穴多达数百座，为研究汉代的历史、文化、艺术提供了珍贵的资料。

地址：乐山市市中区南崖麻浩河谷

交通：麻浩崖墓位于凌云、乌尤两山之间的溢洪河道东岸，游客可以从成都到乐山走高速公路仅162千米，新南门、石羊场都有班车。乐山有多条线路可通景区。

宗教游

※佛教※

◆峨眉山

峨眉山与山西五台山、浙江普陀山、安徽九华山并称为中国佛教四大名山，是举世闻名的普贤菩萨道场。有“峨眉天下秀”之称，山上多佛教寺庙。1996年，峨眉山与乐山大佛共同被列入《世界遗产名录》。

峨眉山金顶：万佛顶建有铜殿一座，殿侧睹光台可观金顶四大奇观——日出、云海、佛光、神灯。

报国寺：报国寺在峨眉山麓，是峨眉山最大的一座寺庙，又是登山的大门，是游峨眉山的起点。该寺始建于明代万历年间，寺中有三件珍宝：一是七佛殿内的巨型瓷佛；二是高7米的14层紫铜“华严塔”（现已迁至伏虎寺）；三是高2.3米、重25吨的大铜钟。

万年寺：该寺创建于晋朝，为慧持大师所建，唐时改名白水寺，宋时易名普贤寺，明万历帝因赐无梁砖殿“万寿万年寺”之额改名为万年寺。该座园林式的寺院是峨眉山最大的寺院。内有铸于宋代太平兴国五年（公元980年）的普贤铜像，其重约62吨，高约7米。该寺为中国第一批重点文物保护单位。

清音阁：位于峨眉山牛心岭下黑白二水汇

峨眉金顶十方普贤

∷峨眉山

∷峨眉山

流处，海拔为710米，离报国寺15千米。该处是唐僖宗年间慧通禅师修建，供有释迦牟尼、文殊、普贤大师之像；阁下有双飞亭，左右各有桥，如鸟翼飞凌，故名双飞桥，亭下黑、白二水汇流处有一巨石，高丈许，形如牛心，故名“牛心石”。

龙江栈道：在清音阁上方约1000米的峡谷里，有迂回曲折的龙江栈道。这里两山壁立如削，谷中溪流喧腾飞溅，栈道开凿在峭壁上。俯视峡底清流，粼粼如雨，仰望凌空峭壁，天光一线，这就是盛传千载的“龙江栈道一线天”。

门票：旺季185元，淡季110元。上山车90元。

地址：峨眉山市峨山镇。

交通：成都北门、西门、新南门汽车站都有定时班车到峨眉山。

◆峨眉山大佛禅院

亚洲最宏伟的汉传佛教寺院“峨眉山大佛禅院”巍然屹立于峨眉山市城区之南、虎溪河畔，以该寺院为核心的峨眉山大佛禅院佛教文化旅游景区集宗教朝拜、旅游观光、生态体验、城市休闲为一体。旅游区由“一心”、“七区”组成，即：一心以大佛禅院为核心，七区是：入口综合服务区、佛教文化体验区、宗教朝拜区、佛教文化禅休区、主题酒店发展区、城市休闲娱乐区、市政公园绿化区，总称峨眉山大佛禅院佛教文化旅游区。

门票：10元。

交通：大佛禅院就在峨眉山市区，坐1路公交车峨眉花园下，嫌麻烦的话可以打个车5块钱直达。

◆凌云寺

毗邻乐山大佛，创建于唐代，今寺为明清所建，由天王殿、大雄殿、藏经楼组成的三重四合院建筑。目前，凌云寺已开辟成“乐山大佛陈列馆”，馆内陈列大量实物、文献、图片和模型，展示了乐山大佛九十年建造史和历代保护维修史。

地址：乐山市凌云山栖鸾峰上

交通：乐山市区乘3、13路公交车可到。

※民间宗教※

◆犍为文庙

始建于北宋，重建于明代洪武四年（公元1371年）。规模宏大，富丽堂皇。据称，在全国现存文庙中，该文庙规模居全国前五，四川第一。其大成门三重檐牌楼式建筑是我国古代建筑史上的奇葩。

门票：30元。

地址：犍为县玉津镇南街297号

交通：从乐山乘汽车到夹江，再换乘中巴可达。

∷犍为文庙

民俗游

※民俗博物馆※

◆夹江手工纸博物馆

全国十大专业博物馆之一。馆藏文物和实物标本2300余件，建有“功垂千古”、“作范后昆”、“古泾流风”、“蔡伦纪念馆”四个展馆，主要展示手工造纸技术的历史及成品。博物馆设有手工纸生产操作表演坊，收集陈列有原始的抄纸机具，游客在作坊内可亲自参与抄捞纸，体会造纸的乐趣。

地址：夹江千佛岩景区内佩玉泉旁

交通：从乐山乘汽车到夹江，再换乘专线中巴可达。

※古街巷坊※

◆船形街

即罗城古镇的主街凉厅街，建在一个椭圆形的山丘上，1982年西南建筑设计院在航拍时偶然发现它呈船形，故称“船形街”。据考证，这条布局奇巧、别具匠心、建筑古朴的老街始建于明代崇祯元年（公元1628年）。时至今日，这里仍保留着部分明清时代老四川文化的人文风貌。

地址：乐山市犍为县罗城镇

交通：距乐山市60千米。位于犍为县东北部，可从犍为县城乘城乡客车前往。

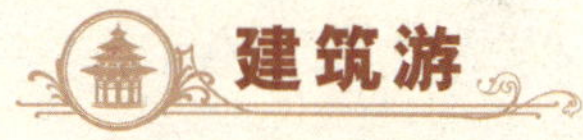

建筑游

※古代建筑※

◆飞来殿

建于宋代，原为道观，祀东岳大帝像，俗称“大庙”。是一座单檐歇山式木结构建筑，藻井绮丽，建筑雄伟。寺内有正殿、五岳殿、香殿、九蟒殿等。在1959年时，东岳大帝像和佛像被毁，成为空庙，现为国家级的文物保护单位。

门票：5元

地址：峨眉山市稻山镇飞来岗

交通：位于县城北约3千米的飞来岗上。可乘出租车前往。

◆灵宝塔

古代修大佛为了镇水保平安，修灵宝塔作为航船标志，使船工提高注意力，以便安全渡过险滩。灵宝塔建于宋，坐东向西，为砖筑方形，十三层空心密檐式四方锥体，高38米。下层高，以上层层收缩，直至塔顶。内实为5层，有通光小孔，每层设佛龛，有石刻佛像。

地址：乐山市凌云山灵宝峰巅

交通：可乘坐旅游专线车或出租车前往。

∷乐山大佛

※古代雕刻※

◆乐山大佛

“佛是一座山，山是一尊佛”，大佛通高71米，头高14.7米，发髻有1021个，耳长6.72米，鼻长5.33米，眼长3.3米，肩宽24米，手的中指长8.3米，脚背宽9米，长11米，是迄今世界上最大的一座石刻佛像，号称“天下第一佛”。乐山大佛也是世界最大的石刻艺术珍品，被誉为宗教学、水利学和传统雕刻艺术的经典之作。

佛国天堂：屹立于凌云山丹霞峰，距乐山大佛不足200米，是一处融古建筑、摩崖造像、雕塑雕刻、壁画彩绘为一体的佛教景观。

东方佛都：距乐山大佛约500米之遥。这里集中仿制了国内外佛像3000多尊，选用了石刻、铜铸、彩塑、墨玉等不同材质。

门票：90元。

交通：可乘3路旅游专线车或13路公交车直达。也可以坐轮渡。从乐山城区去对岸的大佛，轮渡1元。下岸10分钟便是景点大门。

◆夹江千佛崖

靠青衣江左岸的石壁上，整齐地排列着200多窟石刻造像，共2400余尊。这些造像开凿于隋，兴盛于唐，延及明、清；造像排列错落有致，少则独占一窟，多则上百尊集于一窟；大可逾丈，小不及尺，造型优美，技艺精湛，姿态各异，绚丽多彩，故称“千佛崖”，其中尤以“净土度”为佳。千佛岩显示了中国古代高超的石刻艺术水平。除摩崖造像外，还有琳琅满目的历代题刻。景区内修有栈道和亭阁，可供游人游览休憩。

门票：45元。

地址：夹江县木城镇。

交通：景区位于乐山市夹江县城西3千米处。从乐山乘汽车到夹江，再换乘中巴可达。

∷千佛崖

成乐公路
市中区林业局
技监局
龙游路
白燕路
嘉林路
凤凰路中段
天星路
城北医院
联运汽车站
龙游路中段
乐山肛直肠医院
云集大厦
306
305
佛光湖
乐井路
四川乐山信息技术专修学院
市烟草专卖局
市水利局
冠林
乐山大桥
柏杨西路
104
306
市中区卫生局
市中区妇女儿童医院
市林业局
客运中心
市交通局
岷
山湾宾馆
泥溪河
市会展中心
乐山和谐温馨商务酒店
凤凰路
嘉州大道
市粮食局
友谊医院
尧茂书塑像
市财政局
市殡葬管理所
市第二人民医院
柏杨中路
乐山电视广播大学西城部分
金融大厦
市人民医院新区分院
白塔街
白云路
嘉定北路
市中区妇幼保健院
乐山卫生局
市体育局
市国税局
市地震局
柏杨东路
碧山湖森林公园
市教育局
市中区国税局
致江路
凌云饭店
碧山湖公园
安沐路
凌云大厦
绿心
绿心路
人民北路
市中区地税局
市中西医结合医院
老年病专科医院
市第三人民医院
乐山广播电视大学
市公路管理局
海棠公园
人民东路
嘉定中路
岷江大桥
大桥西街
长城大厦
市第二中医院
乐山大佛博物馆
市中区建设局
金海棠大酒店
市气象局
温州大厦
乐山师范学院旅游学院
老霄顶公园
江
成都理工大学工程技术学院
市文化局
市地方税务局
市人民医院
市中区
市妇幼保健院
肖坝路
乐山师范学院
肖坝旅游车站
滨河路
市环境保护局
市政府
大渡河
观佛楼
乐山大佛景区
沙乐路
就日峰宾馆
乐山

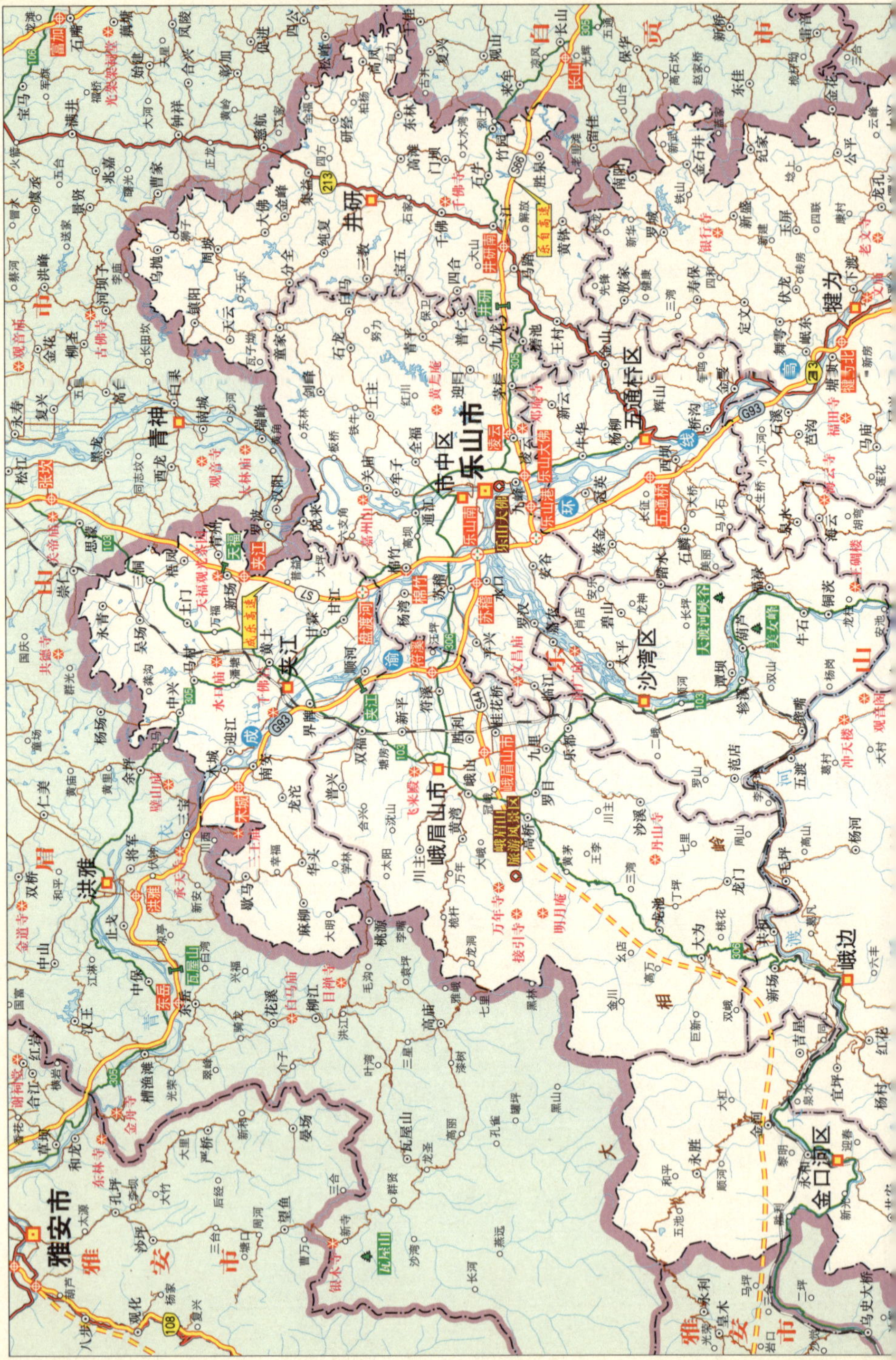
乐山市
市中区
五通桥区
沙湾区
金口河区
井研
犍为
夹江
峨眉山市
洪雅
青神
峨边
雅安市
乐山大佛
峨眉山旅游风景区

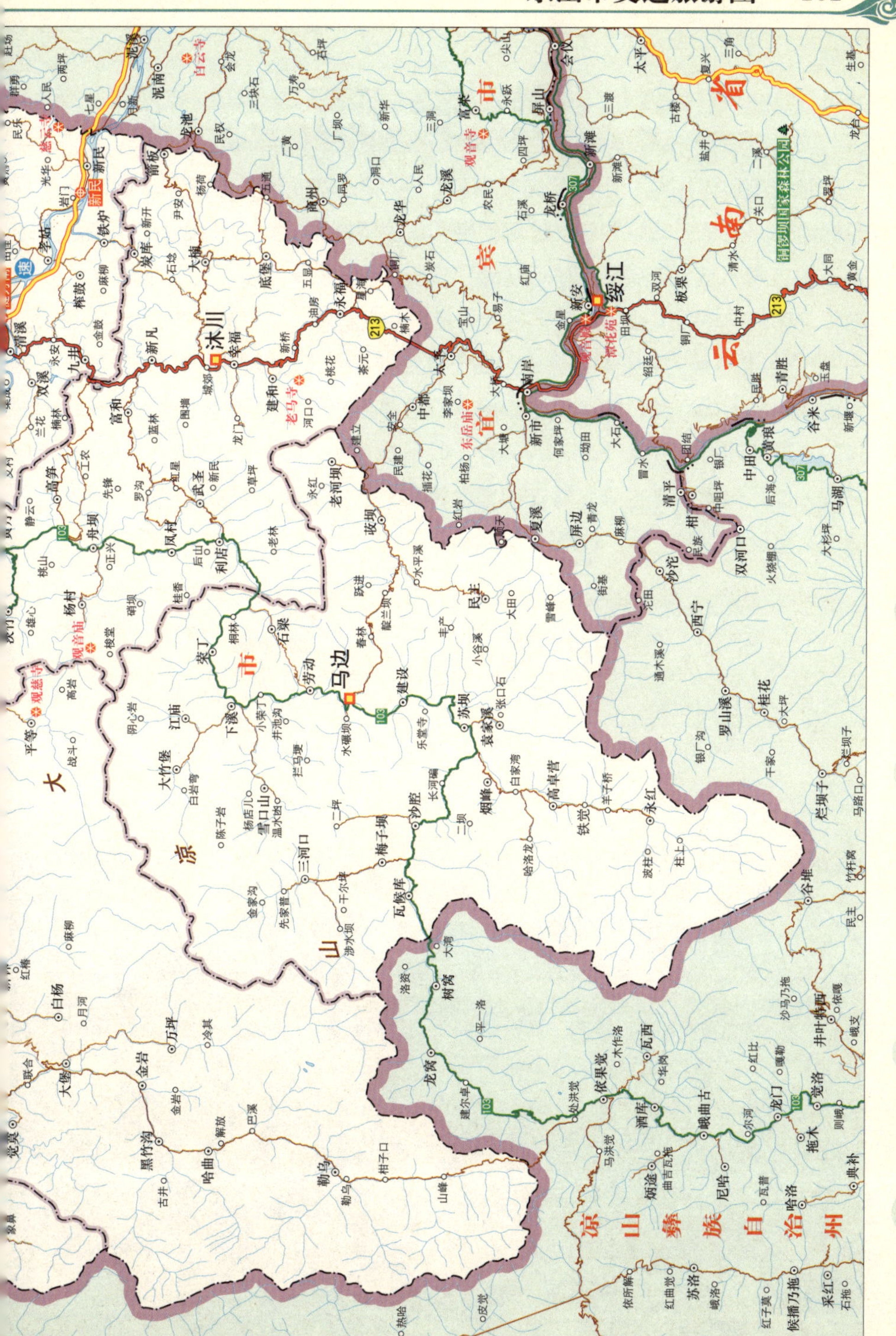
沐川
马边
绥江
屏山
新市
凉山彝族自治州
213
307
103

雅安市

雅安市位于川藏、川滇公路交会处，距成都120千米，是成都平原向青藏高原的地形、生态、气候的自然过渡地带和汉民族向藏、羌、彝民族的人文过渡地带，是古南方丝绸之路的门户和必经之路。因该地降雨多，有“雨城”、“天漏”之称。它是四川省历史文化名城和新兴的旅游城，以“熊猫故乡”、“石材王国”、“水电基地”之誉闻名遐迩。由于雅安地缘优势明显，自然资源丰富，人文底蕴深厚，山川秀美，生态良好，旅游资源得天独厚。这里是世界上第一只大熊猫的发现地和模式标本产地，2006年，以雅安为主要核心区的四川大熊猫栖息地被列入世界自然遗产名录。雅安也是世界茶文化、茶栽培的发源地，是全球人工栽培茶树最早的地区。“雅雨”、“雅鱼”、“雅女”并称“雅安三绝”。

行政区类别：地级市
电话区号：0835
面积：15398平方千米
人口：156万
邮政编码：625000

交通资讯
雅安旅游车站
电话：0835—2620235
雅安汽车站
电话：0835—2623829

::上里古镇

∴牛背山

风景名胜

◆上里古镇

1982年被四川省命名为“历史文化名镇”。这里是红军长征北上的过境地，也是昔日南方丝绸之路的重要驿站。小镇依山傍水，田园小丘，木屋为舍，现仍保留着许多明清风貌的吊脚楼式建筑。现在这里也是很多影视作品的外景地。

◆牛背山

位于雅安市荥经县境内，山顶海拔3600米，因山顶一面悬崖有巨石突出酷似牛头、山脊细长貌似牛背而得名。牛背山的独特地理位置，使它获得了360度全方位“中国最大的观景平台”和绝佳摄影圣地的美称。2009年第9期《国家地理杂志》这样描述牛背山：“泥巴山、瓦屋山、峨眉山、夹金山、四姑娘山和二郎山在前，贡嘎雪山在侧，大渡河大峡谷在后，几乎天府之国的所有名山峻岭在此时都变成了玲珑盆景。而翻滚的云雾之下，群山丘陵逐级降低，缓缓融入稻浪翻滚的天府平原。”

交通：可从荥经包车前往。

◆东拉山大峡谷

地处宝兴县陇东镇境内，位于龙门山脉邛崃山脉南部的宝兴段，是一处极为罕见的高品位自然生态风景区，为川西峡谷地貌自然生态景观的代表性景区。东拉山大峡谷景点丰富，一年四季景色各异。春看彩林野桂，夏观草原峡谷，秋赏万紫千红，冬望雪山冰瀑。

门票：旺季50元，淡季40元。

交通：在宝兴县乘坐开往陇东镇的车，到了陇东包车进入景区。

◎土特产◎

雅安贡鱼（雅鱼）

雅安特产雅鱼属雅安名特产之一，是中亚高原山区特有的品种，又称“丙穴鱼”。产于青衣江（雅安段）周公河，故称雅鱼。鱼形似鲤而鳞细如鳟，体形肥大，肉质细嫩，沙锅雅鱼为当地名菜。相传，清代上贡慈禧，太后赞美为“龙凤之肉”。

宝兴贡砚

又名外郎石砚、穆坪石砚。产于四川省雅安市宝兴县民治乡外郎坪。清代，道光皇帝验用宝兴外郎石砚后爱不释手，遂定为“贡砚”。穆坪砚石具有发墨、不损毫、研墨不拒、储墨不腐、寒冬砚槽之水不结冰的优点。

名山贡茶（蒙顶茶）

产于四川蒙山。相传2000多年前，僧人甘露普慧禅师吴理真，“携灵茗之种，植于五峰之中”。吴理真在上清峰栽了七株茶树。这茶树“高不盈尺，不生不灭，迥异寻常”，久饮此茶，有益脾胃，能延年益寿，故有“仙茶”之誉。

天全薇菜

天全高山峡谷地带，冬寒有雪，适宜野生蕨类植物生长，其品种纯正，嫩苗粗壮，肉质肥厚，加工后呈红棕色，具有光泽，根条完整，卷曲柔软，用开水浸泡，全部恢复原状。属山珍佳品，在日本享有盛誉，年产80万斤远销海内外。

大熊猫

小熊猫

◆碧峰峡熊猫基地

集大熊猫饲养、繁殖、科研、珍稀野生动物救护和科普教育于一体的大熊猫乐园。移栽有六七种大熊猫喜食的竹子，山、林、竹、水相依，还有熊猫饲养、科研人员相随，体现了一种“熊猫、竹子与人”的自然氛围。

◆碧峰峡

位于雅安市北8千米，景区为两条峡谷，左峡长7千米，右峡长6千米，呈“V”字形，宽30-70米，海拔700-1971米，峡壁相对高度100-200米。植被、峡景和瀑布是碧峰峡景区的鲜明特色。峡内林木葱郁，苍翠欲滴，峰峦叠嶂，崖壑峥嵘。

门票：130元（含熊猫园）。

交通：成都新南门旅游客运站乘坐从成都到碧峰峡的旅游专线车直达。

∷碧峰峡

◆夹金山

又名大雪山，位于宝兴县境内，是中国工农红军二万五千里长征翻越的第一座大雪山。夹金山自然风光旖旎，原始森林茂密，以高山湖泊、红军遗迹、民族风情独树一帜，并以雪景著称。夏日常有飞雪，尤以春雪最为壮观。

门票：25元。

交通：从雅安旅游车站坐班车到宝兴，然后在宝兴县换乘去硗碛藏乡的客车，硗碛有很多私家车，可以包一辆上夹金山。

◆灵鹫山

位于芦山县城西北5千米处。相传灵鹫山是燃灯道人修炼之地，故有“先有灵鹫，后有峨嵋”一说，历史的久远为灵鹫山平添了几分神秘色彩。灵鹫山山势险峻，终年积雪。山下还有成片的杜鹃林，一到春季，竞相争艳。秋季则满山红叶，层林尽染。这里春可观花，夏可避暑，秋可看红叶，冬可赏雪。一年四季，美不胜收！

◆蒙顶山自然保护区

在名山县境内，距成都110千米，离雅安市15千米。由蒙山和百丈湖组成，是中国种茶业和茶文化的发祥地之一。“扬子江中水，蒙山顶上茶”这句诗让蒙顶山进入了世人的视线。

门票：60元。

交通：成都新南门、高升桥、城北客运中心等每日有班车经过蒙顶山到雅安，经成雅高速路到蒙顶山仅1小时车程。

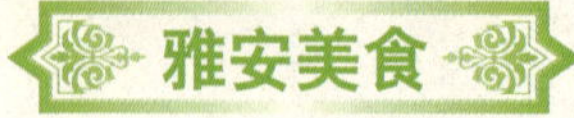

雅安美食

“三香三椒三料，七滋八味九杂”是雅安菜的特点。三香乃葱、姜、蒜，三椒乃辣椒、胡椒、花椒，三料乃醋、郫县豆瓣酱、醪糟。七滋是指：酸、甜、苦、辣、麻、香、咸。八味是指：鱼香、麻辣、酸辣、干烧、辣子、红油、怪味、椒麻。九杂是指雅安菜用料之杂。

正菜有特色，小吃也很多姿多彩。到雅安，不去吃小吃是最大的遗憾。雅安小吃，大凡并不讲究店面，多是简单桌凳，顾客随意性较好，方便实惠。

比较出名的雅安小吃有中大街大菜市场里的程凉粉和伍抄手。程凉粉的甜水面、凉面、春卷都不错。还有一家卖油炸臭豆腐、洋芋和蛋烘糕的，也是雅安的名小吃店，地址在中大街好利来隔壁的巷子里。在晚上，吃的地方更多，一般卖烧烤和铁板烧的基本都集中在人民路川农大门口和解放路以及沿江西路的啤酒屋；而卖串串烧的则集中在康藏路的巷子里面，价格都非常的实惠。

雅安娱乐

雅安是一个小城，很悠闲的那种。所以就连青衣江畔的酒吧街也不是非常吵闹的那种气氛。这条酒吧街晚上有夜市，有很多大排档那种感觉的店，装修风格都差不多。最近，那里还新开了一家纽卡斯尔，是重庆的分店。

雅安购物

雅安六大贡品：雅安贡鱼（雅鱼）、名山贡茶（蒙顶茶）、天全贡米（香谷米）、汉源贡椒（花椒）、贡连（黄连）、宝兴贡砚（外郎石砚）。另外，还有大理石雕刻艺术品、天全薇菜、天全香菇、多营弥猴桃、汉源雪梨、汉源花椒、雅安边茶。

在雅安市区内，购物场所主要分布在雅安市委市政府所在的青衣江南岸，大多集中于雅安西、中、东大街和新民街、羌江南路一线和新康路上。

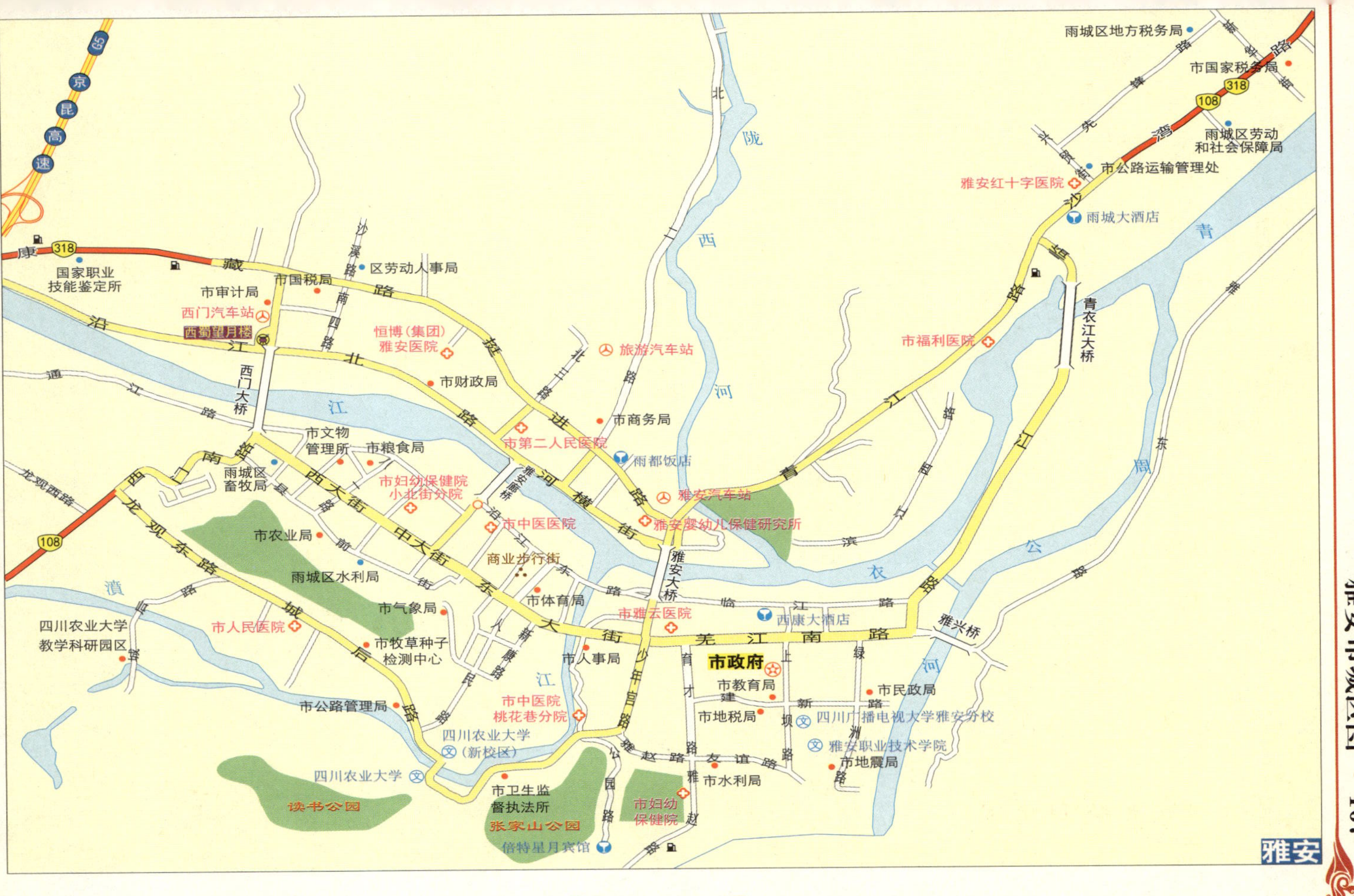
雅安
雨城区地方税务局
市国家税务局
雨城区劳动和社会保障局
市公路运输管理处
雅安红十字医院
雨城大酒店
青衣江大桥
市福利医院
国家职业技能鉴定所
市审计局
西门汽车站
西蜀望月楼
西门大桥
市国税局
区劳动人事局
恒博（集团）雅安医院
旅游汽车站
市财政局
市商务局
市第二人民医院
雨都饭店
雅安汽车站
雅安婴幼儿保健研究所
市文物管理所
市粮食局
雨城区畜牧局
市妇幼保健院小北街分院
市中医医院
商业步行街
市农业局
雨城区水利局
市气象局
市体育局
雅安大桥
市雅云医院
西康大酒店
雅兴桥
市政府
市人事局
市人民医院
市牧草种子检测中心
四川农业大学教学科研园区
市公路管理局
市中医院桃花巷分院
四川农业大学（新校区）
四川农业大学
读书公园
市卫生监督执法所
张家山公园
倍特星月宾馆
市妇幼保健院
市水利局
市教育局
市地税局
市民政局
四川广播电视大学雅安分校
雅安职业技术学院
市地震局
青衣江
陇西河
周公河
龙观东路
龙观西路
318
108
G5 京昆高速

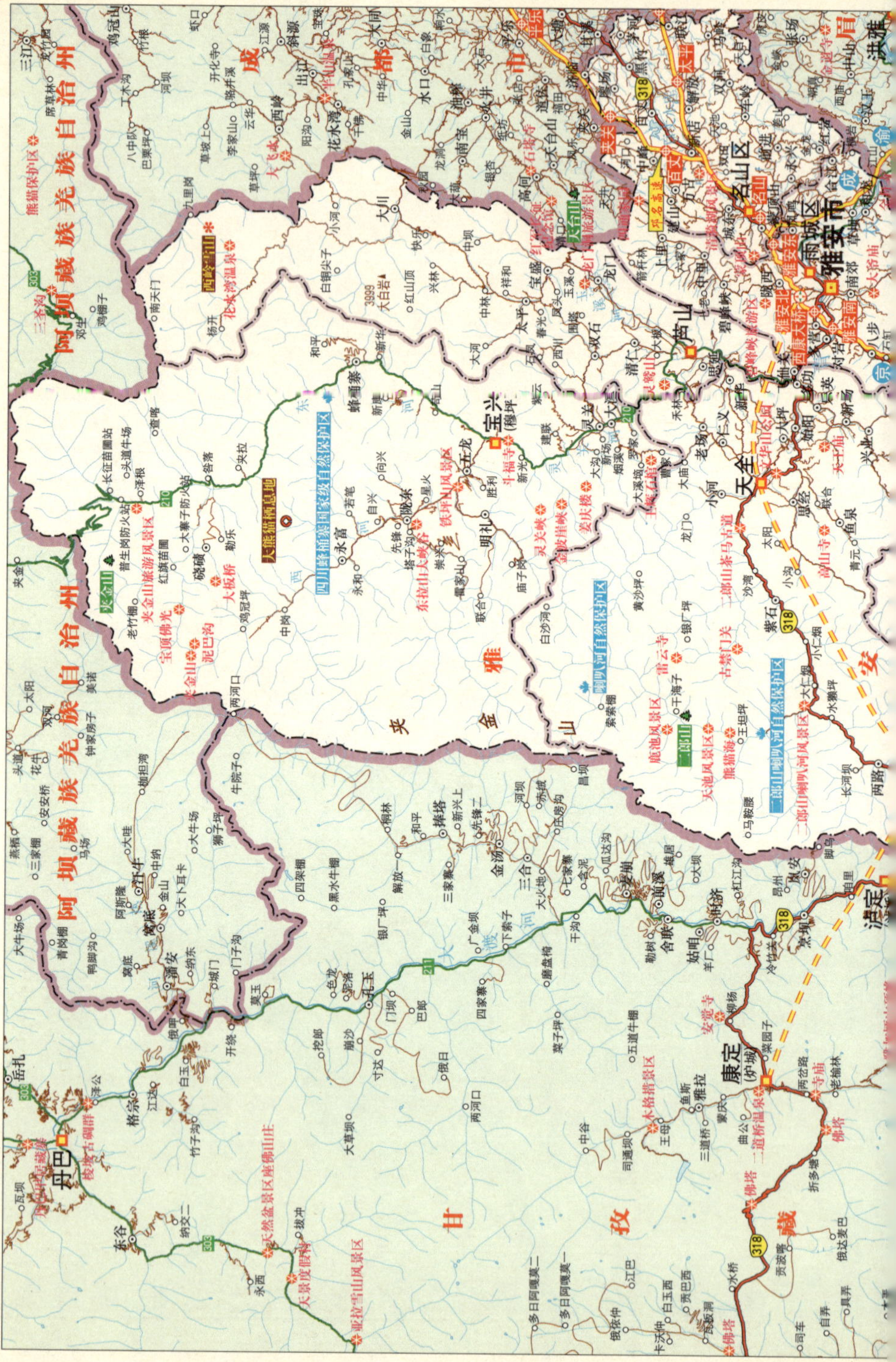

雅安市
雨城区
名山区
芦山
宝兴
天全
泸定
康定
丹巴
阿坝藏族羌族自治州
甘孜藏族
夹金山
四川蜂桶寨国家级自然保护区
大熊猫栖息地
二郎山
318
210
211
303

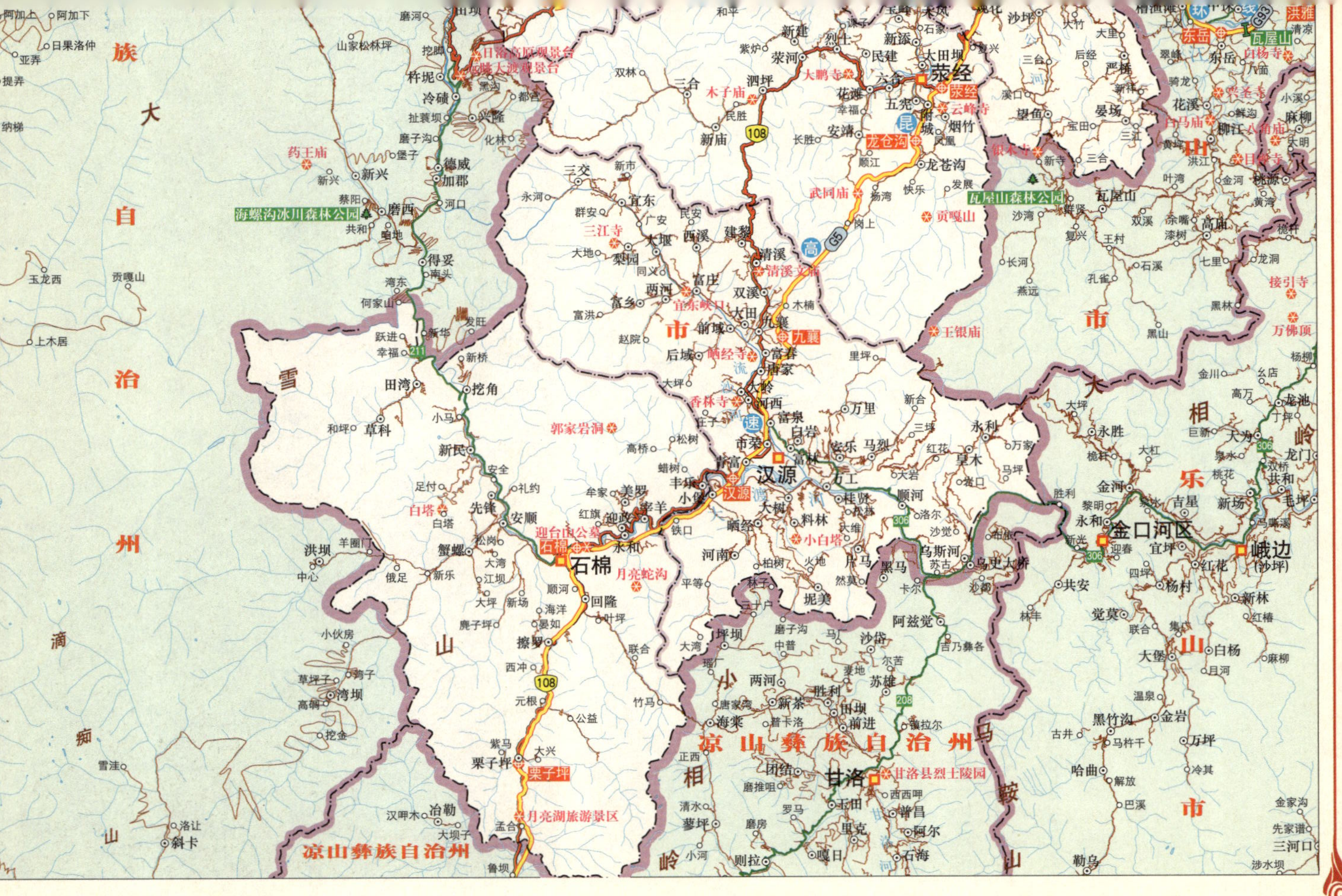
荥经
汉源
石棉
金口河区
峨边
(沙坪)
甘洛
凉山彝族自治州
甘孜藏族自治州
乐山市
瓦屋山森林公园
海螺沟冰川森林公园
月亮湖旅游景区
甘洛县烈士陵园
郭家岩洞
月亮蛇沟
小白塔
王银庙
贡嘎山
武同庙
三江寺
药王庙
九襄
清溪
栗子坪
迎台山公墓

宜宾市

作为“万里长江第一城”的宜宾，其历史文化大多与长江有着密不可分的联系。而宜宾比较著名的要数竹文化、茶文化、僰人文化和酒文化。蜀南竹海作为宜宾竹文化的代表，除了美景还有美食，引来了众多的追捧者。我国古代的少数民族僰人只在宜宾留下了“僰人文化”的唯一资料。至于宜宾的酒文化，就不得不提中国名酒——五粮液。不过，五粮液在宜宾诞生也并不意外，毕竟3000年前的“青铜爵”已经在向人们诉说着宜宾悠久的酿酒历史。

行政区类别：地级市
行政区划：辖2个区、8个县
电话区号：0831
面积：13283平方千米
人口：541万
邮政编码：644000

交通资讯

宜宾菜坝机场
电话：0831-8102460
宜宾火车站
电话：0831-7812401
宜宾北门汽车站
电话：0831-8226001
宜宾南岸汽车站
电话：0831-2335492

∷蜀南竹海

兴文石海天坑

气候与游季

宜宾市属中亚热带湿润季风气候，低丘、河谷兼有南亚热带的气候属性。具有气候温和、热量丰足、雨量充沛、光照适宜、无霜期长、冬暖春早、四季分明的特点。

交通

※航空：菜坝机场为二级机场，最大起降机型为波音737，1992年12月16日竣工及首航，是四川省第二大机场，也是四川少有几座赢利的直线机场之一。现执行宜宾至北京、上海、广州、深圳、昆明、宜昌等航线。

※铁路：已建成电气化铁路干线——内昆铁路（北接成渝铁路、南接贵昆铁路），地方铁路——宜珙铁路、金筠铁路。成贵高速铁路已经有部分开通，并预计在2015年全线开通，届时成都坐火车到贵阳的时间，可由12小时缩短为3小时左右。

※公路：经过境内的国道有213国道、国道主干线GZ40。高速公路已建成通车的有内宜高速（北接成渝高速），宜昆高速（宜宾—昆明），乐宜高速（乐山—宜宾）；正在建设中的有宜泸高速（宜宾—泸州）。计划建设的有金沙江沿江高速（宜宾—西昌—攀枝花），宜遵高速（宜宾—遵义），宜叙高速（宜宾—叙永），宜昭（宜宾—昭通）（经高县、筠连到彝良），宜宾交通外环线。

※水运：岷江和金沙江在宜宾市区汇合始称长江，以宜宾市区为中心，沿岷江西北而去可至四川乐山，沿金沙江西南而行可抵云南水富，沿长江东下可达上海。宜宾市境内有河道10余条，通航里程963.3千米。

风景名胜

◆李庄古镇

地处长江南岸的李庄与大桂轮山隔山相望，依山傍水，风景宜人，其古建筑在中国建筑史上有着重要地位。最为著名的当数旋螺殿、栗峰山庄，其中旋螺殿为李庄四绝之一。

交通：宜宾南岸客运站乘坐任何一辆发往李庄的公交车即到。

◆蜀南竹海

位于四川长宁、江安两县毗连的南部连天山余脉中，距长宁县城50千米，距宜宾市81千米。景区内28座山岭全是茂密的竹林，是中国最壮观的竹林。全国重点风景名胜区。

门票：110元。

交通：宜宾市南岸客运站经长宁到竹海路程仅50千米，旅游巴士每15分钟一班。

∷蜀南竹海

◆石海洞乡（又称兴文石林）

在兴文县城南30千米处。石林、溶洞遍及境内，是融岩溶风光与苗人文化为一体的旅游胜地。主要景观集中在兴晏、周家、曹营3个区。境区内的“天泉大漏斗”，深达208米，径长500米至650米，俗称天盆，似天外陨石撞击地球而形成的一个凹坑。

门票：90元。

交通：从宜宾南客站坐到兴文县，车程两个半小时。再从兴文县乘坐到达石海的专线车，半个小时。

∷兴文石海悬棺

◆僰人悬棺

在宜宾市东南部、珙县曹营乡苏麻湾。为古代少数民族人的一种墓葬形式，即把棺木置于离地几十米高的悬崖峭壁上。悬棺尚有50余具，保存完整，是一个始终未得解开的丧葬之谜。

交通：可从宜宾乘火车至珙县。再换乘汽车到悬棺最集中的麻塘坝和苏麻湾等地参观。

文化游

➔市区游线

明代酒窖—白塔—黑塔—旧州塔—大观楼—真武山古庙群

➔郊区游线

僰人悬棺—李庄古建筑群—龙华古镇—夕佳山民居

考古游

※遗址※

◆明代酒窖

宜宾五粮液酒厂现存明代的地穴式曲酒发酵窖（简称酒窖），分布在该厂城区车间“顺字组”和“东风组”内。“顺字组”工场，在宜宾市长春街70号，是原“利川永”糟坊旧址，现有窖27口。据查此三窖原为

“利川永”的前身，创自明初的“温德丰”糟坊。其原型呈斗形，与明末清初的“张万和”、“叶德盛”糟坊所开的长方形窖有异。结合历代祖传的口碑资料及“杂粮酒”（1929年更名为五粮液）秘方的嫡传情况考证，这三口窖的年代上限当不晚于明初。

◆僰人悬棺

僰（音bo，类“博”）人悬棺现为全国重点保护的文物，被称为巴蜀一绝。目前保存尚好的悬棺首推珙县洛表乡的麻塘坝和曹营乡的苏麻湾，在垂直山壁上悬置着200多具黑色棺木。棺木离地越高，代表着死者的身份地位越高。最高者离地约100米。

门票：20元

交通：从宜宾乘火车至珙县，再换乘汽车前往。

∷悬棺

寻根游

※名人故居※

◆李庄古建筑群

李庄规模较大的明清建筑有：旋螺殿、禹王宫、东狱庙、南华宫、祖师殿、文昌宫、慧光寺、张家祠堂、罗家祠堂、四姓大院民居等。不仅古迹众多，李庄还是抗日战争时期大后方的文化中心之一。1939年，国立同济大学、金陵大学、中央研究院、中央博物院等十多家高等学府和科研院所迁驻李庄。

门票：20元。

地址：宜宾市郊长江南岸李庄坝

交通：宜宾南岸客运站乘坐任何一辆发往李庄的公交车即到。

◆夕佳山民居

夕佳山民居位于宜宾江安县夕佳山境内，始建于明万历四十年年，清代扩建竣工。古民居深院高墙，飞檐黛瓦，属保存完整、国内罕见的川南古民居。夕佳山民居布局讲究，门窗雕刻精美，周围古木成荫。当地利用民居内的厅堂设立了民俗博物馆，再现了历史上川南地区婚丧耕读的系列民俗。夕佳山古民居是我国目前保存最完整的古代民居建筑群之一，被誉为“中国民间建筑化石”。

门票：30元。

交通：宜宾市距夕佳山89千米，可由宜宾南门客运站乘车前往，游客也可自驾车前往。还可以从宜宾乘汽车或轮船到长江边的江安县城，再换乘公共汽车前往。江安至夕佳山车程约40分钟。

∷夕佳山民居

宗教游

※民间宗教※

::真武山古庙群

◆真武山古庙群

真武山与翠屏山毗连，因山上有真武祠而得名。此山又名仙侣山、师来山、元武山，均与神仙际遇有关。真武山一直以来就是川南道教名山，山上依岗取势原建有飞来寺、牛王庙、半边寺、遇仙楼等庙宇十二座，今仅存八座。建筑布局，颇具匠心，参差邻峙，分中有合，构成了鳞次栉比、丛集壮观的真武山庙宇群，其势度、工艺均可与青城山的宫观建筑媲美。

开放时间：8：00～17：30

交通：宜宾市乘坐4、7路公交车在蒲草田站下即到。

建筑游

※古代建筑※

◆黑塔

黑塔又称七星山塔，于明嘉靖年间（公元1522~1566年）所建，与东山白塔隔长江相望。黑塔塔身为空心密檐八方圆锥形砖石结构，台基为须弥座，塔顶早塌，现存七层。塔内有空室，置佛龛，多浮雕石刻，有登道盘旋而上。塔身逐层内收，第七层座檐上为暗层塔顶。塔内有实心柱，每至一层都有龛室。塔内踏道顶用砖相对叠涩作卷形顶，踏级绕实心柱由左至右盘旋至顶。整个塔身用铁青色砖石砌成，未敷涂料，加之多年没进行过维修粉饰，远观如黛，“黑塔”之名由此而得。

开放时间：8：00～17：30

交通：3路公交车南客站下。

◆白塔

白塔，又名东雁塔，位于宜宾城东面的登高山上。白塔建于明代隆庆年间（公元1567~1572年）。塔身为空心密檐六方圆锥形砖石结构，共八层。塔门雕龙抱柱；塔座雕负重力士；塔内有梯旋环可通顶端。在塔顶有六七平方米的平台，可鸟瞰宜宾城及远近山水，是宜宾登高览胜的极好地方。

白塔旁有登高山城和搞元遗址。距塔数十步，有报恩寺，又称白塔寺，寺内一栋三楹，两侧有厢，颇为幽静。现有部分已毁，旧址沿存。

开放时间：8：00～18：00

交通：2路公交车五粮液站下。

::白塔

◆旧州塔

旧州塔在宜宾城北，建于北宋崇宁元年至大观三年（公元1102~1109年），为十三重密檐式方格砖塔。塔身用砖在平地建砌，没基脚，底层特别大，檐部用叠涩砌法，向外层挑出。自第二层开始，塔身逐渐收缩，愈上愈急，直至第十三层止，转而收分成梯形的平台两重，形成优美流畅的轮廓。塔内有五层，每层皆有心室。室顶为藻井天花。四角砌斗拱，结构简练朴实，室内小龛供佛像。塔壁有铭文多处。

门票：1元

交通：乘2路公交车江北公园站下。

◆大观楼

原名谯楼，在宜宾市西街口。建于明代（另有唐代韦皋建之说），清嘉庆年间焚毁，乾隆乙酉年（公元1765年）重建。大观楼素面高台，平面呈四方形，四方中段有一拱形门，内为通道，形成“十”字空间，是古城东西南北街交会点之一。整座建筑气势恢弘，高敞壮观。清人邓时敏在《叙郡谯楼记》中称为“西南之最”。新中国成立后曾多次维修，已批准为地区级重点文物保护单位，现是宜宾市图书馆阅览室。

※宜宾周边景点※

◆泸州老窖国宝窖池

泸州以出产泸州老窖酒和古蔺郎酒而享有“酒城”美誉。泸州老窖建造于明万历元年（公元1573年），更加珍奇和弥足可贵的是，这个窖池在400多年的时间里，不间断使用，延续至今，依然保存完好，毫发无损，被誉为中国第一窖，是中国浓香型大曲酒的发源地。2005年，泸州老窖被确定为我国白酒行业唯一一家“全国工业旅游示范点”。

◆张大千纪念馆

主体建筑有大风堂、画苑等，采用三合院、四合院几重进院落式布局，馆内收藏并

∷张大千纪念馆

展出大千先生各个时期的艺术作品，介绍了国画大师的艺术生涯和艺术成就。

地址：东兴区东桐路圆顶山西林寺西侧。

交通：乘内江市内公交可到。

吃喝玩乐购

宜宾美食

宜宾饮食以鲜辣为特色，五粮液、宜宾燃面、碎米芽菜闻名中外。菜肴有宜宾板鸭、怪味鸡、琵琶冬腿、江安竹簧等。小吃有凉糕、炖鸡面、柏溪潮糕等。

宜宾的河鲜更是不可不吃，经营河鲜的酒楼大多“停”在江边，看上去是一艘一艘的轮船，原味火锅烫煮的黄辣丁、玄鱼子，让人吃一回就牢牢记在心里。

※美食老号※

◆宜宾燃面

➲街心花园人民路17号

宜宾最具特色的小吃，原名叙府燃面，早在清光绪年间，便开始有人经营。现主要经营面食，包括：燃面、荤燃面、口蘑面、生椒牛肉面、肥肠面、京酱面、排骨面。

电话：0831-8228047

◎风味小吃◎

宜宾燃面

宜宾最具特色的小吃，原名叙府燃面，早在清代便开始有人经营。燃面特点是：松散红亮、香味扑鼻、辣麻相间。因其油重无水，引火即燃，故名燃面。

糟蛋

习称“叙府糟蛋”，为清代张竹君所创制，是将鸭蛋浸泡于配好作料的醪糟甜酒汁中一至三年而成。其特点是“蛋质细嫩柔和、蛋黄殷红、蛋白橙黄、醇香清幽、油沙可口、食味鲜香、余味绵长”，为佐酒助膳佳肴。

◎特色菜肴◎

咸烧白

属蒸菜类。“烧白”是四川人的叫法，北方管这道菜叫“扣

肉”。选新鲜的五花肉，配以宜宾芽菜、姜片、辣椒、花椒等，略加烹饪后，放入大碗中共蒸，蒸熟后把碗倒扣过来，浇些汁，

提示：大大小小的燃面馆“燃”遍整个宜宾城。宜宾很多街边小店的燃面味道都不错！没必要专选这家品尝。

◆泗合圆

➲宜宾市北通道

早在清朝末年，小本经营的川菜厨师唐四清，开始创办了“泗合圆餐馆”。今天的“泗合圆”已经成为宜宾的百年老店，其营业面积2200平方米，可同时容纳700人就餐。包括茶坊、棋牌等娱乐设施。特色菜有豉椒鳝片、红粉佳人、双合千张、辣子肥牛等。

电话：0831-8230852

◆李庄白肉

➲翠屏区水井街，水井街与忠孝路口东南侧

民间流传李庄白肉因周武王起兵伐纣，起义各路人马将尸首断开的妖狐苏妲己割片蘸上蒜泥分而食之演变而来。刀工是李庄白肉一绝，细长的肉片几近透明，再配以精心调制的蘸酱，味道独特，色泽更是不错，吃起来是肥而不腻，风味独特，别具一格。推荐凉拌白肉。

◆百味园

➲五粮液集团内

前身是五粮液酒厂的职工食堂，以五粮液烧白而闻名。所谓烧白就是扣肉，“百味园烧白”源于北宋黄庭坚的“戎州烧白”。20世纪50年代末，百味园老厨师对“戎州烧白”进行了多年精心研制和总结，推出更具五粮液特色的“百味园烧白”。成菜色泽红亮，酒香宜人，肥而不腻，各味协调，恰到好处。

※饕餮食府※

◆大华渔港

➲水东门河边

一所位于三江汇合处的沿江水上餐饮。特色菜：江团火锅、黄辣丁火锅、河鲢火锅、水鼻子火锅、鱼蜂火锅、清蒸江团、黄焖黄辣丁、干烧水鼻子、活水鱼蜂、大蒜河鲢。

电话：0831-8203998

交通：3路公交车水东门站下车。

◆李记沙河豆腐饭庄

➲南岸下渡口建国路27号（供电局旁边）

烹调沙河豆腐的名店，沙河豆腐产于宜宾高县沙河镇，具有数百年生产历史。李记饭庄以其独特的水质和制作工艺，使沙河豆腐具有皮绵肉嫩、色泽纯净的特点。并可烹制近百种美味菜肴，其豆腐全席久负盛名。

交通：4路在电视台站下车。

◆余记冒节子肥肠粉

➲宜宾市打金街117号

店面不大，装饰也简单。靠的是传统手艺。肥肠粉和里面的冒节子味道都还不错。麻、辣、鲜、香。算得上正宗川味，还有一定的滋补作用。尤其是冬天吃起来比较爽！

交通：5路到一医院站下。

提示：冒节子，即一段打了结的猪小肠。

◆大南街炖鸡面

➲宜宾市大南街

在宜宾，几辈人都是吃着“炖鸡面”长大的。所以这道面食，算得上宜宾老字号的小吃。大南街这家店已有10多年历史，做得不错，面汤比较鲜美。过去，吃“炖鸡面”是开荤，人人都觉得味道好。现在吃的人相对少了些，不过也不乏老主顾。

交通：3、4、5路公交车到东街下车。

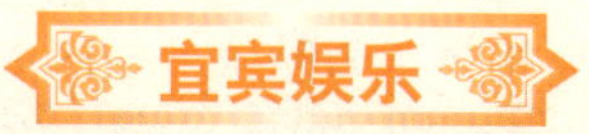

宜宾娱乐

历史的积淀，使得宜宾仿佛五粮液名酒一般，久而弥香。这个城市的一切都焕发出迷人的魅力。人们的生活安逸而自在，早起在公园漫步，中午饱餐各色美味，下午时分休闲地坐在茶楼品

咸烧白就可以上桌了。与“咸烧白”对应的，还有“甜烧白”。调料不同，做法类似。烧白吃到嘴里，软、烂、鲜，肥而不腻。因为油都进了芽菜里，芽菜也特别香。

兴文乌骨鸡宴席

乌骨鸡是兴文纯天然生态特色产品，全身乌黑，有较高的滋补作用。以乌鸡为原料，可烹制出方笋乌鸡、苦笋乌鸡、板栗乌鸡、药膳乌鸡、芋儿乌鸡等近20种乌鸡肴。

怪味鸡

其做法是：将鸡腿用麻绳绑紧，放入温水中煮，并不断往锅里加入冷水及其他作料，鸡煮熟后，形状很怪，有麻辣香甜嫩等特点，成为宜宾名菜。

◎地方曲艺◎

宜宾曲艺

宜宾茶馆的曲艺分演唱和说唱。演唱以清音为主，还有盘子、荷叶、扬琴、道情、花鼓、连宵、车灯等。说唱的有金钱板、评书、莲花落、快板、讲圣谕等。另有表演形式的独角戏、双簧、小杂耍、小魔术等，形式多样，内容丰富，题材广阔，为人们喜闻乐见。

◎宜宾娱乐攻略◎

宜宾的娱乐场所主要集中在其市区的繁华地带，即以宜宾北街、民主路和南街为中轴，涵盖人民路、中山路，西街、东街和滨江路等区域。娱乐场所的类型主要有酒吧、慢摇吧、迪厅、KTV歌城、茶楼咖啡屋、休闲会所等，娱乐项目相对来说较为简单。

位于宜宾市翠屏区民主路65号的宜宾人民影都是宜宾最为出名的多功能娱乐场所，集餐饮、

茗抑或享受着香浓的咖啡。夜幕降临，年轻人涌向新兴的酒吧、迪厅。喜欢宁静的人们则来到水东门，欣赏着美丽的酒城夜景。三江汇流的壮观在绚丽灯光的衬托下，竟也透露着丝丝柔媚。

※茶馆※

◆景盛大茶坊

➲宜宾市翠屏区北庆街75号

是宜宾市规模最大，配套设施一流的集餐饮、品茶、休闲、交流为一体的综合性茶坊，亦为“宜宾市餐饮名店”。

电话：0831－8219955、8219958

交通：乘出租车可以到达。

提示：推荐特色菜：紫砂牛蹄煲、紫砂牛尾煲、侧耳根炖老鸭、泡菜外婆鸭、百果炖鸡、野椒鸽肚、景盛纸包鸭、叉椒鸭、香辣脆螺。

◆阳光茶楼

➲宜宾市林家巷58号

每月为广大消费者奉献技艺精湛的舞蹈、歌曲、小品、魔术等文艺活动。在品茶之余，带你领略川味艺术与文化。

交通：3、4、5路公交车东街站下车。

※咖啡厅※

◆大快乐西餐咖啡厅

➲翠屏区人民路，叙府商城东北侧

品饮一杯咖啡，聆听一曲清音。大快乐是以中西餐相结合的休闲餐厅，环境较好。提供咖啡、洋酒、鸡尾酒及各式饮品，还有餐

点供应。

电话：0831－8212419、8249176

交通：1、4、6路公交车人民路站下车。

※酒吧※

◆相约酒吧

➲上江北开发区旧州路23号

在紧张的工作或旅途生活之余，与朋友相聚在悠闲的相约酒吧，这里，古典与现代风格汇于一堂，酒吧每晚有歌舞表演，摇滚或舒缓的音乐，令你找到在这都市中难得的一份惬意与快乐。

电话：0831－3559578

交通：3路公交车。

◆加州阳光

➲滨江路交通大楼底楼

一个富有人情味儿的、可以怀旧的场所。可以把酒谈心、交朋结友或从容沉思。加州鸡尾酒、加州丽人、加州彩虹、加州阳光、加州假日、加州宾治、加州特调绿香槟，让你充分享受加州的味道。

电话：0831－8824776

※迪厅、夜总会※

◆焦点酒廊

➲宜宾市大观楼旁长福商场2楼

焦点是宜宾有名的夜总会，人气较高。或酷或靓的DJ每天22：00出场，气氛热烈，高潮一波接一波。

电话：0831-8245088

营业时间：20：00至次日凌晨

◆MIX音乐俱乐部

➲宜宾市民主路110号（五粮液宾馆楼下）

宜宾新开张的一家迪厅（Hi吧）。最HIGH的音乐，最流行的MIX曲，让你尽情享受潮流尖端的疯狂！二层楼结构设置，并有几间包房，每间能同时容纳10人以上。

电话：0831-8227598

营业时间：20：00至次日凌晨

※温泉※

◆观斗山温泉度假山庄

➲四川省宜宾市翠屏区

山庄地处海拔600多米，风景秀丽的观斗山上，距宜宾城区江北吊黄楼仅2.7千米，规划占地一百余亩。项目投资2000多万元，建成了观斗山温泉度假山庄、观斗山骑士俱乐部，可同时容纳800人沐浴，300人就餐，70多人住宿，是集休闲、娱乐、沐浴、健身、历史文化观光于一体的度假休闲圣地。

门票：68元

电话：0831-3701888

宜宾购物

来到宜宾，肯定不能错过这里的名酒了，香醇的五粮液自然是购物的首选。而蜀南竹海的竹制品特产也是一绝。另外，由于独特的地理位置——三江汇流，使得这里奇石众多。而土特产宜宾板鸭、金丝牛肉、兰香斋熏肉、宜宾芽菜、宜宾红茶、屏山套醋等各具特色。

东街夜市、大观楼街市、宜宾广场、寓苑十八间等都是宜宾有名的商业集散地。

::宜宾竹编

电玩、网吧、休闲娱乐为一体，可满足不同年龄群体的需要。电话：0831-8236442

在十八间上的寓宛三美会所则是一个集餐饮和休闲保健为一体的综合娱乐场所，里面的藏式保健——藏式药蒸可使旅途中的疲惫消弭在异域的药香之中。电话：0831-8234999

◎工艺品◎

宜宾竹器

以下4种竹质工艺品均用“蜀南竹海”的优质楠（毛）竹制成，造型美观、经久耐用。

竹簧：取材是楠竹筒内壁，色泽鸭黄，用它镶嵌、雕刻、制作的珠宝盒、镇纸等工艺品，典雅豪华，被誉为“竹象牙”。

竹筒：以凹竹、人面竹为原料，有皮雕、阳雕、阴雕等类别，雕刻出龙凤、人物、山水等，备受人们珍爱、收藏。

竹根雕：利用废弃的竹根，变废为宝，以其特殊的造型，雕刻出寿星、罗汉、仕女及飞禽走兽，深受游人青睐。

竹编：用竹材开成细竹丝，编制出花篮、果盘、酒具、茶具等器物，造型质朴美观。

◎土特产◎

宜宾板鸭

为西南腌腊品中的后起之秀。它选用当地肥鸭制成，具有成形美观，色泽橙黄，油亮光洁，皮肉脆嫩，香味谐调，浓香可口的特色。

宜宾芽菜

四川“四大腌菜”之一，亦名“叙府芽菜”。以鲜青菜剖丝，晾至渐枯，再配以作料腌渍而成。特点是香、脆、甜、嫩。常用作油酥鸭、烧白（扣肉）、燃面等食品作料，亦可做成其他荤素菜肴，熬汤时亦可加些芽菜以添色提味。

五粮液

五粮液是浓香型曲酒，具有“香气悠久，酒味醇厚，入口甘美，入喉净爽，各味协调，恰到好处”的独特风格。自1915年的巴拿马万国博览会上获得第一块金牌以来，至今已获国际金牌32块、国内金牌4块。

宜宾红茶

主要有两种，一为四川功夫红茶，尤以早白尖一级功夫红茶品质最佳，特点是条索紧细、茶香鲜爽、色泽乌润；一为红碎茶，乃鲜嫩茶叶经揉紧切碎而成为匀整颗粒状，其特点是紧结匀齐、汤色红艳、滋味醇厚。

金丝牛肉

宜宾传统名产品之一，采用传统工艺，严格选料，精制加工而成；具有形似蚕丝、色似朱砂、油亮光洁、芳香扑鼻、绵软可口、回味悠长等特点，为佐酒辅膳之佳品。

※商业街※

◆东街夜市

距江边约半千米，是融商业、餐饮、娱乐和宜宾本地文化为一体，富有宜宾特色的旅游步行街。晚上有夜市，很热闹。是游客们购物、休闲、夜生活的最好去处。

交通：3、4路公交车，东街站下车。

※购物中心※

◆百货大楼

➲翠屏区民主路，民主路与西街路口西北侧

位于市中心，始建于1965年，为宜宾市第一家大型国有商场。商场总建筑面积7000平方米，玻璃幕墙，含地下室共5层。设有冷暖空调，自动扶梯。陈列来自全国各地名优新产品，花色品种齐全，是市民和旅游的购物中心。

交通：公交车5路大观楼站，下车沿西街方向前行至十字路口，北转。

◆民生服装广场

➲宜宾市翠屏区民生街50号

地处繁华的民生街口，整个建筑美观大方，是宜宾市规模宏大，品种比较齐全的专业服装、鞋帽、饰品经营场所。

电话：0831-8236633

提示：民生宾馆紧邻民生服装广场，客房部：0831-8223242；餐饮部：0831-8225967

◆大观楼商场

➲大观楼附近

坐落在宜宾市地标性建筑——大观楼附近。属成都人民商场集团，商场共三层，300多个国际国内知名品牌云集于此。

交通：5路公交车大观楼站下车。

※收藏品市场※

◆三江奇石馆

➲宜宾市兴隆街28号

地处三江汇合处的宜宾，储藏着大量的卵形奇石。三江奇石馆2003年5月成立，系民办非企业单位。馆藏石万余枚，品种有画面石、形态石、化石、雨花石等十几大类。业务范围：奇石收藏、交流、咨询、展示。

电话：0831-8232548

交通：乘出租车可达。

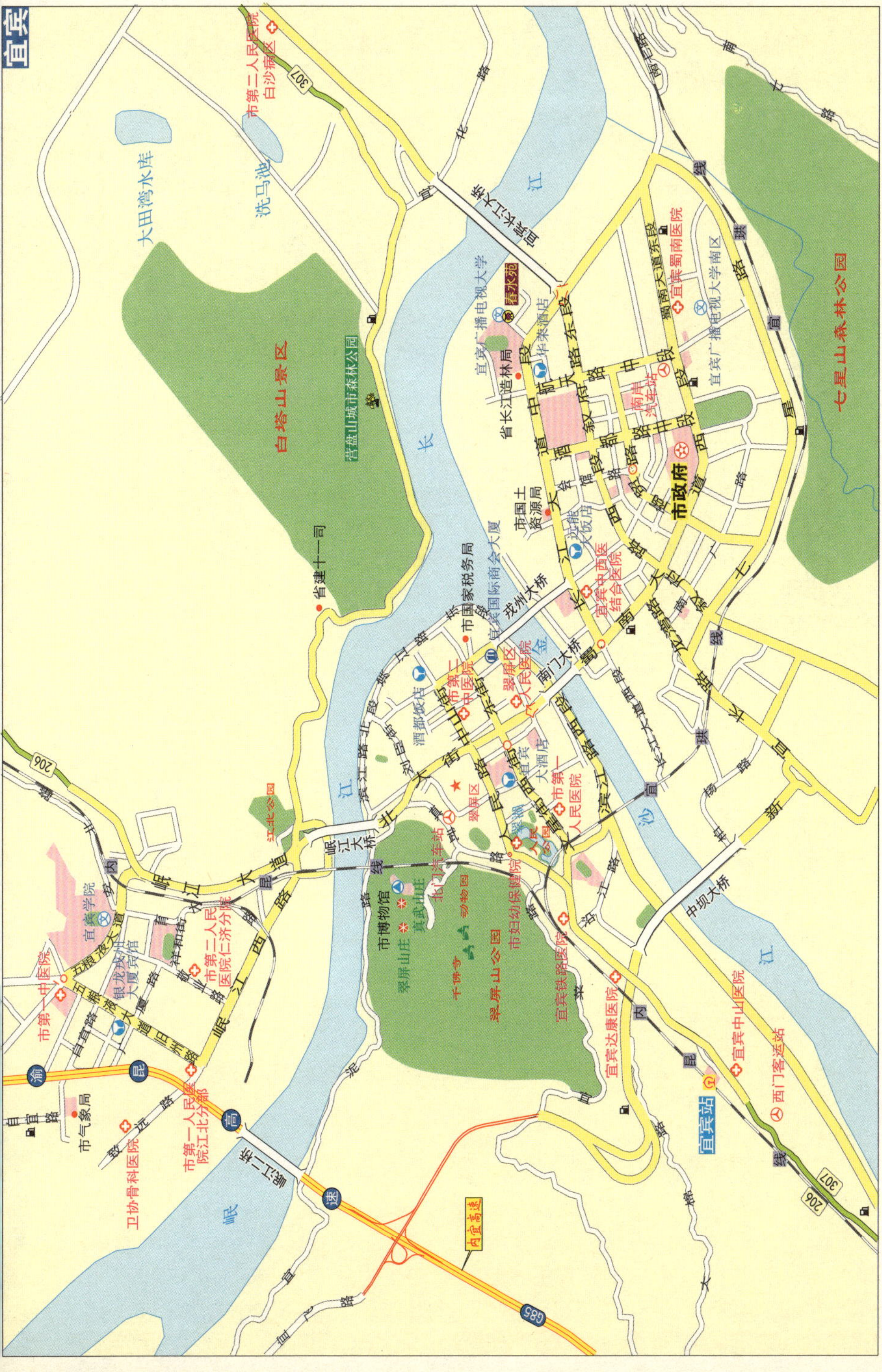

宜宾
大田湾水库
洗马池
白塔山景区
营盘山城市森林公园
省建十一司
江北公园
市第二人民医院白沙病区
市第二人民医院仁济分院
市第一人民医院江北分部
宜宾学院
市第一中医院
银龙戎州大厦宾馆
市气象局
卫协骨科医院
岷江
岷江大桥
长江
金沙江
戎州大桥
南门大桥
中坝大桥
翠屏山公园
千佛寺
动物园
市博物馆
翠屏山庄
真武山庄
北门汽车站
市妇幼保健院
宜宾铁路医院
宜宾达康医院
宜宾中山医院
宜宾站
西门客运站
人民公园
翠屏区
市第一人民医院
宜宾大酒店
酒都饭店
市第二中医院
翠屏区人民医院
宜宾国际商会大厦
市国家税务局
宜宾中西医结合医院
市国土资源局
省长江造林局
宜宾广播电视大学
春水苑
华来酒店
南岸汽车站
市政府
宜宾蜀南医院
宜宾广播电视大学南区
七星山森林公园
内宜高速

自贡市
大安区
贡井区
沿滩区
富顺
隆昌
泸县
泸州
纳溪区
江安
南溪
宜宾市
翠屏区
宜宾
长宁
屏山
荣县
犍为
水富
内江市
自贡
乐山市
宜宾北
宜宾南
宜宾东
G93
G85
G76
321
213

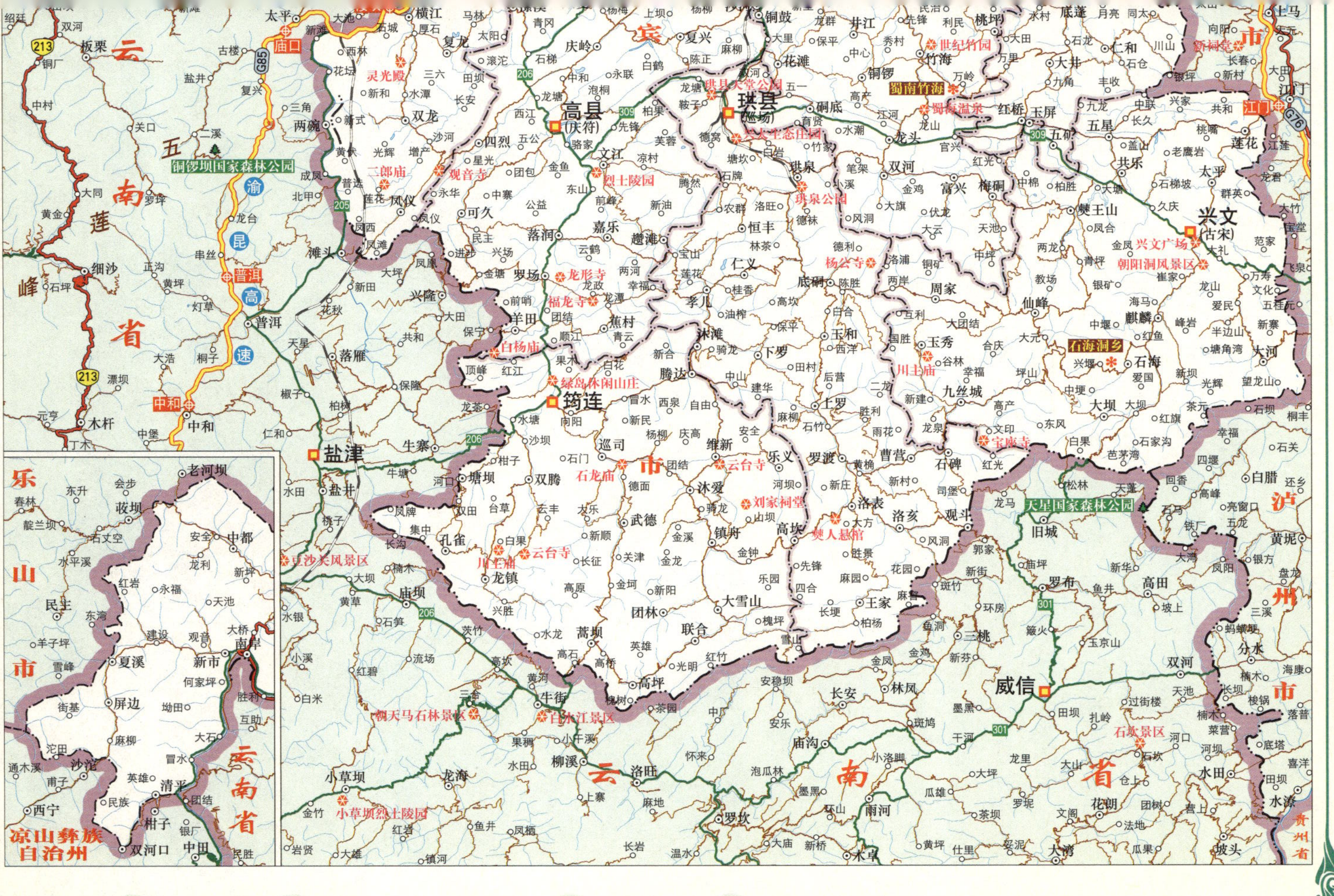
兴文
(古宋)
珙县
(巡场)
高县
(庆符)
筠连
盐津
威信
宾
市
云
南
省
泸
州
市
贵州省
乐
山
市
凉山彝族
自治州
云南省
五
莲
峰
石海洞乡
僰人悬棺
蜀南竹海
天星国家森林公园
铜锣坝国家森林公园
兴文广场
朝阳洞风景区
世纪竹园
蜀南温泉
珙县天堂公园
烈士陵园
珙泉公园
杨公寺
川主庙
宝鼎寺
云台寺
刘家祠堂
石龙庙
绿岛休闲山庄
白杨庙
龙形寺
福龙寺
灵光殿
二郎庙
观音寺
豆沙关风景区
小草坝烈士陵园
朝天马石林景区
白水江景区
石坎景区
普洱
中和
庙口
江门
大关
沐爱
罗渡
洛表
洛亥
观斗
大雪山
联合
团林
武德
巡司
腾达
九丝城
仙峰
大坝
石海
麒麟
周家
底硐
玉和
孝儿
恒丰
嘉乐
落润
罗场
双河
富兴
僰王山
五星
共乐
莲花
太平
玉屏
红桥
龙头
铜锣
花滩
竹海
洛亥
长安
林凤
旧城
罗布
高田
双河
水田
花朗
雨河
庙沟
柳溪
龙海
小草坝
牛街
塘坝
孔雀
龙镇
双腾
蒿坝
高坪

泸州市

泸州市位于四川省东南部，长江和沱江交汇处，地处中国白酒金三角核心，是中国著名的酒城，出产闻名遐迩的名酒泸州老窖和郎酒。泸州别名酒城、鱼米之乡、天府粮仓、酒城药乡。泸州历史悠久，古称“江阳”，自西汉置郡至今已有两千多年的历史。凭两江舟楫之利，历史上就自然形成川、滇、黔、渝结合部的物资集散地和川南经济文化中心；宋、明时期泸州即成为与成、渝鼎足而三的全国性商业城市和全国33个商业都会之一。拥有厚重历史的泸州是国家历史文化名城，全市有各级文物保护单位164处，其中国家级2处，省级10处。同时，又因长江、沱江两条彩带绕城，而形成三面环水、一面靠山的美丽壮观的城市风貌。泸州旅游资源丰富，既有名山大川，亦有栉比古镇，令人流连忘返。

行政区类别：地级市
电话区号：0830
面积：12232平方千米
人口：503万
邮政编码：646000

交通资讯
泸州沱江客运站
电话：0830—2990130
泸州河东客运站
电话：0830—4293228

∷泸州老窖国窖池

∷丹山卧龙阁

气候与游季

泸州北部为淮南亚热带季风湿润气候，南部山区气候有中亚热带、北亚热带、南温带和北温带气候之分，具有山区立体气候的特点。泸州恶劣天气较少，天气阴晴居多，旅游交通四季畅通。

交通

※航空：泸州蓝田机场开通泸州至北京、上海、深圳、广州、海口、昆明、贵阳、成都、重庆、北海的民航客运直达航班。

※铁路：隆(昌)泸(州)铁路连接成渝铁路，货运直达国内各地。暂无客运列车开行。

※公路：321国道成都—泸州高速公路267千米。321国道、省道和泸合、泸永公路建成水泥路面。长途高档卧铺客车通中山、广州、厦门、北海等城市。

※水运：泸州港为四川省最大河港，密溪沟码头由川黔两省政府商定共建为供黔煤出川港口。发挥长江黄金水道的作用，泸州客货轮运输上达乐山、下通上海。泸州港集装箱多用途码头建成运营。

丹山雪景

风景名胜

◆丹山

位于叙永县城东12里处，典型的丹霞地貌，土石皆赤，高出万仞，故又称红崖山。丹山有丰富的人文景观和优美的自然风光，林竹密布，溪流纵横，史前植物桫椤广为分布，是极具特色的旅游风景区。

门票：20元。

◆尧坝古镇

合江最早的六大古寨和八大古镇之一。古镇汇集了川、黔两省的浓厚历史文化和古风民俗，形成独具特色的中国西部川黔古镇，是享誉川黔的文化名镇、影视基地、佛教圣地。

◆佛宝古镇

佛宝古镇始建于元末明初，以庙兴镇，故取名佛宝。虽历经500多年沧桑，仍完整地保存着原来的古镇建筑格局。历史悠久、民族风味浓郁的佛宝古镇，保存完好的古街道和吊脚木楼，三宫八庙残存的寺院、雕塑、绘画等，无一不凝聚着历史文化和建筑艺术的光辉。

门票：12元。

交通：从泸州长途汽车站乘车到合江县，在合江转乘去佛宝的车。

佛宝古镇

◆画稿溪

位于叙永县水尾镇，处于云贵高原黔山地北缘与四川盆地中部低山丘陵的过渡地带。画稿溪以独特的地质地貌，孕育了独特的山水

画稿溪

景观、丰富多彩的植被和动植物自然资源，有“小峨嵋”之称。

◆钟鼓楼

位于泸州城区北部，为泸州地标性建筑。钟鼓楼高20米，4层砖结构，底呈正方形，楼的四面各有一个大自鸣钟。

钟鼓楼

◆方山

蜀中名山。位于泸州市江阳区境内，由99峰组成。从四面远眺，均成方形。方山因矗立于长江之畔，终年四季云烟，雨雾缭绕，故在民间有“云峰”的雅号。

门票：20元。

◆报恩塔

习称白塔，位于泸州中心城区报恩塔文化广场。塔通高33.2米，通体白色。塔内有“之”字形的阶梯通往塔顶，可登临远眺长江、沱江。“白塔朝霞”为泸州八景之一。

报恩塔

◆泸州老窖旅游区

位于泸州市江阳区，以中国浓香型白酒发祥地和浓香型白酒的典型代表——泸州老窖而闻名，以独家拥有“双国宝”——物质文化遗产暨全国重点保护文物“1573国宝窖池群”和国家级非物质文化遗产代表作“泸州老窖酒传统酿制技艺”为旅游线灵魂。

门票：50元。

◆泸县玉蟾山

位于泸州市区以北35千米，因山形、山石状似蟾蜍而得名。山幽、石奇、水秀、文物多的川南名山。

门票：10元。

交通：泸州至玉蟾山票价8元，泸县至玉蟾山3元。

◎风味小吃◎

泸州白糕

始产于20世纪20年代的“三义园”白糕店，以其美、嫩、香、甜、爽口的特点闻名全川，成为一种老少咸宜的早点佳品。泸州白糕选用上等大米、白糖、桂花糖、猪油为原料，用提糖方法精制而成，故全称桂花猪油提糖白糕。刚出笼的白糕，洁白滋润，香气袭人，诱人食欲，常年顾客络绎不绝。

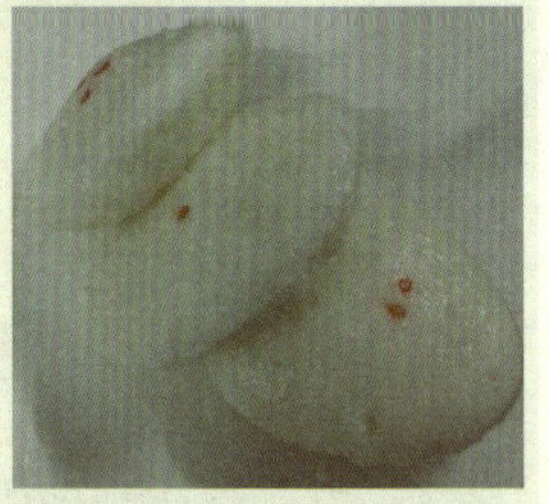

伦敦糕

据传为近代英国伦敦传教士传教泸州时创制而得名，后经“毛派”弟子继承至今，主要原料为大米粉子，伦敦糕具有嫩、香、甜、糍和、爽口的特点，是宴请宾客常用的一道名小吃。

黄粑

色泽金黄、香气浓郁、味甜糍和。刚蒸熟的黄粑香气扑鼻，冷却后，可切片油煎，或放入醮槽水内煮沸食用，别有一番风味。

猪儿粑

具有糍和而味香，糯软而不粘牙的独特风格。它分咸馅、

吃喝玩乐购

泸州美食

泸州地处川南，饮食以咸淡细腻、辣麻醇和、滋味丰厚为特色，泸州人好吃，尤以江河鱼鲜名满蜀中。滨江路一带是吃河鲜的好地方。通宵都能找到吃的地方。泸州饮食的特点就是接纳了众多外来菜品，兼容并包，不断变化翻新，随意方便，经济实惠。

※美食街※

◆珠子街

泸州最适宜吃喝玩乐的地方，有当地很出名的邓氏米花糖、成都肥肠粉、胖哥麻辣烫豆花火锅，还有无数小摊子卖冰粉、凉虾、串串香以及泸州传统的糕、粑类小吃。在珠子街还可以购买特色商品，晚上还可以逛夜市，当然少不了吃。从珠子街逛下去就是滨江路，是泸州吃鲜鱼的好地方。

◆滨江路

滨江路临江的一边，沿着石阶而下，硬底化的沙滩上，鱼火锅、游乐机、茶座、各色小吃星罗棋布，江水边豪华趸船餐厅并肩而立，把泸州的酒文化、美食文化挥洒得酣畅淋漓。停泊在江面上的“打鱼船鱼馆”和“水上漂鲜鱼馆”，香喷喷的长江水里面的各种鱼类烹饪，特色风味浓郁。若亲朋自远方来，邀请至船，把酒临风，品鱼尝鲜，看大江东去，畅叙友谊，谈古论今，大有“一壶浊酒喜相逢，古今多少事，都付笑谈中”的快感。

※饕餮食肆※

◆邓氏米花糖

➲泸州市珠子街

名字虽叫米花糖，也有米花糖卖，但不知从何时起，开始以经营串串香及风味小吃为主业。味道蛮不错，又麻又辣，推荐排骨和菌肝。不能吃辣的要提前说明。

提示：邓记的冰粉汤、绿豆汤、酸辣粉、凉面也不错。

◆麻辣空间

➲城北新区蜀泸大道108号2、3楼

自称“中国最具个性清油火锅”。在四川、重庆、湖南、贵州等地开设了多家分店，泸州店为示范店，无论是从环境、服务还是

品质、烹调上，都能让你吃出火锅的新意。

电话：0830-2593666、2591518

交通：211、222、231、237路公交车。

提示：如果你不能吃辣，那可要注意了，这里的东西是真正的麻、辣到了极点。一般微辣或中辣就行。

◆五味轩火锅

➲泸州市江阳区下平远路1幢楼

招牌菜爽鱼头火锅麻辣香鲜，深受食客们的喜爱。该店的什锦豆花火锅和霉香鸭火锅也很不错，值得品尝。特别推荐店里的点心——心太软，外酥内软、香甜可口。

电话：0830-2290821

◆翔云饭店

➲小市电影院旁

这里提供各类川、渝、滇、黔菜系的家常菜。除了鸡、鸭、鱼、肉等普通菜肴，还有乡村锅锅饭、泡椒鲜锅等特色菜。味道还可以，价格也不贵。推荐品尝：回锅肉、乡村锅锅饭。

电话：0830-3106228

◆船山楼

➲南光路17号海泉大厦（柏香林十字路口）

由餐厅和商务茶楼两部分组成。“至尊”、“百年”等宴会厅风格各异，提供正宗的川菜、粤菜以及各种海味。而且你不用到处收罗，就能在这里品尝到各色地道的泸州风味小吃。

交通：230、231、236路公交车。

营业时间：24小时

泸州娱乐

“滩平山远人潇洒，灯红酒绿水蓝蓝”，现代和传统的糅合，使得泸州风情万种。泸州城内，各种休闲场所应有尽有，健身中心、KTV、茶楼、水吧、酒吧、咖啡吧、洗浴中心。市区滨江路一带高楼林立，鳞次栉比，茶坊、酒店、歌舞厅一家紧挨着一家，绵延数里。

甜馅两种。包馅的原料用八成熟糯米、两成饭米磨浆吊干后的粉子。刚煮熟的猪儿粑洁白而有光泽，仿佛是煮熟的小猪，故而得名。

窖沙珍珠丸

选用糯米粉、豆沙糟、小稀米、蜜樱桃、泸州老窖做原料，精心制作包馅，用微火蒸熟而成，具有色泽美观、形如珍珠、豆沙甜香、粑糯爽口、突出老窖酒香的特点。

四川凉面

在四川，夏天卖得最火的就是麻辣凉面，其做法也简单，就是将煮好的面条用电风扇吹凉，加入绿豆芽、黄瓜条等鲜嫩素菜，再拌入麻酱、辣椒、盐、酱油、醋、糖、葱、姜、蒜等。食之清凉爽口，咸甜酸辣俱全，极富地方风味。泸州一带的凉面虽用料普通，但是制作及调味精细，吃起来很“巴适”（四川话，意思相当于“好”）。

◎特色菜肴◎

蔺麻辣鸡

泸州古蔺县，以产郎酒著名，还有一道闻名全省的下酒菜——麻辣鸡。做法是先把鸡放进卤水里煮制，再进行加工。其特点是肉质细嫩，皮脆脱骨，香气扑鼻，吃起来咸淡适宜，麻辣得当，喜欢川味的客人来到古蔺记得要品尝一番。

鱼头火锅

泸州盛产鲈鱼，其鱼头火锅更是远近闻名。现在鱼头火锅有长江鲜鱼黄辣丁、沙锅鱼、半汤鱼，家常麻辣，鲜美而不燥，川南风味突出。

荤豆花

把猪肉切片、与略微炒过的酸菜和平菇片，一股脑放进锅里炖。快熟时要掌握好火候，及时加豆花。这道菜吃起来绵软香滑、又酸又鲜，还有回辣的口感。类似的菜有豆花里脊、豆花鸡片、豆花鱼片等，吃荤豆花，冬天暖胃，夏天发汗。

◎节庆◎

泸州名酒节

至今已举办了十届。举行时间为金秋九月。一般从公历9月9日至9月13日，为期5天。名酒节上会举办各种品酒活动、酒类展示与交易，招商文艺演出等活动。

赶场节、踩山节

泸州古蔺、叙永、合江等地自古就有苗族同胞聚居。每年二月二、七月二等时段，当地苗族都会举行传统的赶场节日。又从农历正月初一至十五，选定一日或数日为踩山节。届时，踩山处竖立花杆，成百上千的苗族男女身着节日盛装，齐集山间吹芦笙、对歌跳舞。

※咖啡厅、茶馆※

◆摩尔咖啡

➲江阳区摩尔商场2楼平台

与泸州市标志性建筑——报恩塔相对，绝对是人们闹中取静、休闲品茗的好去处。这里的卡布奇诺充分洋溢着南欧风情，蒸汽发泡的牛奶上有美丽的图案，而茶艺上又体现了中国传统的茶文化，各种精品绿茶让你充分领略中国茶的魅力所在，各式花草果粒茶则是女生的最爱。

电话：0830—2288113

交通：20、21、148、214路公交车。

营业时间：8：30～21：00

◆左岸咖啡

➲泸州市纳溪区摩尔玛对面

左岸咖啡馆源自法国，一杯朴实单纯的咖啡，不用昂贵，不用过分讲究，却能让你面对自己，享受孤独带来的清静。

交通：29、128、158路公交车。

营业时间：9：00～24：00

提示：左岸咖啡的拿铁、昂列、卡贝拉索都极具个性。在泸州坊间，已经很有影响力了。

◆新感觉咖啡公社

➲龙马潭区城北广场

城北广场的先创者之一，总面积近1800平方米。大厅、雅间的装饰中西结合，厅堂内种着绿植，点着柔和的灯光，供应咖啡、茶、洋酒、西餐，亦配备了棋牌，供人娱乐。

电话：0830—2586868

交通：11、30、222路公交车。

◆欧风印象

➲江阳区市府白招牌步行街3号

咖啡馆里氤氲缥缈的芬芳，足以包容世间的沧桑，是一处心灵靠岸的港湾。对于大多数人来说，咖啡是一种时尚的标签，它不仅仅是一种点缀的饮品，更是一种生活方式。如果你具有浓郁的咖啡情结，那么这里是一个不错的选择，特别推荐这里的蓝山咖啡。

电话：0830-2299288

交通：20、168、213、214、217路公交车。

◆相约咖啡

➲南光路柏香林（船山楼底）

地方不错，环境优美，价格适当，服务态度好。在这里享受幽雅舒适的环境，但又不用担心自己的钱包急剧缩水。而这里的桂花养颜茶很不错哦，桂花持久清香，养颜美容，饮后唇齿留香，爱美的女生怎么能错过呢。

电话：0830-2584088

交通：230、236路公交车。

◆雅心苑茶楼

➲泸州市江阳区北延线1号楼

提供茶、咖啡、棋牌，设有大小雅间、散座，备有各类棋牌、自动麻将机供你娱乐。没事儿的时候，可来此放松一下。

电话：0830-2860701、8692218

网址：www.lzyxy.und.com.cn

◎曲艺◎

四川清音

演唱时以琵琶、月琴、碗琴伴奏，唱者执鼓板或碰铃击节，属“牌子曲”。多用四川方言演唱，流行于四川各地，盛行于成都、泸州、自贡等水陆码头。20世纪30年代，泸州就有“丛惠轩”、“天凤楼”、“顺东”、“江春”、“庆兰”等茶楼，兼做清音书场。

泸州河川剧

泸州地处川、滇、黔、渝四省市接合处，长江横贯，四水合流，历来为川南经济、政治、文化中心。“泸州河”川剧艺术历史悠久，源远流长。它孕育于元代杂剧，正式成班于明末清初。河川剧的特点是以高腔为主、器乐打击在川剧界独树一帜。在一代代发展过程中，诞生了许多河川剧的艺术名家。

四川扬琴

四川扬琴约有200年历史，与清音一道申报非物质文化遗产。流传于泸州一带的扬琴被称为“中河调”（属省内河道之中段，故称“中河”），是四川扬琴的重要流派和组成部分，泸州扬琴演唱风格多为二行腔，伴以月琴、二胡，婉转动听，有古朴有致。

※酒吧※

◆星期八啤酒馆

➲江阳区新马路215号（新马路幼儿园隔壁）

纯欧式的建筑风格，以大量木材烘托出浓浓的怀旧氛围。乐队、美女、邂逅、小卡通、新生代、老电影加上地道的泸州话，电影里的酒吧内有的在星期八啤酒馆一样都不缺。他们说，上帝喝醉了，于是一星期有了第八天，冲

着这个有趣的说法，能不去看看吗?

电话：0830-2298199

交通：201、208、213、238路公交车外环宝来桥站下车步行即到。

◆欧鹏酒吧

➲家乐广场肯德基下行50米

慢摇吧，是介于迪吧和静吧之间的一种酒吧，现在已经成为文化人的新据点。欧鹏酒吧（open club）以华美的姿态在泸州闪亮登场，设施一流成为这里最大的悬念和惊叹。特别是DJ操作系统，是目前最新的，而LED的跑马灯、光纤灯、灯带、七彩灯管与各v类玻璃的奇妙搭配，更让人仿佛进入水晶宫般的世界。

交通：20、21、148、214路公交车。

※泸州酒吧集锦※

旗舰娱乐会所

这个酒吧在合江来说，应该是氛围最好的酒吧了。晚上这里还有歌手演唱，是个休闲的好地方。

地址：合江县（合江镇）合江四十米大道中段。

电话：0830-5255333

金盛万豪娱乐会所

这是一家KTV加慢摇情调的酒吧，有很多包间，到这里来聚会的比较多。价格方面要稍微的贵一点儿，不过有时候会打折。人多的话比较合算。

地址：叙永县（叙永镇）叙永新区和平大桥桥头。

电话：0830-6972888

派度酒吧

这是一家音乐吧，欧式的装修，比较宽敞，灯光和音响都不错。这里还经常请一些演唱团队或歌手来表演。

地址：江阳区迎晖路升琦发商贸大楼4楼。

电话：0830-2281212

曼彻斯特啤酒馆

这是一家球吧，可以提供一些美味的小吃，配上啤酒还是比较惬意的。

地址：江阳区保利来商厦4楼（白塔平台）。

凰庭

个性酒吧，有原装正品的哈根达斯冰激凌。

地址：江阳区白塔旁。

慕尼黑啤酒吧

这是一家在2010年欧洲杯决赛前刚刚开张的酒吧，气氛不错。

地址：江阳区老窖大酒店楼下。

醉爱酒吧

这是泸州首家以蓝调音乐为主，集交友和歌手现场表演为一体的现代交友酒吧。这里的消费超便宜，最低消费8元。

地址：江阳区步行街。

电话：0830-2282111

芭啦啦酒吧

这是一家以交友为主题的酒吧，气氛比较浪漫、清雅。

地址：江阳区商业步行街豪客来西餐厅旁边。

※影剧院※

◆大世界电影城

➲泸州市迎晖路2号（白塔旁）

泸州最好的影院，地理位置优越，共有五个电影放映厅，有包间和软座沙发，影城内还设有棋牌娱乐、茶座及小吃。

电话：0830-2290454

交通：2、201、211路公交车。

※温泉※

◆白节滩温泉

➲泸州市纳溪区白节镇境内

占地5公顷多，以温泉洗浴为主，温泉出水口水温达80℃，富含锶、硫等元素。房屋建筑采用川南民居风格，菜肴以当地生产的竹笋为特色菜。

泸州购物

泸州不仅有奇水、奇山、奇景，还有许多奇特的商品。最出名的当数泸州老窖酒、郎酒。其他深受游客欢迎的特产包括筺泉酒、泸州桂圆、叙永桃片、古蔺麻辣鸡、江阳区分水纸伞、泸州奇石、古海玉石雕等。

※商业街※

◆市府路步行街

高耸的塔楼，古朴典雅而怀旧的街灯，来自北欧芬兰的谈心椅，骑楼顶上那不经意的木质花架，玻璃门上似曾相识而又刻意镶嵌的木条，能20年防腐的芬兰木质地板，都体现澳洲风情。步行街还建了历史文化长廊，让逛街的人们在闲暇之余也能了解泸州历史变迁。

交通：2、18、27、34、201、208、211、213路公交车到市府路站下车。

※购物中心※

◆人人乐购物广场

➲泸州市江阳区钟鼓楼1号

人人乐属于全国性连锁超市。进入泸州已经好几年了。位置不错，就在钟鼓楼下面，购物环境还算宽敞，中等价位，衣食住行等方面应有尽有，质量上也比较有保证。推出促销活动的时候价格比较便宜，有特价时，要看准了，该出手时就出手。

交通：迎晖路站(观光线、2、18、34、201、208、211路公交车。)

提示：人人乐超市内的熟食店不错，干净、入味。

◎名酒◎

郎酒

始于1903年，产自泸州古蔺县。具有酱香浓郁、醇厚净爽、幽雅细腻、回味悠长的特点，是四川名酒中唯一的酱香型曲酒。与贵州茅台酒同产于川黔交界的赤水河畔，酒的特色、香气和口感都与茅台酒相似，故有茅台姊妹酒之称。

泸州老窖

窖龄已有4000余年，荣获1915年巴拿马万国博览会国际名酒金奖。具有醇香浓郁、饮后留香、清冽干爽、回味悠长的浓香型酒的特色，享有“拔塞千家醉，开瓶十里香”的美誉。

◎土特产◎

弥陀风雪糕

已有50多年的生产历史。是在民间制作玉兰片工艺基础上不断改进发展而成的。形同冰雪凝聚，洁白晶莹，风味独特，入口香甜而化渣，油而不腻，易于消化，营养丰富。

纳溪泡糖

该产品已有100多年的历史。因每块泡糖横断面有8对上下对称的大孔和无数小孔，且每孔兼圆，形如泡沫板，故名泡糖。颜色白，松脆化渣，不粘牙、不顶口，保存期长。

叙永桃片

泸州叙永县传统名食之一，始产于清光绪年间，由糕饼师罗承安用优质糯米、核桃仁、蜜桂花、猪板油等主要原料，反复实践精制而成。具有组织细腻如肤，柔绵俐片，甜度适

当，清香可口，卷得拢，撕得开，点得燃的独特风格。

泸州桂圆

色泽鲜嫩，肉似玻璃，核如黑漆，味甘性平，无毒，开胃益脾，补精益髓，补灵长智，制成干果品尝，带蔗糖清香味，沁人心脾，营养价值高，是独具特色的旅游纪念品。

◎工艺品◎

分水纸伞

以皮纸、桐油、竹木为原料，传统手工艺制成，它具有大而闻名（世界吉尼斯纪录）小而精美的特点，深受国际游客的喜欢。其最具特色的满穿伞，用五色丝线穿、渡2000多针，竹跳开关，一片双挡，堪称“伞中绝活”，具有浓郁的中国乡土文化气息和传统的民间工艺特色。

泸州奇石

蜿蜒曲折的长江从泸州市区奔流而过，千百万年的岁月洗礼，在两岸留下了众多千奇百怪的石头，也使泸州成为长江奇石较集中的蕴藏、出产地。这里出产的奇石，品种很多，品位很高，主要特点是：石质坚硬、灵秀典雅，图像清晰，引人入胜。现已建立泸州奇石馆。

◆汇通超市

➲泸州市人民路52号

是泸州比较老牌的百货公司。现在发展得还不错，已在泸州开设了数家分店。超市里日用百货齐全。各种名酒以及工业化生产的四川传统小吃都可以买到。价格比较合理，时常还有些促销活动。

◆摩尔玛商场

➲江阳北路报恩塔（白塔）文化宫路段

商场位于泸州的繁华地段，是泸州市首屈一指的商业、文化、娱乐、休闲中心。广场拥有15000平方米的商业面积，整合电影院、电玩中心形成面积约3万平方米的当地最大的综合性零售商业市场。再配置婴儿室、儿童天地、中央空调、自动扶梯、专用货梯、150辆地下车库等设施，这里也建起当地最为先进的购物中心。

电话：0830-2289225

交通：238路公交车报恩塔广场站下车。

提示：成立于2001年的摩尔玛，已拥有8家分店，主营百货、超市。

◆成都人民商场泸州商场

➲江阳区迎晖路

坐落在泸州市中心，商场主体大楼为“大世界”商厦。商场打破传统百货大而全的经营模式，以时尚经营为主，300多个国际国内知名品牌云集于此。

交通：2、18、34、201、208、211、238路公交车迎晖路站下车。

◆久盛百货

➲泸州市水井沟

泸州江阳路商业圈内的老牌商场之一，经营百货，以服装鞋帽为主，兼营副食品、化妆品、家居用品、五金家电。

电话：0830-2289737

交通：乘出租车可达。

※收藏品市场※

◆龙泉桥奇石市场

➲泸州市江阳中路

中国最大的奇石市场之一，主要经营泸州当地、长江两岸出产的千奇百怪的漂亮石头。这里也是泸州人气最旺、最活跃的奇石交易场所。不仅本地“石友”云集，也时常有全国各地的“石友”慕名而来。

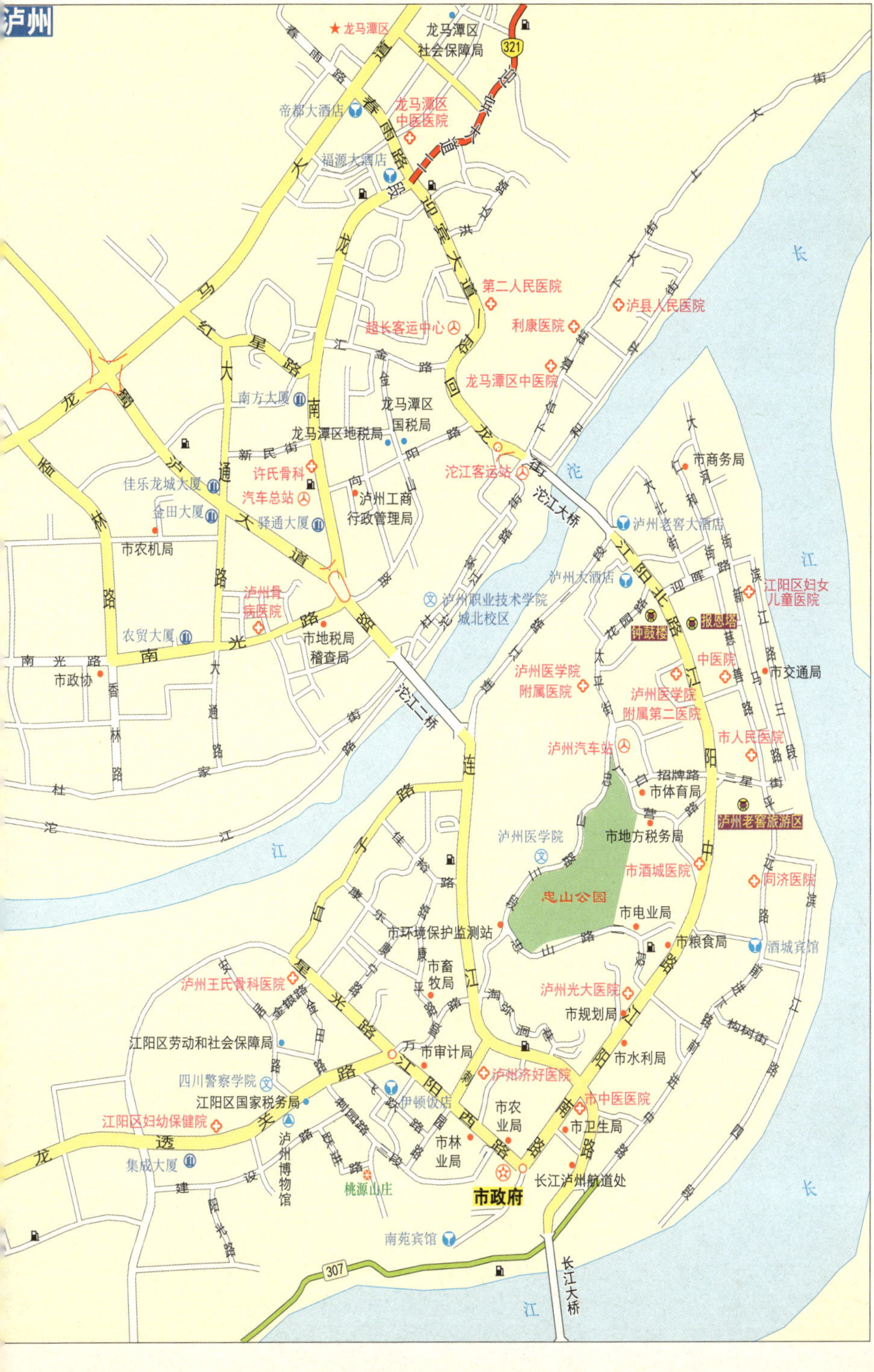

泸州

龙马潭区
龙马潭区社会保障局
帝都大酒店
龙马潭区中医医院
福源大酒店
第二人民医院
泸县人民医院
超长客运中心
利康医院
龙马潭区中医院
南方大厦
龙马潭区国税局
龙马潭区地税局
新民街
许氏骨科
沱江客运站
佳乐龙城大厦
汽车总站
泸州工商行政管理局
金田大厦
驿通大厦
沱江大桥
泸州老窖大酒店
市商务局
市农机局
泸州大酒店
泸州骨病医院
泸州职业技术学院城北校区
江阳区妇女儿童医院
农贸大厦
市地税局稽查局
钟鼓楼
报恩塔
中医院
南光路
市政协
市交通局
泸州医学院附属医院
泸州医学院附属第二医院
沱江二桥
泸州汽车站
市人民医院
招牌路
市体育局
泸州老窖旅游区
泸州医学院
市地方税务局
市酒城医院
同济医院
忠山公园
市电业局
市环境保护监测站
市粮食局
酒城宾馆
市畜牧局
泸州王氏骨科医院
泸州光大医院
市规划局
江阳区劳动和社会保障局
市审计局
市水利局
四川警察学院
泸州济好医院
伊顿饭店
江阳区国家税务局
市中医医院
江阳区妇幼保健院
市农业局
市卫生局
市林业局
集成大厦
泸州博物馆
桃源山庄
市政府
长江泸州航道处
南苑宾馆
长江大桥
沱江
长江
321
307

江津区
泸州市
江阳区
龙马潭区
纳溪区
泸县
合江
赤水市
江安
重庆市
内江市
自贡市
宜宾市

古蔺
叙永
习水
兴文
（古宋）
威信
麻城
贵州省
云南省
习水自然保护区
红龙湖森林公园
玉皇观森林公园
大旦国家森林公园
老年广场
黑神庙
春秋祠
南坛寺
画稿溪
兴文广场
朝阳洞风景区
石海洞乡
兴文石海
元厚红军渡
葫市摩崖造像
罗汉寺
正坝古杉
马临工业经济区
老泉寺
午佛庵
天生桥溶洞群
黄坭
石坎景区
中央红军总部旧址
蜀南竹海
翁溪沟

凉山彝族自治州

在这片古老的土地上，古“蜀身毒道”、“灵关道”蜿蜒于崇山峻岭之间，北达巴蜀、中原，南通边陲、外邦。在这条著名的“南方丝绸之路”上，古桥驭水如故，栈道驾山依然。还有汉柏、汉阙、大石墓、铜鼓、南诏白塔在历史上都留下了不朽的足迹。特别是昭觉县碗厂乡的博什瓦黑古岩画群，是保存完好的凉山彝族历史文化遗址。然而，就是在这样一片古老而神秘的土地上，却成为全国乃至世界高端火箭发射基地，不能不让人称奇。

行政区类别：自治州
电话区号：0834
面积：60423平方千米
人口：491万
邮政编码：615000

交通资讯

西昌火车站
电话：0834–9620013

西昌汽车客运总站
电话：0834–3223865

西昌汽车客运中心
电话：0834–3222784

::邛海

∷螺髻山

风景名胜

◆邛海

位于泸山东北麓，螺髻山北侧，四川省第二大淡水湖，山光云影，一碧千顷，是四川省十大风景名胜区之一。诱人的邛海景色与西昌晚间皎洁的明月，形成“月出邛池多诗意”的情怀。

◆螺髻山

在西昌市南37千米处，与德昌、普格市县交界处。以原始森林、骆驼峰、五彩湖、仙人洞、温泉瀑布为主要景观。在杜鹃花海中有温泉瀑布是这里的特色。

门票：65元。

交通：西昌客运站乘坐至螺髻山镇的长途汽车。再从螺髻山镇乘车至景区。

◆泸山

位于西昌城南5千米处，主峰纱帽顶海拔2317米。山上林木丰茂，四季常青，上百年的大树近千株，是一座儒、释、道三种文化并存之山。

门票：3元。

交通：西昌站下，乘坐6路，到名店街站下车，转乘14路即可。

◆灵山寺

位于冕宁县城以东20千米，群山怀抱，林壑幽深，泉水清净绝尘，春夏山花似锦。有灵山寺、黑海、红海、向阳坪瀑布、黄草坪母鸡石等景点，是凉山州境内最为有名的一座寺庙。

门票：30元。

交通：从西昌市内驱车去灵山寺，大约需要3～4小时。

◆西昌卫星发射中心

进入发射场后，依次参观二、三号发射塔架、长征三号火箭实体、科技公园、航天展馆，最后参观卫星发射及控制中心，一般是通过看录像来了解发射的过程。

门票：全票95元（含景区观光车费）。

地址：凉山彝族自治州西昌市西北约60千米处。

交通：从西昌乘车需时70分钟，可乘一日游专线车，含车票、门票、午餐。

◆黄联土林

在西昌市南30千米的黄联关镇，土林分布面积约1.3平方千米。土林造型各异，有的似倚天长剑，有的如茫茫森林，有的似远古城堡，有的如熊猫憨态可掬，有的像群猴攀援嬉戏，有的如狮虎据力相争，有的如奔马仰天长啸。

◆凉山彝族奴隶社会博物馆

位于泸山风景区中部，是一座具有彝族古典风格的建筑，背依青山，面临邛海。凉山彝族奴隶社会博物馆于1985年8月4日建成开放。凉山彝族奴隶社会博物馆是中国民族学专题博物馆，是我国第一个民族博物馆，也是世界唯一反映奴隶社会形态的专题博物馆。

门票：10元。

交通：距西昌7千米，山下就是108国道，上山公路直通该馆，交通很方便。从西昌城出发乘22路公交车，也可坐到达邛海公园的公共汽车，在邛海宾馆下车，步行上山约10分钟便到；还可以从西昌城中打的前往，也就十多元。

◆盐源泸沽湖

位于距盐源县118千米的泸沽湖镇。一年四季景色变幻无穷。即便是在同一天，泸沽湖的景色也多姿多态。泸沽湖周围有20多个村落，主要是摩梭、普米、汉、藏等民族聚居。摩梭人

∷黄联土林

至今仍保存着自己民族遗留下来的母系社会习俗。炙手可热的“女儿国”名头掩住了原本清丽的湖光山色。

门票：100元。

交通：西昌到泸沽湖263千米，有直达车，而从盐源到泸沽湖车子较多。

◆博什瓦黑古岩画群

博什瓦黑，彝族译音，意为岩石上的龙蛇。博什瓦黑古岩画与南诏腹地（云南大理）的南诏重要文物“南诏德化碑”、“崇胜寺三塔”、“剑川石窟”具有同等历史地位。它为研究中国西南地方史、宗教史、民族史、文化艺术史以及南方的佛教艺术在中国的传播，提供了重要的原始资料，是研究南诏国地方政权的政治、军事、经济、文化活动的有力佐证。

※凉山彝族自治州周边景点※

◆攀钢

攀枝花钢铁公司被外国冶金专家赞誉为“世界冶金史上的奇迹”，又被人们称为“象牙微雕钢城”。攀钢——建在一个突兀的山坡上，是一个年产300万吨钢的大型企业。攀钢所用的铁矿，是世界上最难冶炼的多金属共生矿，用普通大型高炉冶炼这种钒钛磁铁矿是世界上众多冶金专家百多年的梦想。经过大量的研究试验，这个技术难关被中国人攻克了，终于从富含钒、钛、镓、钪等稀贵金属的攀枝花铁矿中炼出了合格的钢水。

交通：位于渡口桥北向西（荷花池方向）大约2千米处，乘坐5路公共汽车在攀钢集团公司站下车即到。

吃喝玩乐购

西昌美食

作为凉山彝族自治州首府所在地，西昌的饮食也呈现出独特的民族特色。按民族特色可分为三大系列：具有特色的彝族菜的彝族系列、具有摩梭民族饮食特色的摩梭系列以及其他特色餐饮系列。

彝族系列代表菜主要有砣砣肉、辣子汤鸡、圆根酸菜汤、荞麦煮粑、连渣菜等。推荐的餐饮点有：西昌市健康一环路上的老字号彝家味酒楼，交通便捷，味道正宗；邛海公园大门斜对面的索玛花苑，背靠泸山，面向邛海，景色相当好，而且还有民族歌舞表演；西昌市龙眼井魏家湾的索玛酒楼菜色正宗，服务很好。除以上有代表性的彝族餐饮点外，凉山昭觉、普格、美姑、喜德、盐源等县均可品尝彝族风味餐。

摩梭系列的代表饮食主要有苏里玛、咣当酒、猪膘肉、酸鱼、

◎特色美食◎

砣砣肉

砣砣肉类似新疆的“手扒羊肉”，在制作上，一般是用鲜活肥硕的猪、牛、羊，立即宰杀后，大块剁开，小者如拳、大者如碗，不放椒盐，氽入清水中煮至六成熟后，再放在筛簸之中轻轻洒上一层盐汗水沫，吃时佐以小凉山土法腌渍的一种干酸菜汤（有克油腥的作用），将砣砣肉抓在手上，边啃边嚼，由于这种肉做法特别，又不是很肥，吃起来越嚼越香，越吃越开胃，所以，砣砣肉如今已成为小凉山的一道很有名气的风味菜。

苏里玛

“苏里玛”又名“日几”或“克日”，是盐源县泸沽湖畔纳西人家家户户待客必备的饮料酒，其味清香甜酸爽口，似啤酒又胜过啤酒。酒精含量10度左右，呈浅黄色。“苏里玛”是以青稞、大麦、小麦、荞麦、稗子、玉米、谷子等多种粮食发酵制成，置多日其味不变。

咣当酒

又名“克日”或“安儿寄”，也是泸沽湖畔纳西人常饮和待客的饮料酒，其酒精含量30度左右，清澈透明，芳香四溢，多饮不醉。

香肚

将猪肚拉个小口转搓妥清洗干净，装入拌了盐、花椒面、辣椒面、木姜花、大蒜的砣砣肉，装好将口子缝合，在缝口上用肠片粘好密封，置受风烟熏处

熏干后只要不漏气，放得越久味越香。用一个没打开过的香肚招待客人，可抵杀只羊。煮香肚一般连汤舀在库助（汤盆）里边捞边吃，香肚味鲜美嫩爽，香气四溢，香肚汤浓白如奶。

酸菜汤

凉山彝族汤菜中最有特色的是酸菜汤。酸菜汤清煮或烧油汤都可。酸菜汤消暑解渴清热，还可减肥；煮洋芋酸菜汤放盐、辣椒、花椒、木姜根粉，味道清淡酸辣鲜。肉汤里放酸菜可解油腻。煮鲜肉汤时放鲜酸菜味更鲜。

建昌板鸭

用西昌当地的一种家禽腌渍而成，因体大、个肥（每只活鸭通常都在6～10斤）、味美而得名。建昌板鸭肉质细嫩、肥而不腻，色鲜味美，营养丰富。尤其是鸭肝，一副即可达400克，无论是蒸是炒还是腌渍，均是不可多见的宴上佳肴，向来有"一室蒸肝九室香"之说，故又有"大肝鸭"之美名。

◎土特产◎

苦荞茶

苦荞学名鞑靼荞麦（F.tata-ricum），分为普通苦荞和黑苦荞。普通苦荞外壳为黄白色；黑苦荞即珍珠黑苦荞，有"黑珍珠"之称，外壳呈深黑色，营养价值极高。

烤鱼干、猪血肠、花花糖、花纹粑和呷尼等。以上风味餐饮，在泸沽湖镇的天湖民俗园、泸沽湖边的格桑园、泸沽湖木垮村的亮海摩梭民俗园等大、中、小型旅游接待户中，都可品尝到。泸沽湖周边的旅游接待户都在景区或镇上交通要道边，乘车或步行均可到达餐饮点。营业时间可根据游客需求灵活掌握。

西昌的其他餐饮系列最具代表性的又可以分为海鲜系列、清真系列以及会理饵块、冕宁石磨豆花、火腿、特色鱼等。

在这里吃海鲜可到新村四五医院邛海边上的西昌南亚度假村，除了海鲜，这里还有特色农家菜也不错，招牌菜有"清蒸毛蟹"、"藿香鲫鱼"、"海草鱼片"、"醉虾"以及各种绿色农家小菜。

要是吃清真系列的菜肴以位于马水河街的西昌清真园总店最具规模。其特色菜有："椒麻鹅"、"泡椒牛肉"、"牛杂米粉"等。

想要品尝独具特色的会理饵块就要到会理滨河大道南端过境公路旁的华龙酒店了，这里不仅饵块做得好，风景也非常宜人。

冕宁石磨豆花、火腿在108国道，离冕宁县城17千米的灵山寺大桥附近的各餐饮点均可品尝到，营业时间随游客的需求灵活掌握。

品尝特色鱼以雷波马湖岸边的"马老五渔庄"、普格螺髻山温泉山庄旁的"太婆酸菜鱼"和距普格县城5千米红军树旁的"红军树餐馆"最具特色，在那里可以分别品尝马湖鲢鱼、温泉罗非鱼、小河细鲢鱼等特色鱼，其味鲜美，属纯天然美味佳肴。

西昌娱乐

到西昌不泡温泉可是很可惜的。西昌是温泉胜地，大多数泉水无色无味没什么刺激，螺髻山乔窝农场附近有一个罕见的温泉水帘洞。还有翻过大青梁子的普格温泉、昭觉竹核温泉等，距离城区不到100千米。西昌城郊有一家川兴温泉，从城里大巷口下面车站坐公交车十几分钟就到，车费1元，门票5元，价廉物美。

西昌购物

到了西昌，一定要看看漂亮的彝族漆器，其种类繁多，有各种生活家居用品，可以买来作为馈赠亲友的礼品。其他还有松茸、虫草、盐源苹果、建昌板鸭、苦荞茶等，都是西昌地区的特产。到了西昌想要逛街、买东西有三个地方是必去的，那就是步行街、商业街和名店街。西昌市步行街和名店街是紧挨着的两条街，水果、小吃主要是在商业街，商业街其余的主要是服装，专卖店比较少。名店街比较新，进驻的商家比较多，名店街分为楼上楼下，楼下主要以服装、鞋子专卖店为主，楼上有美容院、酒吧等。从商业街往前就是西昌步行街，步行街的人流量比较大，不喜欢热闹的人这条街就免了。

攀枝花市

攀枝花市位于四川西南边陲、雅砻江与金沙江汇合处，是中国现代钢铁工业城市，也是四川省内一座移民城市。由于攀枝花全年日照时数超过2300小时，是四川盆地地区二到三倍，因而被人概括为：攀枝花有北方的阳光，南方的温度，印度洋的气候，是我国优秀的避寒胜地。区内以自然山水景观为主，已建立了红格温泉、大黑山风景区、龙洞石林、金沙江风景区等旅游区。同时，由于区内动植物资源丰富，森林覆盖率达59%，建立了以保护大熊猫、野牛和苏铁等动植物为主的省级自然保护区。

行政区类别：地级市
电话区号：0812
面积：7440平方千米
人口：113万
邮政编码：617000

交通资讯
攀枝花机场
电话：0812-6639125
攀枝花长途汽车站
电话：0812-2225553

::攀枝花

风景名胜

◆攀西大裂谷格萨拉生态旅游区

位于攀枝花市盐边县西北角，景区景观由天坑地漏、岩溶景观、高山草甸和彝家风情等组成。这里群山绵绵，峰回路转间，时而黄土高坡，时而丛林密布，茶花万朵，地质地貌变化极大。

门票：格萨拉生态旅游区50元；绿石林70元；大古城30元。

交通：从金江火车站乘64路大巴到客运中心，转乘到盐源的大巴车，直达格萨拉游客接待中心。

::攀枝花二滩

◆二滩国家森林公园

位于盐边县城东南部的原树河、金河两乡，海拔1400米，总面积101平方千米，湖中有5个岛屿和若干半岛。一个人工拦水大坝形成的湖泊，因有火红的攀枝花而盛名。

交通：可在市内的渡口桥南乘42路前往二滩。

◆望月楼

背靠马槟榔山，面对舒缓平静的安宁河，远望青翠的玉墟山，下有龙潭溶洞，四时登楼满目青翠。真个是："攀西清真唯此宇，乾嘉胜迹一古楼。"望月楼以木构榫接，四方形底层及上两层六方形楼阁、六角攒尖顶有机连接，承托得四平八稳。虽经200多年风雨和道光三年（公元1823年）、道光十年（公元1830年）、道光十三年（公元1833年）三次大地震仍保存至今，十分难得。

门票：10元。

提示：望月楼位于清真寺内，入内参观需遵守伊斯兰教仪规。

◆龙潭溶洞

龙潭溶洞是国内少有的洞中有水流的山洞，洞中有6个瀑布。里面还有很多石钟乳，洞内的负氧离子含量居全国第一，是个名副其实的天然氧吧。许多来过溶洞的游客都不禁感叹"自己的肺好像被清洗过了一样"。

门票：50元。

◆红格温泉

红格温泉是全国少有的氡气矿泉，有"攀西名泉"之称。景区分为红格温泉疗养区、热带植物游览区、少数民族民俗风情游览区3个小区。温泉周围群山环抱，芭蕉绿树成荫，成片的芒果、荔枝、油茶、菠萝构成一幅南国亚热带风光图。

门票：90元。

交通：在攀枝花体育馆门口乘坐金杯客运车，可直接到达红格温泉。

◆箐河瀑布

箐河瀑布是攀枝花精品旅游线路"百里生态旅游长廊"（红格－二滩－格萨拉）的重要景点，景区内集中分布有峡谷、溶洞、瀑布群、泉水、溪涧等丰富的自然旅游资源。

::箐河瀑布

吃喝玩乐购

攀枝花美食

攀枝花市是一座新兴的移民城市，使得这里的美食汇集了我国南北饮食文化，京、苏、滇菜占有相当的优势，以川菜为上乘。不管你喜欢什么口味，在这里基本都能够找到自己满意的。攀枝花有百多种美味佳肴、小吃荟萃于市，要真想找到哪家的比较好吃，还真要费一番工夫。

攀枝花娱乐

攀枝花是一座新兴的移民城市，文化生活类型多样。这里的农家乐和度假村非常发达，大都具有一定的民族或地方特色，且主要分布于离市区较近、环境幽雅的地方。市区内的休闲公园有4个，即攀枝花公园、河门口公园、金沙公园和瓜子坪公园。其中攀枝花公园是当地最大、设施最全的一个。如果想要去游乐园，鑫岛游乐城是最好的，设施齐全，项目多，且配有餐饮设施。想要泡吧的话，攀枝花的酒吧、咖啡吧倒是有几家不错的，比如玛雅咖啡俱乐部、爱尚咖啡会所、单行道等咖啡吧和基地酒吧、豪斯商务酒吧等都是环境不错的聚会场所。

攀枝花购物

攀枝花市商业街位于市中心——炳草岗，炳草岗是攀枝花市的经济、文化、商业中心。有德铭阳光、东方巴黎、泰隆国际商城等各大商场和商业街，有攀枝花公司、攀枝花市体育馆和美丽的攀枝花广场，还有许多娱乐场所和饭店宾馆。

当地特产

箐河“浑浆豆花”

盐边县的箐河“浑浆豆花”远近驰名。该品因不加石膏或盐卤，故既无卤水味，也没有苦涩味，而具有味醇、鲜嫩、色白且略有回甜的特点，再配以当地特有的鲜辣调料，更是别有一番风味。那些到箐河观瀑布、游仙人洞的游人，只要品尝过“浑浆豆花”，都赞不绝口。

攀西大田石榴

大田镇的著名特产。该品青皮软籽，石榴果形端正，色泽绚丽，果大皮薄，籽粒似珍珠红玉，晶莹剔透，味甜爽口。

◎美食推荐◎

抄手

火车站进口处燕岗鸳鸯抄手，里面的炸酱面和炸酱鸳鸯抄手味道都很好，出差旅行坐火车时作为早餐与晚餐强烈推荐。

最好吃的“鸳鸯抄手”是泰隆正背后的一家只卖牛肉臊子的小店，味道太好了。

米线

德铭对面大碗面，要碗炖鸡米线，配上泡菜，很不错。

烂院子钛业公司门口的4个老大妈煮的米线味道一绝，量多，大碗价格才3.5元。

建工五医院外有一家刘三姐米线，八几年的时候就出了名的，一直开到现在，绝对的名不虚传。

面

攀贸旁大排档的麻辣面，味道不错，胜在地段好。找不到地方吃午饭时，一碗麻辣面、一杯果汁是一个不错的选择。晚上大排档门口卖的那个鲜肉包也不错。

火锅

吃火锅可以选择老市委里面，从“珍珍”到“九尺鹅肠”天天顾客都爆满，不过一般都有得吃。

攀宾里面的“鼎鼎香”正是吃野生菌火锅的地方，环境幽雅，去的人很少，味道还可以，价格有点贵。

鸡

渡仁西线仁和加油站旁的南瓜鸡。那里南瓜鸡里的面瓜与蘸水鱼里的莲白都是这里顾客吃得最多的。而且这里的蘸水鱼很嫩，比所谓的江鱼还要好吃些。

仁和中坝转盘处的“兰瓜鸡”滋补得很。

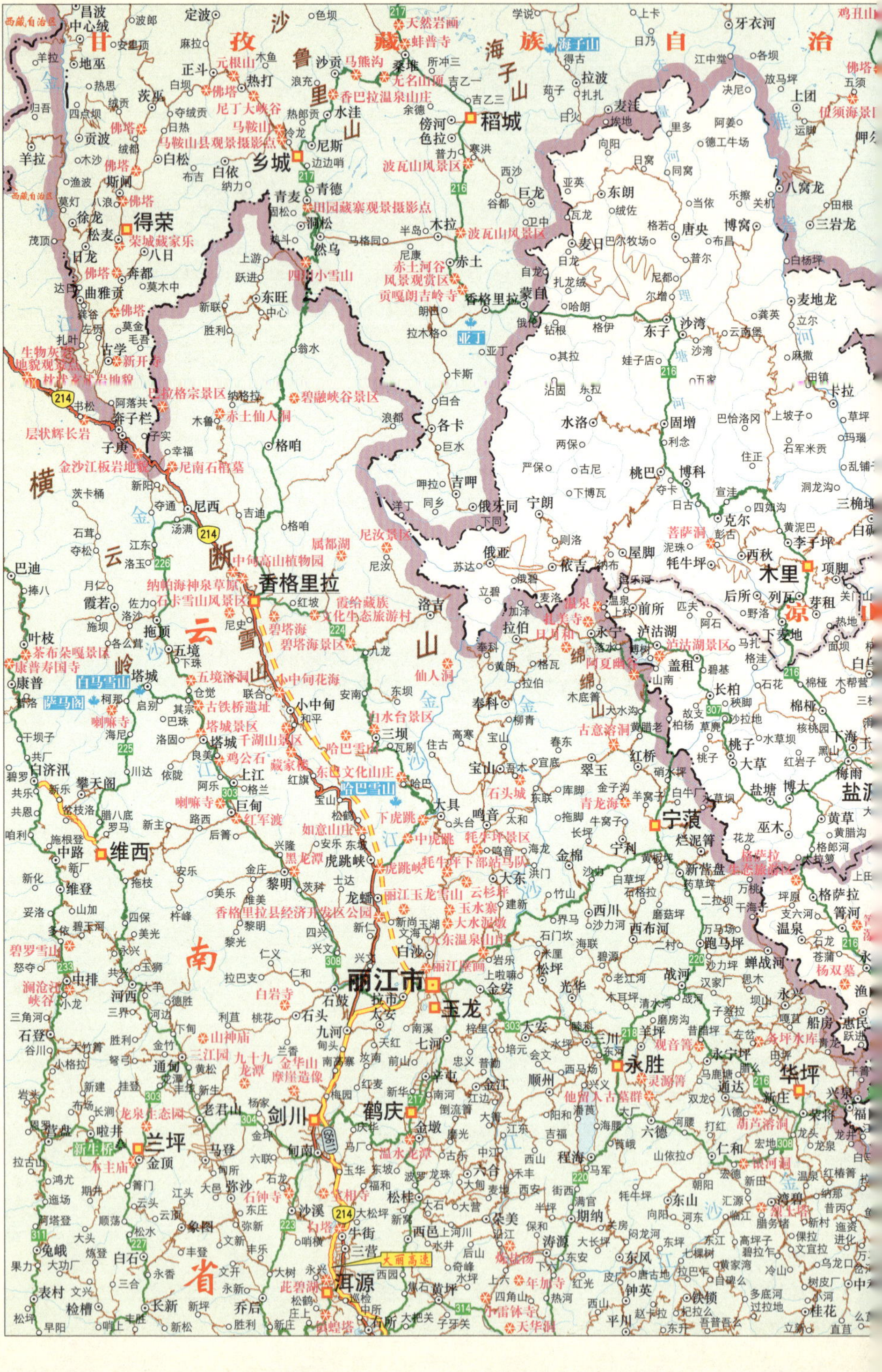

稻城
乡城
得荣
香格里拉
维西
兰坪
剑川
鹤庆
丽江市
玉龙
洱源
永胜
华坪
宁蒗
木里
亚丁
海子山
横断山
云岭
雪山
绵绵山
甘孜藏族自治州
凉
云南省
大丽高速

雅安市
乐山市
宜宾市
凉山彝族自治州
攀枝花市
云南省
贵州省
石棉
金口河区
峨边
犍为
九龙
甘洛
沐川
马边
冕宁
越西
喜德
美姑
雷波
绥江
永善
西昌市
昭觉
布拖
金阳
大关
昭通市
昭阳区
鲁甸
德昌
普格
宁南
巧家
米易
会理
会东
盐边
攀枝花市
东区
西区
仁和区
会泽
东川区
永仁
美姑大风顶
马边大风顶
大山包黑颈鹤
会泽黑颈鹤
二滩国家森林公园
甘洛县烈士陵园
灵山寺
邛海
螺髻山
黑竹沟
老君山
孔家老屋基
十万亩索玛花旅游景区
大岩洞
千龙洞
瀑布奇观
观音庙
白马庙
老马寺
东岳庙
观音寺
望国陵
玉皇洞
天生桥峡谷景区
龙肘山
七省庙
将军岭石流
会泽大地缝
巴黎国家森林公园
西攀高速

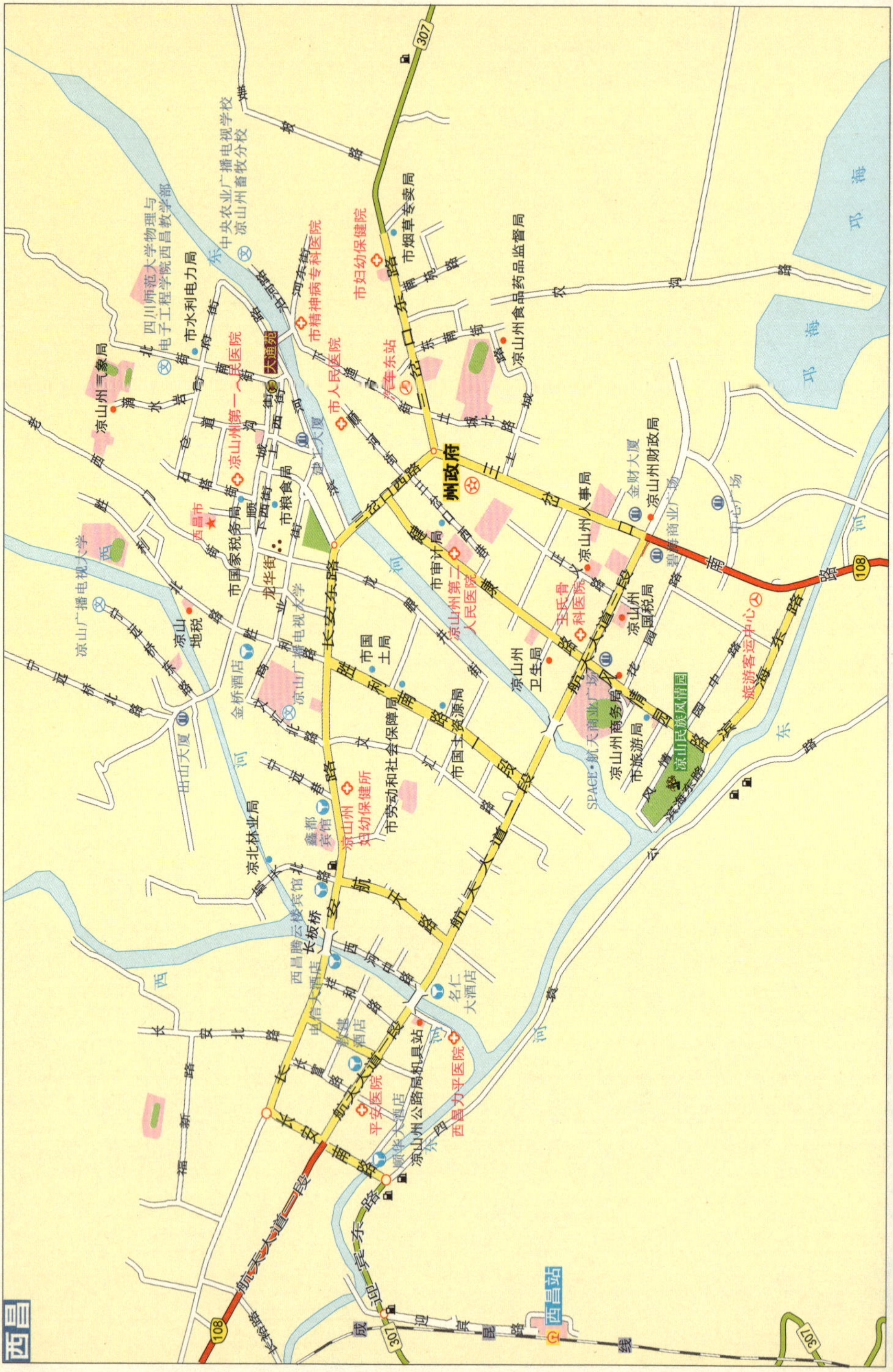

攀枝花

310
214
攀钢密地医院
市国家税务局
攀枝花会展中心
攀枝花宾馆
平安大厦
市政府
攀枝花财政
市五医院
攀枝花广播电视大学
劳动大厦
市民政局
川惠大酒店
东区地税局
市商务局
市教育局
市妇幼保健院
竹湖园公园
市林业局
金雅仙客度假村
市交通局
攀枝花公园
市粮食局
世纪大厦
炳草岗大桥
东区弄弄坪广场
攀钢总医院
渡口站
学园隧道
攀枝花学院
东风商业大厦
十九冶医院
建设者广场
东区教育局
园林宾馆
炳仁路二号隧道
炳仁路一号隧道
金沙公园
渡口大桥
攀钢文化广场
长途汽车站
东区妇幼保健站
东区
东区国家税务局
市东区林业局
国贸大厦
岗源大楼

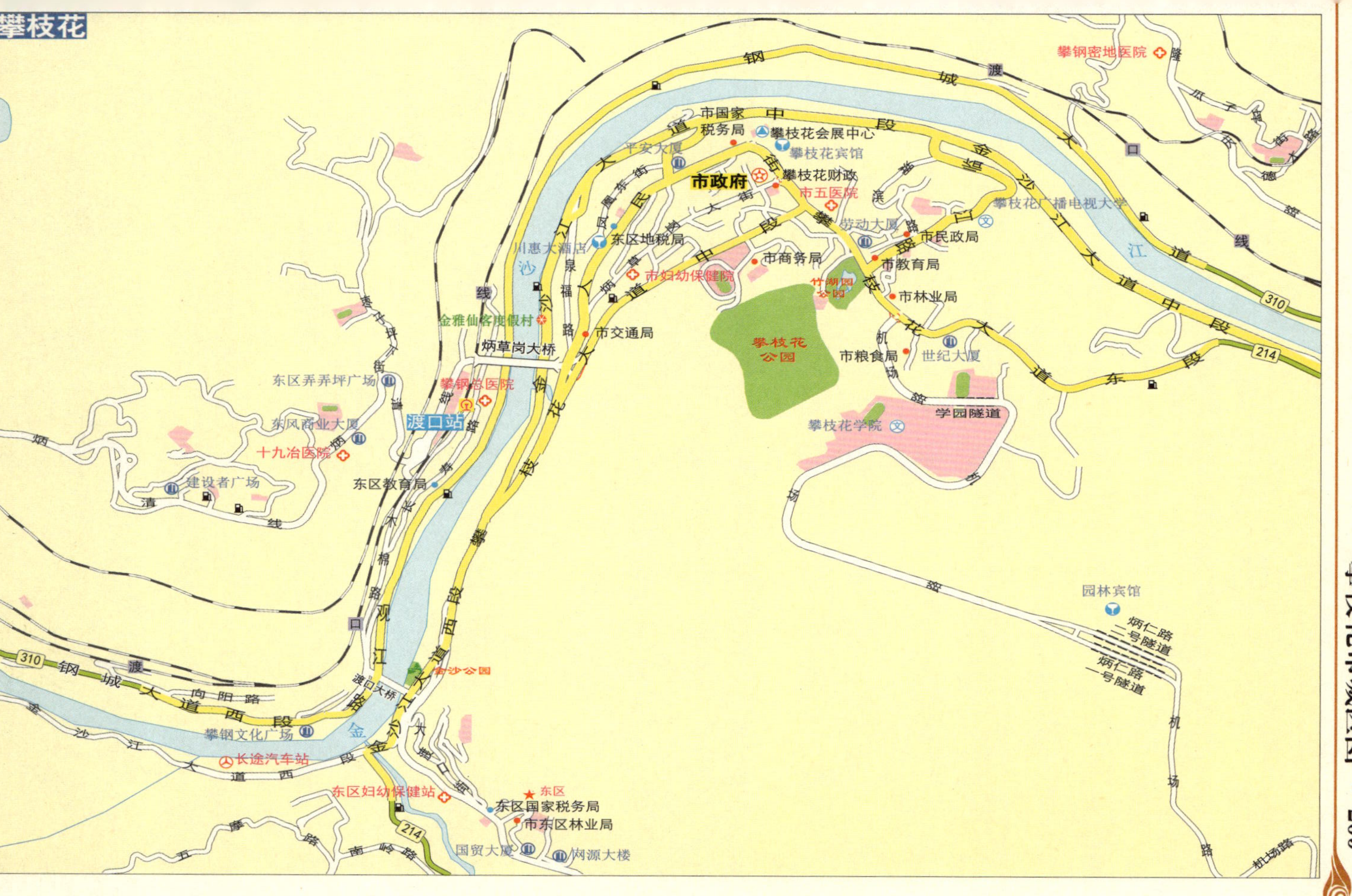

甘孜藏族自治州

甘孜州有泸定桥、德格印经院等风景名胜古迹。境内寺庙林立。泸定桥在中国革命史上立下了不朽功勋；德格印经院是藏文化的宝库；德格、石渠、色达是传说格萨尔的故乡。

行政区类别：自治州
电话区号：0836
面积：152629平方千米
人口：109万
邮政编码：626000

交通资讯
稻城客运站
电话：0836-5728762
康定汽车站
电话：0836-2822211

∷亚丁风光

::康定情歌（木格错）风景区

风景名胜

◆康定情歌（木格错）风景区

位于甘孜藏族自治州首府康定县北部境内，属贡嘎山国家风景名胜区的重要组成部分。海拔3200~3780米，距康定县城17千米。景区由红海草原、赛马坪、杜鹃峡、药池沸泉、七色海、芳草坪等组成。高原湖泊、原始森林、温泉、雪峰、奇山异石及长达8千米的千瀑珠构成了秀丽多彩的景观。

门票：170元。

交通：到康定客运站包出租车前往。

◆稻城亚丁自然保护区

位于甘孜州南部稻城县日瓦乡境内，景区海拔2900米（贡嘎河口）至6032米（仙乃日峰），面积5.6万公顷。景区以仙乃日、降边央、夏纳多吉三座雪峰为核心区，北南向分布，是我国保存最完整的一处自然生态系统，誉为最后的香格里拉，最佳旅游季节为五月、六月及九月、十月。

门票：150元。

交通：在成都新南门汽车站坐车前往。

::亚丁

◆跑马山

位于康定炉城镇东南边。城依傍着山，山护卫着城。主要景点有五色海、咏雪楼、吉祥禅院、凌云白塔、跑马坪、浴佛池（九龙池，现已改建成庙宇）、飞云廊（长廊）、东关亭、观音阁。

∷海螺沟冰川

∷海螺沟冰川

门票：80元。

交通：在新南门车站坐到康定，之后包出租车前往。

◆德格印经院

素有“藏文化大百科全书”盛名，始建于1729年，收藏藏族文化典籍最广博、门类最齐全。其完备而严格的管理，原材料制作考究，精湛的创工技艺，高质量的印刷，以及对建筑壁画、刻版及其他文物的全面保护，在藏区三大印经院（拉萨印经院、拉卜楞印经院、德格印经院）中位居首位。

地址：甘孜藏族自治州德格县城文化街。

◆海螺沟冰川森林公园

位于甘孜藏族自治区泸定县内，是世界上仅存的低海拔冰川之一。在这冰天雪地的冰川世界里，有温泉点数十处，游人可在冰川上洗温泉浴。水温介于40至80℃之间，其中更有一股水温高达90℃的沸泉。冷热集于一地，甚为神奇。

门票：90元。

交通：成都新南门车站有发往海螺沟的直达车，全长322千米，行程6–8小时左右。

◆白玉寺

是康巴著名的宁玛派寺庙，为德格土司供养的五大家庙之一。清康熙十四年（公元1675年）选址建寺。与内庙堂和喇嘛们修行的小屋鳞次栉比，占据了白玉县城边的一座山的北坡。

门票：15元。

地址：甘孜藏族自治州白玉县城。

交通：乘班车到白玉县城后，可徒步前往。

◆丹巴藏寨

丹巴以藏寨、碉楼、美女著称。丹巴藏寨，指的是居住在丹巴的居民形成的藏族村落。在2005年《中国国家地理》主办的“中国最美的地方”评选活动中，丹巴藏寨被评为中国最美六大古镇古村之首。

∷丹巴中路藏寨

∷丹巴中路藏寨春色

贡嘎山

◆贡嘎山

位于甘孜藏族自治州泸定、康定、石棉三县境内，以贡嘎山为中心，贡嘎主峰周围林立着145座海拔五六千米的冰峰，形成了群峰簇拥、雪山相接的宏伟景象。贡嘎山以冰川闻名，山麓有现代冰川159条，是世界上海洋性冰川最早发育地区之一。

◆嘎托寺

藏传佛教在康巴区的第一座宁玛派寺庙，也是最大的一座。始建于1159年，寺中藏有格萨尔大将扎拉则加的宝弓和宝剑。宝弓为象牙弦座，长1.5米，千年后仍弹性良好。

地址：甘孜藏族自治州白玉县河坡乡。

交通：包车从白玉县城向北40余千米可达。

◆泸定桥

这座铁索桥至今已有300多年历史，桥长103米，宽3米，13根铁链固定在两岸桥台落井里，9根做底链，4根分两侧做扶手，共有12164个铁环相扣，全桥铁件重40余吨。两岸桥头堡为木结构古建筑。自清以来，此桥为由四川入藏的重要通道和军事要津。中国红军长征时飞夺泸定桥，使该桥闻名中外。

门票：10元。

地址：甘孜藏族自治州泸定县大渡河上。

交通：泸定桥在穿城而过的川藏公路旁，可徒步前往。

◆大渡河

大渡河是岷江最大支流，古称“沫水”。大渡河流域形状呈长条形。大渡河为高山峡谷型河流，地势险峻，水流汹涌，自古有“大渡天险”之说。

大渡河

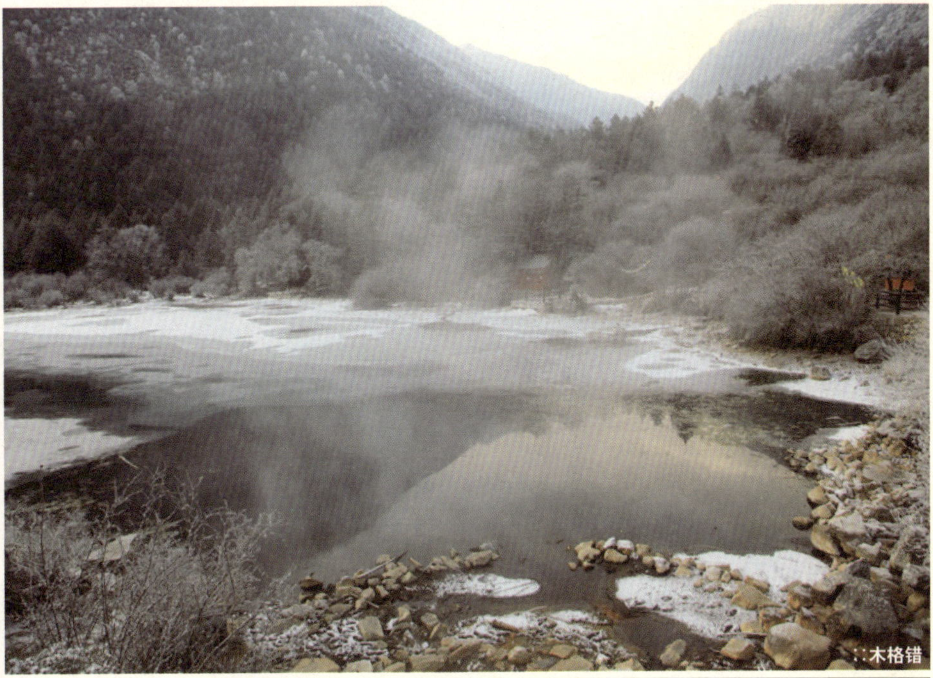

木格错

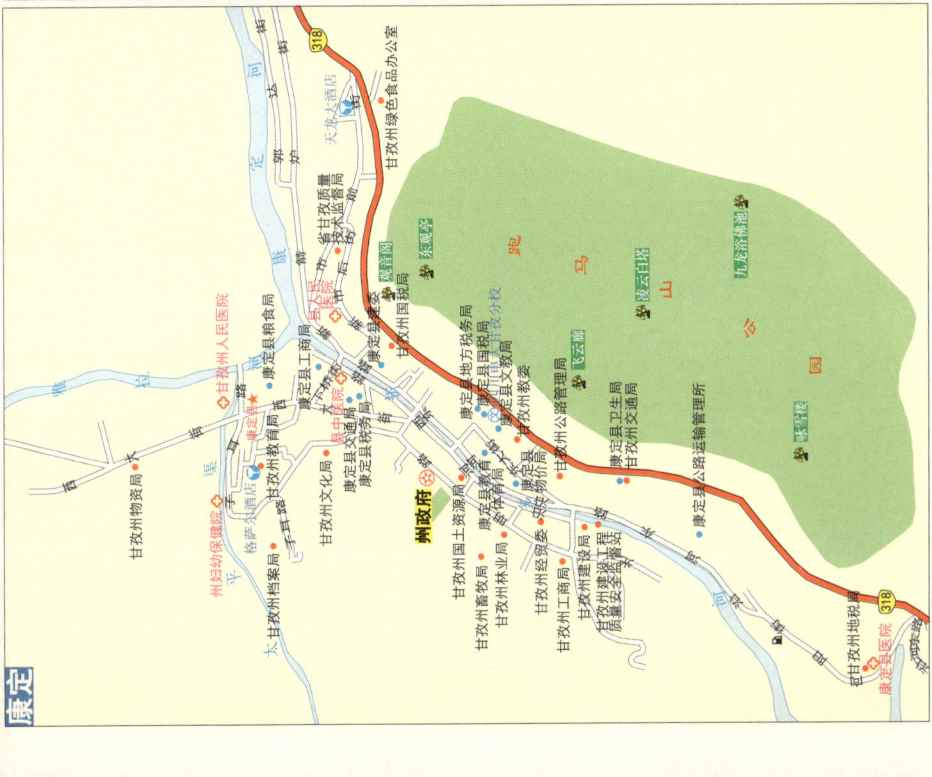
康定
州政府
跑马山公园
318
甘孜州人民医院
州妇幼保健院
县中医院
县人民医院
康定县医院
东观亭
观音阁
凌云白塔
九龙浴佛池
飞云廊
咏雪楼
甘孜州物资局
甘孜州档案局
甘孜州文化局
甘孜州教育局
康定县粮食局
康定县工商局
甘孜州国税局
甘孜州绿色食品办公室
甘孜州国土资源局
甘孜州畜牧局
甘孜州林业局
甘孜州经贸委
甘孜州工商局
甘孜州建设局
甘孜州公路管理局
甘孜州交通局
康定县卫生局
康定县公路运输管理所
甘孜州地税局
天龙大酒店
格萨尔酒店

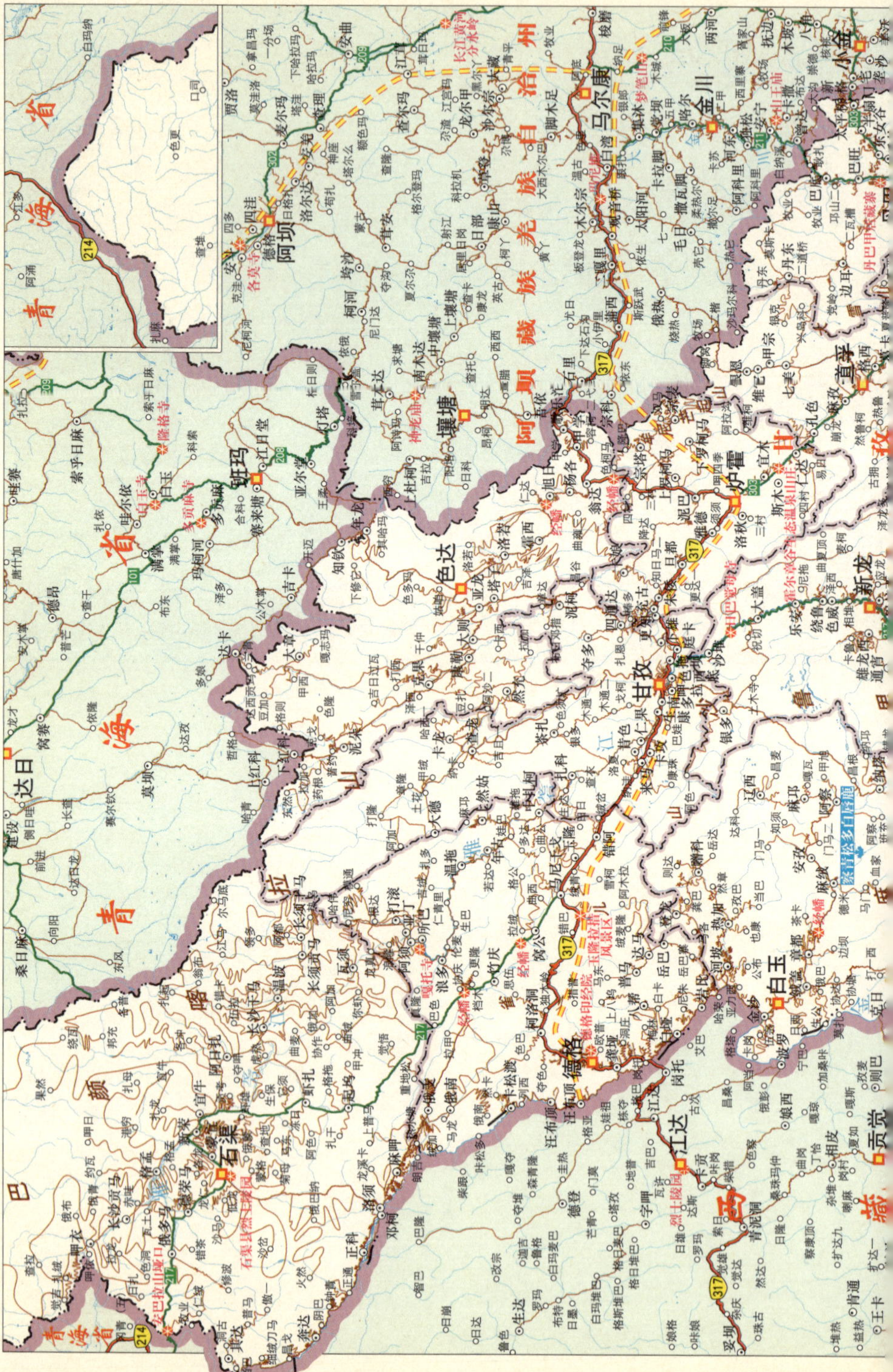

甘孜藏族自治州交通旅游图

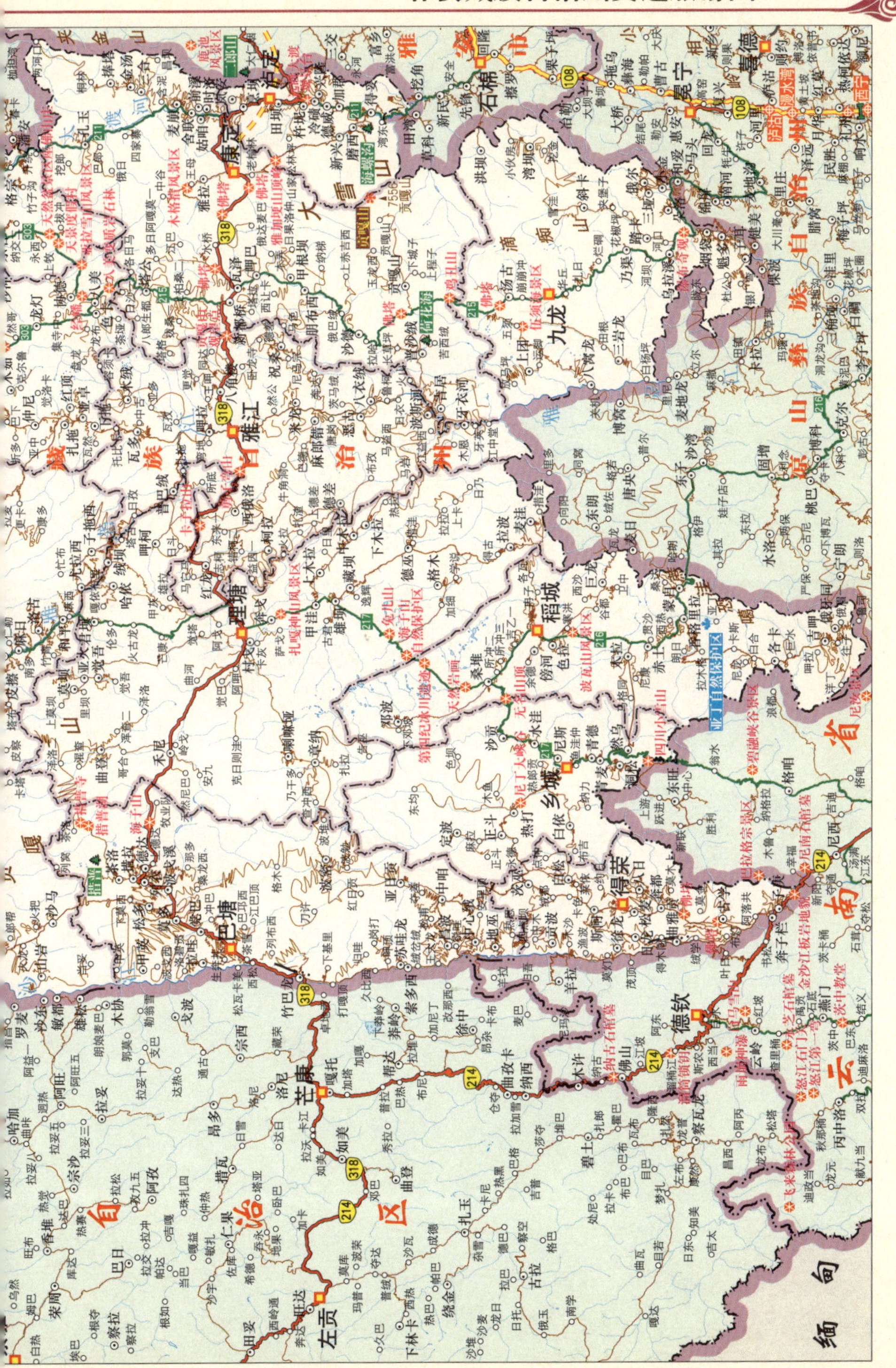
康定
泸定
雅江
理塘
稻城
乡城
得荣
巴塘
九龙
石棉
冕宁
德钦
芒康
左贡
缅甸

阿坝藏族羌族自治州

千百年来，我国古代的氏羌诸部、鲜卑、吐蕃、汉、回等民族用辛勤的劳动和无穷的智慧共同开发了阿坝藏族羌族自治州，他们在这里互相融合，共同进步，留下了丰富的历史文化遗产。

行政区类别：自治州
电话区号：0837
面积：85131平方千米
人口：90万
邮政编码：624000

交通资讯

九寨沟汽车站
电话：0837-7726030

九寨沟县客运中心站
电话：0837-7731249

理县客运站
电话：0837-6822767

九寨沟

黄龙景区

风景名胜

◆九寨沟

在九寨沟县隆康乡。因有9个藏族村寨得名。总面积约720平方千米。主要旅游风景区为树正、日则、则查洼3条主沟，四周雪峰10余座，大小湖泊114个、瀑布17米、泉47处、滩5处。独特藏羌族人文景观，享有“童话世界”、“世外桃源”的美称。

门票：220元。

交通：在成都新南门旅游汽车站乘直达车。

◆黄龙景区

黄龙景区是国家级风景名胜区，与九寨沟同时列为世界自然遗产。景区以其奇、绝、秀、幽的自然风光而蜚声海内外。景区内整个山谷几乎全被乳黄色的碳酸钙质覆盖，从高外看去，宛若一条从岷山雪峰飞腾而下的黄龙，蜿蜒于茂林翠谷之中。千层碧水形成层层叠叠的梯状湖泊、池沼，堪称人间仙境。

门票：200元。

◆四姑娘山景区

位于小金县和汶川县交界处，由横断山脉中四座毗连的山峰组成，根据当地藏民的传

四姑娘山

∷米亚罗之秋

说，是四个冰清玉洁的姑娘的化身，因而得名四姑娘山。四姑娘山以雄峻挺拔闻名，山体陡峭，直指蓝天，冰雪覆盖，银光照人，也是四川大熊猫栖息地最重要的核心保护区。

门票：长坪沟70元；双桥沟80元；海子沟60元。

交通：成都茶店子客运中心有发往四姑娘山班车，中途在日隆镇下车，行程5个小时左右。

◆九顶山

位于茂县岷江东岸，也叫九鼎山，主峰海拔4969.8米，景区分为东坡和西坡两大部分。因“禹铸九鼎以镇恶龙，九峰仙女助禹治水”的传说而得名。

门票：50元。

交通：在成都茶店子客运站乘班车前往茂县，中途在南新镇下车，然后包车到安乡。

◆米亚罗景区

米亚罗，藏语译为“好玩的坝子”。风景区内群山连绵，江河纵横，林海浩瀚，四季风光宜人。尤以瑰丽的金秋红叶、神奇的藏羌少数民族风情驰名中外，是藏在深山人未识的中国面积最大、景观最佳的红叶景区。

◆巴郎山

巴郎山，藏语称巴朗拉，意为圣柳山。位于小金县东，小金、汶川、宝兴三县交界处。巴郎山的上下山路和垭口地区，海拔超过4000米，山高坡陡，但景色极为美丽。白云

∷巴郎山

∷巴郎山

如海，草甸起伏，雪山连绵，风起云涌，波澜壮阔，蔚为壮观。

◆金川

位于川西北高原，阿坝藏族羌族自治州西南部。境内森林覆盖率达80%以上，日照充沛，气候温和，鸟语花香，素有“塞上江南”、“中国雪梨之乡”、“嘉绒故土”、“东女国”等美誉。

∷金川秋色

◆毕棚沟风景区

位于四川阿坝州理县境内。景区处在川西平原向青藏高原的过度带上，景观富集多样，独具特色，以完美的自然生态景观、优良的生态环境著称，属于世界自然遗产——大熊猫栖息地和国家级人与生物保护圈米亚罗的核心区域，是一个集原生态景观博览、登山穿越、极地探险、滑雪滑冰、休闲度假于一体的大型原生态旅游景区。

门票：80元。

交通：距理县县城10余千米，要从理县坐班车前往。

∷卧龙自然保护区

∷若尔盖草原

◆卧龙自然保护区

国家级第三大自然保护区，四川省面积最大、自然条件最复杂、珍稀动植物最多的自然保护区。卧龙自然保护区地理条件独特，气候宜人，风光秀丽，集山、水、林、洞、险、峻、奇、秀于一体，还有浓郁的藏、羌民族文化。

◆若尔盖草原

若尔盖草原自然风光旖旎独特，民族风情古朴多彩，宛如一块镶嵌在川西北边界上瑰丽夺目的绿宝石，素有“川西北高原的绿洲”之称。

◆桃坪羌寨

位于理县桃坪乡，在汶川和理县之间，是至今仍然保持着古朴风情的原始羌族村寨。依山而建的桃坪羌寨建于768～770年间，寨内耸立两座九层石块垒砌的碉楼，与对岸山峰烽火台遥遥相望，是世界保存最完整的羌族建筑文化艺术“活化石”。

桃坪最高大的建筑是羌碉，主要用于防御

敌人。座座古碉如宝剑直插云霄，有一种很强的视觉冲击力。在羌族聚居区，每隔一定距离就有一座这样的碉楼，连接起数百里的村村寨寨，一旦发现敌情，马上施放烟雾，很快把战争的信息传到百里之外。这些碉楼成了桃坪羌寨独特的文化景观。

门票：60元。

交通：乘坐成都新南门车站前往理县的班车。

◆卓克基土司官寨

是中国清代土司衙门建筑，地处海拔约2700米的高原。现存建筑系1912年索观瀛继承卓克基土司职位时所建。该土司衙门由一座石砌五层藏式民居和一座石砌五层碉楼组成。是一座居住、官署和防御相结合的少数民族现代官寨建筑。

地址：阿坝藏族羌族自治州马尔康县卓克基乡

交通：乘马尔康的班车到卓克基桥头下车，过桥徒步可达。

◆"5·12"汶川地震震中遗址

"5·12"汶川地震震中位于映秀镇百花大桥之上的牛眠沟口、莲花心至漩口镇的蔡家杠村。汶川地震从这里开始撕裂大地，几百万立方米的岩石碎块从陡峭的山崖上倾泻而下，造成汹涌的岩石流，顺山谷呈"之"字形的几大沟谷两侧山体，形成长达近3000米的岩石流和9处山体击打面的震源景观，原牛眠沟被瞬间添高30米。

交通：都汶高速公路（国道317）玉堂段已贯通，可自驾车由玉堂出口上都汶公路去映秀。

◆黄龙寺

相传东海黄龙助大禹治水有功，后人记其功德，于明代建黄龙寺。寺观距黄龙沟沟口约3.5千米，原有前、中、后三寺庙。前寺现仅存遗址。中寺现存观音殿及十八罗汉塑像。距中寺约2.5千米为黄龙后寺，供黄龙真人。

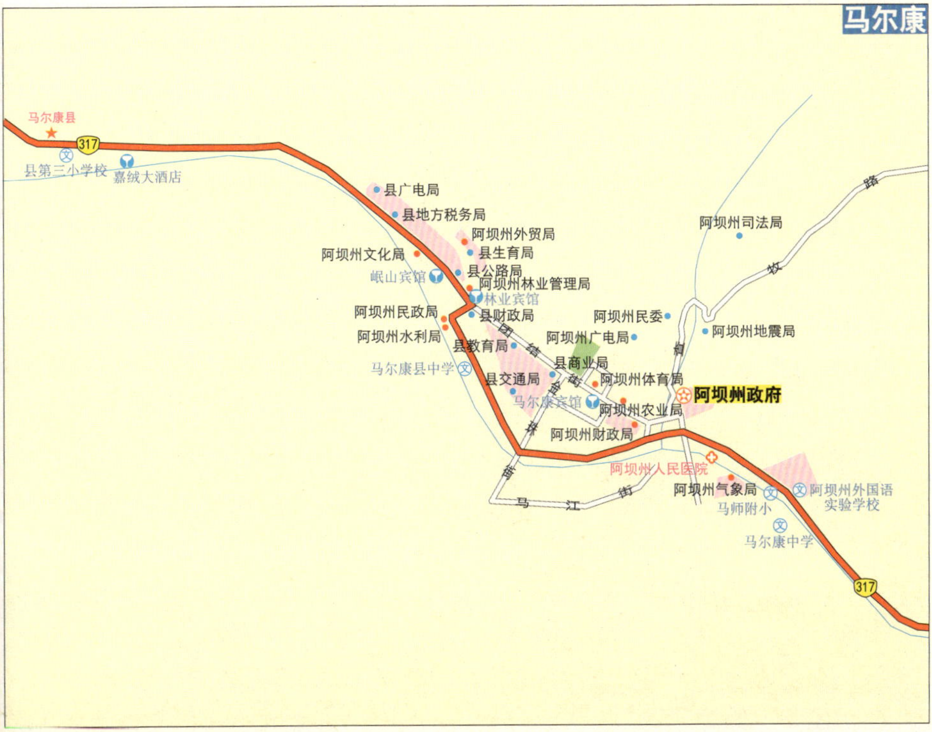

马尔康

马尔康县
317
县第三小学校
嘉绒大酒店
县广电局
县地方税务局
阿坝州外贸局
县生育局
阿坝州文化局
岷山宾馆
县公路局
阿坝州林业管理局
林业宾馆
阿坝州民政局
县财政局
阿坝州水利局
县教育局
马尔康县中学
县交通局
县商业局
马尔康宾馆
阿坝州财政局
阿坝州体育局
阿坝州农业局
阿坝州广电局
阿坝州民委
阿坝州政府
阿坝州司法局
阿坝州地震局
阿坝州人民医院
阿坝州气象局
马师附小
阿坝州外国语实验学校
马尔康中学
马江街
达萨街
团结街
牧路
317

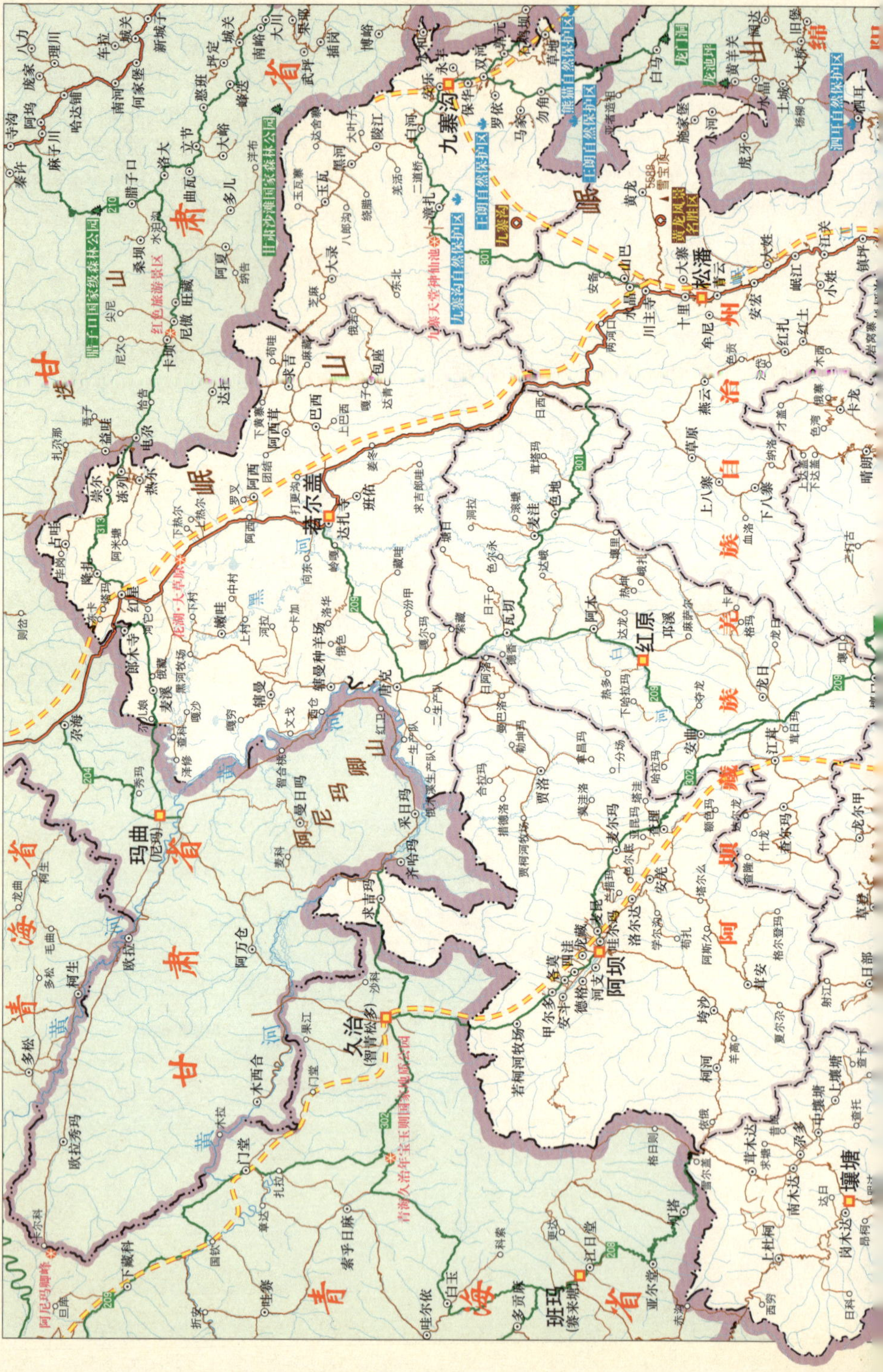
九寨沟
松潘
若尔盖
红原
阿坝
玛曲
久治
班玛
壤塘
黄龙风景名胜区
九寨沟
甘肃省
青海省
阿尼玛卿山
岷山
阿坝藏族羌族自治州

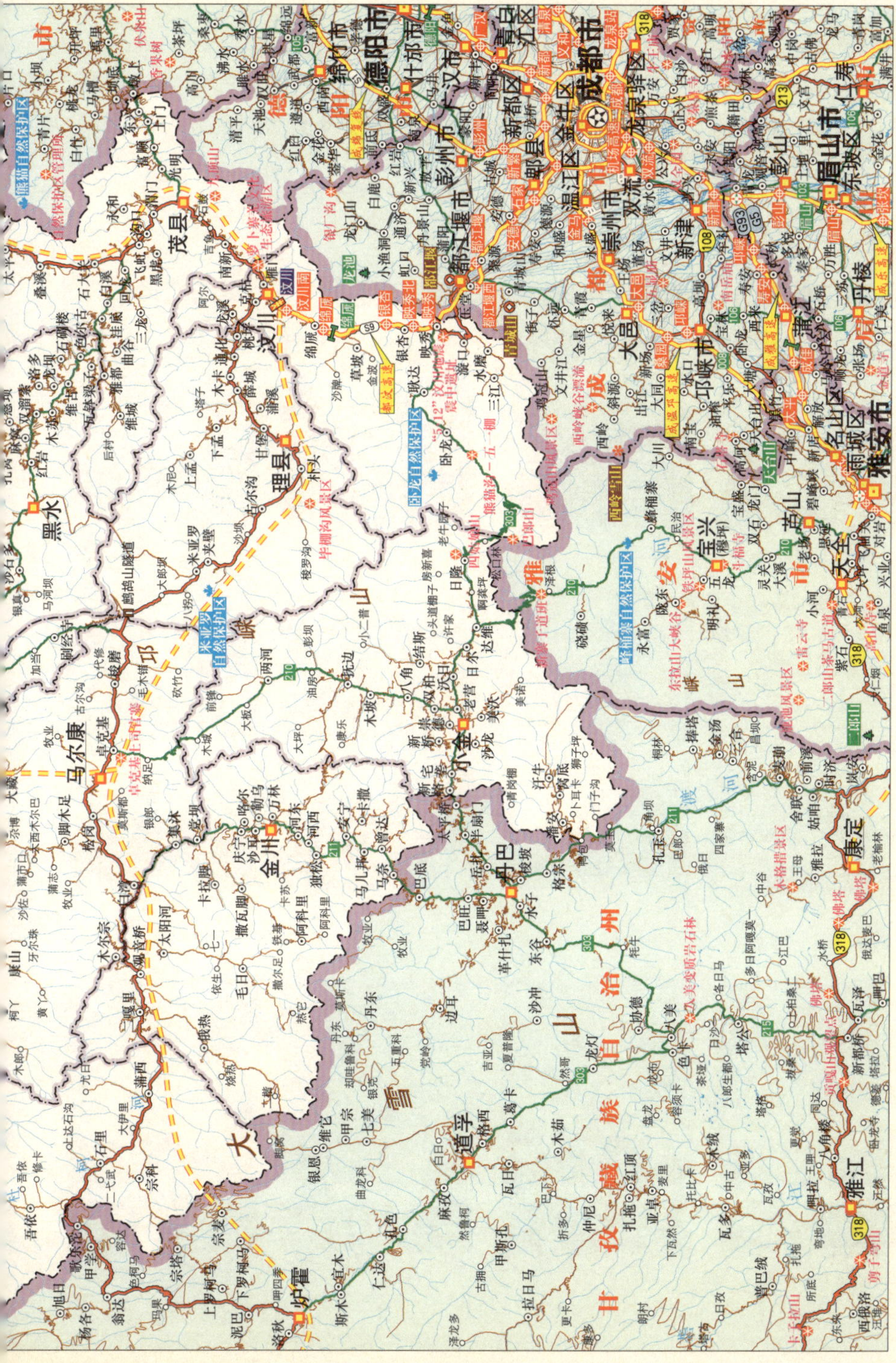

中国自助游·图书

西南自助游
贵州
全彩地图版

西南自助游
重庆
全彩地图版

西南自助游
云南
全彩地图版

西南自助游
西藏
全彩地图版

西南自助游
四川
全彩地图版

华东自助游
安徽

华东自助游
上海

华东自助游
山东

华东自助游
江西

华东自助游
江苏

华东自助游
福建

华东自助游
浙江